"十四五"时期国家重点图书出版专项规划

院士风采录丛书

院士 The Members of CAS & CAE

书房与书情

Elegant Study and Book Love

侯艺兵 著

上海教育出版社
SHANGHAI EDUCATIONAL
PUBLISHING HOUSE

序

　　21世纪初，笔者受邀在中国科学院办的《科学时报》上开辟了"院士书房"的专栏，以图文交融的形式相继介绍了数十位院士对成才与读书、人生与书情的访谈实录，客观地反映了院士们一生对书的挚爱、他们的读书经历以及各式各样的书房写真，当然也附上了他们书伴人生的相关墨宝……连载以后，没想到赢得读者的一片赞誉，一发而不可收。就连《山东文学》杂志也对专栏所载的图文发表了评论——《书香四溢的人生最美丽》。这些呈现院士书房与书情的小文章居然能引发文学刊物的关照，这令笔者万万没有料到。

　　笔者清楚地记得，当年采访吴文俊、刘东生、叶笃正、谷超豪、吴良镛、谢家麟、郑哲敏、曾庆存

作者侯艺兵近影

等多位院士，在拨通了诸位大家的电话后，他们都很乐意就书房与书情的话题接受采访。更没有想到的是，他们后来都相继荣获了国家最高科学技术奖。倘若当初，他们已有了此项殊荣，恐怕笔者也不敢惊动这些科学泰斗，登门打扰了。

真实记录院士书房与书情的文章和图片，赢得科普界、文学界与读者出乎意料的反应，倘若能结集成书，相信对科学精神传播与文化积累有一定价值，也许还能引得广大读者阅读、欣赏、思考与细细品味呢。我想，毕竟普通读者（尤其是青少年）确实都很想了解：院士们平时在读些什么书，他们的书房究竟是什么样子的，他们读书成长的经历又是怎样的，他们究竟钟爱哪些书，读书给他们的人生带来哪些影响……诸如此类的好奇与疑问，是真正能吸引读者眼球的。笔者采访并拍摄了上百位院士，与他们聊读书，但话题并不仅限于读书与书房，也聊及人生坎坷，成功与失败的经历，智者娓娓道来的故事，往往海阔天空，明澈从容。聊到最后，笔者还会请院士留下一份与书相关的墨宝，文字虽有长有短，但成了一种浓缩的读书体会。如杨叔子院士曾写道："唯诚方可优育天下，唯书方可智育人生。"隽永悠长，耐人寻味。

笔者一边采访，一边深感自己的学养与阅历之不足，对院士书房与书情的思考肤浅了，以致所采撷的院士"读书经"远远没能到位，留下许多遗憾。其实，每个人的读书体会都不一样，尤其是个性较强的院士，更各具特色，毕竟他们的学科各异，读书的经历也各不相同，他们各自的方法、视野、格调，自然也有自身的特色。但由浅入深、化繁为简，由厚变薄，或通过领悟与实践，走出自己的道路，倒是共通的。常年不懈阅读，功利性越来越少，对读书的渴望越来越强。采访五十多位科学院院士后，笔者又把镜头对准工程院院士，陆续对四十多位工程院院士的书房进行拍摄并记录他们各自的读书感悟。这样，前前后后也就凑成了百幅院士书房的写真，集成了百位院士的浓浓书情。

呈现给读者的《院士书房与书情》所记录的院士与书有关的故事，篇幅都不长，千字文，豆腐块，以变应变，以新应新，能适合今天速读时代读者的需求。

《院士书房与书情》已列入"十四五"时期国家重点图书出版专项规划——院士风采录丛书系列之一，付梓之前，出版社诚邀笔者写篇序，岂敢称序，实在是命题之作，聊发感想而已。

侯艺兵

2024 年 4 月

目　录

3

院士书房与书情
从这里开启 »

陈彪

天文学家的
"忧虑"

　　整整 30 年了，尘封往事的记忆之窗，被豁然推开，朦胧淡忘的采访细节又变得鲜活起来。记得 1992 年 5 月的一天下午，我按图索骥找到南京市北京东路 71 号。楼门前栽种的梧桐，树枝伸上了二楼的窗沿，那是陈彪院士的住宅。

　　此时天色已晚，在客厅与院士说明来意，我留下一本册页，请他在上面写下一段治学格言。陈彪坐在转椅上，手托腮沉吟片刻，答应道："我要好好考虑考虑，晚上再写，你明天来拿。"这时屋内光线已经很暗了，我还是拿出相机匆匆拍了几张。次日上午九时如约再访，陈彪早已在客厅里等候。他身着白衬衣，胸前系着一条蓝色领带，显得格外精神。他恬静地微笑着对我说："我已经写好了。"此刻，我迅速掏出照相机拍下这张面带微笑的照片，后来收入《院士风采》影集。

摄毕，我们面对面聊了起来。陈彪的父亲陈体诚先生曾担任中国工程学会会长，主持修公路，建黄河大桥。陈彪受父亲的影响，报考了国立西南联合大学的土木工程系，后来因病退学。又报考了金陵大学。这次，他选择了物理系，直接进入大二年级。1946年，23岁的陈彪从南京金陵大学毕业后，收到台湾大学的邀请，担任物理系助教，第二年，他从台湾大学回到了母校。被派到中央研究院下属的天文研究所工作，从此开始了自己巡天问道的科研生涯。

陈院士告诉我，科研工作并不等同于教书育人。科研是利用已知的知识，解决未知的问题，以填充理论知识的空白；教书则是把已有的知识传授给学生并释疑解惑。原本就对物理学产生浓厚兴趣的陈彪，将太阳物理学作为自己的研究领域，他带领研究所的工作人员，不断推进太阳物理学研究和太阳活动周期的全国性观测研究，填补了我国在太阳物理学上的许多空白，并担任中国科学院云南天文台台长、名誉台长。

陈院士书房里的书并不多，他说，藏书没必要那么多，理想的书房，最好是既舒适，又方便，还清洁。至于一般书籍，完全可以到图书馆去借阅，读书是为了更好地搞科研。我们的话题又转到当前的科研环境，陈院士坐直了身板，表情严肃起来，停顿了好一会儿，他一字一句地说："现在学术风气不太好，有些人追逐名利，误导青年。科学是实事求是的，来不得半点虚假。作为老一代科学工作者，要说心里话，我是研究天文学的，与浩瀚无垠的宇宙相比，人类是很渺小的，我们祖先通过观察积累了许多天文史料，你不读懂它们，你钻不透资料的牛角尖，就悟不出

钻不透资料的牛角尖

就

悟不出天文的大道理 陈彪

（学习西论的体会）

五九二五二五

天文的大道理。"说完，老人往椅子背一靠感叹起来："我有过意气风发的年代，但终生奋斗十分艰苦，至今又多彷徨、忧虑，我们的国家有十二亿人口的压力，强国不易啊！"我抬头望着他凝神的眼神，从他关注科学、关注人生的忧国忧民的目光中，我受到深深的感染。

是啊，我面前坐着的，就是一位抬头仰望星空的科学家，他一辈子从事天文学研究，既观宇宙，也察人生！

回到北京，我洗出照片寄往南京，没想到很快收到陈彪来信。信中说他很喜欢抚腮的坐照，甚至幽默地写道："一般人总是喜欢光明面，但没有阴暗面的反衬，光明面也就看不出来。这张照片拍得真实，但不要发表，不合时宜，希望你只作为纪念。"接着，他又写道："我用几句话来概括这张照片，忧思——独处的瞬间，照片后面我写了'峥嵘岁月不堪回首，毕生坎坷老复多味。'我想，你可以从我的面部表情、眼神中看出我这句话是恰当的。"

读完院士来信，我又一次被感动，随即把信珍藏起来，作为对自己的鞭策和鼓励。数十年以后，当再次拆开重新阅读时，眼前总能浮现出老人那真挚的目光，我将永远铭记这目光，但我更期盼能再见到这目光，那是一双充满睿智的慈祥的目光，一双不该被这个世界遗忘的目光。

令人惋惜和不解的是，在我采访一年之后，1993 年 11 月 10 日，这位成就卓越、思想深邃、具有人格魅力的老院士，同往日的清晨一样，穿戴整齐，拎着公文包走出了家门，谁知竟一去不归，下落不明……有关方面尽了一切力量，想了一切办法，动员了众多人力寻找，甚至把玄武湖都打捞了一遍，依然踪影全无，陈彪院士神秘失踪，至今仍是一个未解的谜团。

学术简历

陈彪　天文学家。1923 年 11 月 23 日生于北京，原籍福建福州。1993 年 11 月 10 日早上 6∶30 骑自行车从南京市北京东路 71 号出发去南京大学天文系参加学术会议，就此失踪。1946 年毕业于南京金陵大学物理系后在台湾大学物理系任助教半年。1947 年转金陵大学物理系任教，同年 8 月到中央研究院天文研究所工作，任助理员。1982 年任中国科学院云南天文台台长，1985 年任云南天文台名誉台长。作为中国科学院紫金山天文台研究员，在"天文环境中有实际意义的可解释的天文现象的观测和信息处理"方面，在太阳物理领域的仪器设计制作、太阳观测站的大气环境、太阳活动周期、太阳对流层结构等探索方面，取得多项重要成果。长期致力于推进建立中国太阳观测网，组织太阳活动峰年全国观测，推动太阳物理领域国际交流合作等。曾在太阳物理、天体物理领域发表研究报告和论文 20 余篇。1980 年当选中国科学院学部委员（院士）。

陈 鲸

读书要向险峰攀

　　我造访陈鲸院士时，他刚从阔别48年的母校——安徽安庆一中参加百年校庆归来。这是一所建于1906年的中学，曾培养了8位院士。面对记者的采访，这位从皖南山村走出来的院士，聊起哺育过自己的母校，从心底里弥散的记忆挥之不去，因为那是一段刻骨铭心的时光。他说："除了家庭、父母的影响外，就

算学校对我成长的影响最大。母校有很厚的文化底蕴，培养了许多人才，是我们在外学子的骄傲。"1958年，中学毕业后，陈鲸考入合肥工业大学。"中小学是最基础的教育，大学则是学习做人、锻炼成才的场所。在中学里逐步建立起的敬业和勤奋精神，总是跟读书分不开的。我认为，在学校里学到的书本知识，并不是做人做事所必需的真正知识，更不能等同于实际工作能力。书本知识如果不能解决实际问题，那是死知识，能把学到的知识应用到工作实践中，并能解决具体问题，才是活知识。"

陈院士身处国防科技尖端岗位，时时感到压力既是别人给予的也是自己强加的。他说："每一位成功者都要经历一道道打磨工序。读书和做学问就要突出一个'勤'字和'苦'字，这也许是老

调重弹，但正是这些历久弥新的老调，才成就了一批批人才。现在的年轻人普遍困惑，想成功又不想付出艰苦努力，我自己是花了20年时间打基础的。因工作需要，我曾多次调动岗位，变换专业，不管是当通才，还是当专才，要始终不渝地干一行，爱一行。前20年默默无名，20年以后，还要坚持十

我最喜爱的座右铭：

真理是我的一生，
劳动是我的灵魂，
良心是我的墓地，
和平是我的碑文。

陈鲸
二零零六年六月十日

年磨一剑，每隔 10 年取得一项科研成果。我曾获得两次国家科技进步奖，荣获了一等功。"

采访结束时，他深有所思地感悟：面对知识爆炸、信息流通的时代，没有创新不行，光靠书本也不行。"我每天都要抽出时间浏览网络，在网上搜索国内外科技前沿的新思想、新技术，不停地吸收新领域的新知识。要充分运用网络所获得的新知识。我认为，前瞻性学习很重要！"他平时，一贯重视指导学生多读书，特别强调要耐得住寂寞，搞科研万万不能急于求成，要辩证地对待处理好当"主角"与当"配角"的关系；平时给学生出题目，自己先要在网上搜索，了解同行的学术进展，对科研攻关有什么帮助，从不做重复性研究。

陈鲸深有感慨地表示："我觉得院士的称号只代表在本行业中有点成就而已。在其他领域仍是一个小学生，是行外人。院士不是什么都懂，不能处处以专家自居！我的书架随时都向学生开放，任何人都可以来借阅，不用写借条。每天晚上，我都会在办公室读书到深夜。要问成功的秘诀是什么：第一，工作比他人努力；第二，永远赶紧做；第三，学习你正在做的事；第四，永远处于做好准备的状态；第五，决不放弃。"陈鲸院士信奉的是："老老实实做人，勤勤恳恳做事，扎扎实实做学问。"

学术简历

陈鲸 通信与信息系统专家。生于 1940 年 11 月 17 日，安徽怀宁人。1963 年毕业于合肥工业大学。西南电子电信技术研究所高级工程师。长期从事空间监视领域研究与工程实践，是我国该领域的主要开拓者之一。主持研制完成我国首套空间监视系统，提出了多站多传感器混合组网的系统结构，综合运用无源探测、光电监测、信号检测、参数估计、轨道自动处理和目标综合识别等技术，解决了对空间目标现象及特征信息获取与处理难题。获国家科学技术进步奖一等奖 2 项。发表学术论文 60 余篇。是解放军信息工程大学、国防科技大学兼职教授；成都电子科技大学极高频复杂系统国防重点学科实验室学术委员会主任；飞行器测控学报、电子与信息学报、电子科学学刊（英文版）编委会顾问。2005 年当选中国工程院院士。

陈建生

读书求向上

　　陈建生院士刚刚搬进新居半年多，在书房设计上下了一番功夫：把卧室、书房与阳台之间的门框统统打掉，使之连成一体，然后在北阳台墙上打造了一排敞开式书架。闲暇时从书房转到阳台或坐或站，惬意地读一会儿书。看书累了，极目远望京郊的白云青山，令人心旷神怡，真是一个读书的好地方。陈建生很有见地地说：“朝北的阳台，太阳晒不进来，书不会受热易折，读书时眼睛也不感疲劳。”

　　走近书架，《金庸全集》赫然醒目。他对我说，金庸的书一拿起来就放不下，除了这套精装全集外，还买了一套简装本供平时或出差旅途中阅读。其实，几十年前他就是个“武侠迷”。当年流行王度庐写的武侠小说《鹤惊昆仑》《铁骑银瓶》，在小学高年级时就读过了，至今书架上还有再版的《鹤铁五部曲》。上中学时他喜欢读《钢铁是怎样炼成的》《青年近卫军》《牛虻》等。上大学时爱读罗曼·罗兰写的《名人传》。“无论是中国人写的侠客，还是苏联人推崇的保尔柯察金，甚至罗曼·罗兰笔下的人物，都贯穿一种思想，提倡奋斗精神，读后给人一种向上的力量。这类书籍给我们这一代人烙上不可磨灭的印记。”陈建生接着说，“我是1957年考入北京大学物理系的，最初分到地球物理专业。

不久我借到爱因斯坦著的《物理学的进化》，这是一本介绍相对论思想怎样形成的英文原著，一看就爱不释手，我反复阅读，把中间精彩段落都背诵下来。我崇拜爱因斯坦，1959年主动要求转学天体物理，立志探索宇宙的奥秘，想"成名成家"。可是，1957年反"右"以后很长一段时间批判"成名成家"的思想。我表面上虽接受批评，但心里不服气：有点个人英雄主义有什么不好？为国家多读些书成就一番事业有什么不对？当年提倡驯服工具论，压抑了许多人的成名欲望，酿成人才断层。今天，我们可以理直气壮地说："个人主义损人利己不好，个人英雄主义不是坏事。要出一流科学家就应提倡冒尖，提倡敢为天下先，鼓励个性的发展和创新，造就更多的时代英雄！"

陈院士属于天赋异禀的那一类人，他年少聪慧，早在高中时，就在武汉大学《数学通讯》杂志上发表了关于"圆内黄金分割"的学术论文。1957年，他以福建高考状元的身份进入北京大学地球物理系天体物理专业，毕业后因成绩优异，被分配到中国科学院北京天文台。选择天文学便选择了寂寞与艰辛，天文台的选址工作是对陈建生人生的第一个考验。选址需要在荒山僻野中选择不同的地点，经过至少一年的连续观测才能确定台址。于是，他和年轻的同事背起仪器开进了深山，住帐篷，喝山泉，风餐露宿，日月相随。那时，他最爱唱《勘探队员之歌》：是那山谷的风吹动着我们的红旗，是那狂暴的雨洗刷了我们的帐篷……唱着这首歌，他感到无比的自豪；荒山僻野，陪伴他青春的成长……

陈建生领导的课题组在进行类星体研究的同时，先后发现了1400多颗小行星，在世界天文台排行榜上名列第四。1998年5月4日，北京大学100周年校庆之际，陈院士将他发现的一颗小行星命名为"北京大学之星"，作为对母校的献礼。2006年3月，陈建生又向国际天文联合会申报，将他在1997年发现的一颗小行星命名为"福州格致星"，作为奉献给母校福州格致中学160周年校庆的特殊礼物。

我喜欢选知识含量高，内容朴实，篇幅短小的书来读。在很忙的情况下，也能不断充实自己。可惜这样的书不多！

陈建生

2002.2.21

学术简历

陈建生　天体物理学家。1938年7月8日生于福建福州。1963年毕业于北京大学地球物理系，同年进入中国科学院北京天文台。中国科学院国家天文台研究员，北京大学天文系主任、教授，国家"973"项目首席科学家。长期从事天体物理理论研究，与其他学者合作首次得到类星体吸收线光谱中Lyα1Lyγ的强相关，以及Lyα1Lyβ强相关的最好结果，从而确证了高红移宇宙空间原始氢云的存在；与同事合作通过分析类星体吸收线，证明了高红移星系的存在，并通过对元素丰度测定和比较，显示出星系化学组成在百亿年内的演化；在国内率先开展类星体物端棱镜巡天，发现上千个类星体候选者；结合我国条件，发展了实测手段并开展研究。首次提出并与同事一起实现了在施密特望远镜上用CCD进行多天体同时快速测光的方法，开辟了一条大样本天文研究的新途径。1991年当选中国科学院学部委员（院士）。

陈景润

兴趣成就天才

　　1991年元月，怀着忐忑不安的心情，我敲开中关村黄庄陈景润先生的家门，没想到陈景润先生亲自开了门，还没容我张口，先听到一声："谢谢。"原本是我来打扰先生，先生却向我致谢，让我紧张的心情顿时松弛了下来。此时，陈景润已经患有帕金森氏综合征，走路很慢，手会微微发抖，但病情基本稳定。

　　这天天气晴好，明媚的春光从窗外射到屋内。陈景润眼下带2位博士生，正在客厅看博士毕业论文。他放下手中的论文，问如何拍照，我说："您看您的文章，我拍我的。""好、好，那我就继续看书。"先生忙不迭地说。望着他专注的神情，我一次次按下了快门。

　　这一年陈景润55岁，他夫人由昆在北京军区309医院工作。儿子陈由伟，小名"欢欢"，刚满9岁，正是淘气的年龄。欢欢一会儿玩着脚踏车，一会儿跑过来让父亲吃水果，他都言听计从，任由儿子摆弄。在儿子督促下，陈景润放下手中的论文，在脚踏车上锻炼了一会儿。父子俩亲密无间，话虽不多，但相互交流的眼神令人难以忘怀。

　　陈景润上中学的时候，留英博士沈元教授来母校讲授数学课。他偶尔听到沈老师讲了一个故事："200年前有个法国人发现了一个有趣的现象：$6=3+3$，$8=5+3$，$10=5+5$，$12=5+7$，$28=5+23$，$100=11+89$。每个大于4的偶数都可以表示为两个奇数之和。因为这个结论没有得到证明，所以还是一个猜想——哥德巴赫猜想。大数学家欧拉曾说过，虽然我不能证明它，但我确信这个结论是正确的……"陈景润瞪大眼睛，听得入神。从此，陈景润对这个奇妙的问题产生了浓厚的兴趣。

　　课余时间，陈景润最爱去图书馆，不仅读了中学辅导书，就连大学的数理化教材他也如饥似渴地阅读起来，因此获得了"书呆子"的雅号。正是沈元教授讲的这个数学故事，引发了陈景润的兴趣，激发了他勤奋苦读，从而世界上诞生了一位伟大的数学家。

　　兴趣是第一老师。多年来，陈景润孜孜不倦地致力于数学研

人生各有
各的愉快和
满足，对科学
工作者来说，最
大的满足莫过
于知识的满足是探
索科学奥秘
的满足。

陈景润
一九九二年九·十七

究，有着超人的勤奋和顽强的毅力。他废寝忘食，每天工作12个小时以上。他写成的论文《典型域上的多元复变函数论》于1957年1月获国家发明奖一等奖；调到中国科学院数学研究所后，他更加刻苦钻研，经过10多年的推算，1973年在《中国科学》发表了"1+2"详细证明，引起世界上巨大轰动，成为哥德巴赫猜想研究史上的里程碑，被公认为是对哥德巴赫猜想研究的重大贡献，成了筛法理论的光辉顶点。国际数学界称为"陈氏定理"，一些数学发达的还被国家写进数论书中。即便陈景润患了帕金森氏综合征，备受疾病折磨的时候，也没有停止过攀登的脚步。他为摘取数学"皇冠"，实实在在奋斗了一辈子。

想象中，陈景润家的书房一定是图书和资料堆积如山，其实他家藏书并不多。采访结束后，陈景润在我的册页上写道："人生各有各的兴趣，我最大的兴趣就是数学。"

最后，陈景润站起身来，迈着缓慢的步态，坚持送我到家门口，嘴里还不断地说着："谢谢你，谢谢你。"大数学家的态度如此诚恳，待人又如此随和与亲切，一点也没有大科学家的架子。

学术简历

　　陈景润　数学家。1933 年 5 月 22 日生于福建闽侯（今福州市仓山区城门镇胪雷村），1996 年 3 月 19 日逝于北京。1953 年毕业于厦门大学数学系，同年分配到北京四中任教。1955 年回母校厦门大学数学系任助教。1957 年被调到中国科学院数学研究所。1973 年在《中国科学》发表了"1+2"详细证明，引起世界巨大轰动，被公认是对哥德巴赫猜想研究的重大贡献，作为筛法理论的成果被国际数学界称为"陈氏定理"，写进了美、英、法、苏、日等六国的许多数论著述中。曾任国家科委数学学科组成员，中国科学院数学研究所研究员，兼任《数学学报》主编。主要著述有《算术级数中的最小素数》《表达偶数为一个素数及一个不超过两个素数的乘积之和》《组合数学》等。荣获国家自然科学奖一等奖、华罗庚数学奖等。2009 年被评为 100 位新中国成立以来感动中国人物之一。1980 年当选中国科学院学部委员（院士）。

陈俊愉

一枝老梅报春来

在桃花盛开的季节，我踏进了陈俊愉院士的书房。

陈院士被誉为中国的"梅花之父"，果然名不虚传。墙上挂着巨幅蜡梅国画和争奇斗艳的梅花摄影作品，花瓶里插着绽开的梅花，一块直径50cm的梅花瓷盘矗立在书架旁，屋里洋溢着一股股梅花的清香。88岁老人兴致勃勃地领着我参观了他的三间书房，还不住地说："三个书房不够用，好多书没处放。"

他从不同的书房里搬出自己主编的《中国梅花》《中国梅花品种图志》《中国花经》《中国花卉品种分类学》等，都是沉甸甸大部头著述。老人一边翻阅一边对我进行花卉科普。

1998年，陈院士通过申请加入国际园艺学会植物品种登录委员会，成为中国第一位植物品种登录的国际专家。他研究的梅花成了我国第一个拥有国际登录权的植物种。老人还得意地告诉我，中国观赏园艺的资源非常丰富，被称为"世界园林之母"。

改革开放初期，有关花卉的书籍很少，几年才出一本，远远满足不了需要。现在人们生活富裕了，对环境要求也提高了，市面上出版了大量花卉种植的普及读物，对美化生活起到很好作用。但是，许多花卉的名称不统一，有的书互相抄袭，连一些教科书上的写法也常有错。因此，中国园艺学会专设了一个栽培植物命名与登录委员会。提高观赏和种植的水平，还要靠加强科普宣传的力度。

年近九旬的老人仍不知疲倦地天天读书，他手头正在编写四本专业书和一本回忆录。我饶有兴趣地问老人家最近看什么书。他说："我枕边放着一本李瑞环的《学哲学、用哲学》，一本季羡林的《牛棚杂忆》，每天晚上睡前看上十页八页。李瑞环讲的哲学从实践中来，从生活中来，让人看得见摸得到。季羡林的书对写回忆录很有帮助。"古稀老人表示，他对哲学的兴致越来越浓了，人生也是一本大书，稍微读懂了一点的时候，却为时不多了！因此，希望年轻人抓紧时间学一点哲学，这对国家、对人生、对事业都有益处。

陈院士虽然没有去过台湾，但在台湾有很多朋友。蒋纬国先生生前十分喜欢梅花，曾亲笔题颂梅花有十种精神，陈俊愉曾托人捎去自己写的梅花专著，同蒋先生通信往来长达数年，两人因梅花而结为友人。他曾向蒋先生提出到台湾举办梅花展览，却因政治缘由未能成行，深感遗憾。

早就知道陈院士是倡导评选国花的第一人，目前国花的推举在牡丹和梅花两者之间争执不下，我直截了当请他谈谈自己的看法。陈老坦诚地表示："我原先赞成选梅花，1988年我又提出一国两花的具体构想，把牡丹、梅花都推选为国花，这个倡议已经赢得 62 位院士签名以及社会不少人士的赞同。"至今，老人家依然在为国花的评选到处奔波，还倡导召开了"中国国花与和谐社会"的学术研讨会，"有生之年看不到国花的诞生，我心不

学术简历

　　陈俊愉　园林及花卉专家。1917 年 9 月 21 日生于天津，原籍安徽安庆。2012 年 6 月 8 日逝于北京。1940 年毕业于金陵大学，1950 年毕业于丹麦哥本哈根皇家农业大学园艺研究部，获荣誉级科学硕士学位。北京林业大学教授。中国观赏园艺学的开创人和带头人。系统研究了中国梅花，在探讨菊花起源上有新突破。在金花茶育种及基因库建立、菊花起源及地被菊选育以及蔷薇、月季的引种、育种等方面，取得了丰硕的成果。著述甚丰，主编出版了中国第一部大型梅花专著《中国梅花品种图志》，以及《中国花经》《园林花卉》《北京黄土岗花卉栽培》，还有多部研究生和本科生教材，曾担任《中国大百科全书·农业卷》园艺分支副主编、《中国农业百科全书·观赏园艺卷》编委会主任。培养大批园林专门人才。1997 年当选中国工程院院士。

陈念念

读书早 兴趣广

　　陈念念院士生于一个革命家庭，他的名字是为了纪念两位为共和国牺牲的烈士亲属而起的。当年，父母均为党的地下工作者，在风雨如磐的旧中国，他随父母在上海生活。幼儿时体弱，五岁那年得了一场大病，在病榻上整整躺了或坐了两年，虽然失去了

许多童年的欢乐，却阅读了不少只有在上学以后才能读到的书籍。包括一些科普读物、少年儿童杂志和一些名著改编的连环画册等。这两年的阅读，使他对科学、文学、艺术、历史等各门学科均产生了浓厚的兴趣。病愈后本该按部就班地上小学一年级，但父母觉得一二年级的知识对他已太浅了，鼓励他考插班生，考试通过后直接上了三年级。这一决定补回了因病耽误的时间，而且为他今后的人生创造了几个数字上的巧合：他出生时家里的门牌号是 64 号，后来大学毕业的年份是 1964 年，他于 64 岁时当选中国工程院院士……

　　陈院士的人生历程可谓跌宕起伏。他告诉我，小时候差点成为梨园子弟。他的大舅是全国闻名的京剧票友，著名京剧表演艺术大师梅兰芳先生的传人——杨畹农。从小受到舅舅的熏陶，耳濡目染，对博大精深的京剧产生了浓厚的兴趣，学会了多段梅派唱腔。大舅认为小念念对京剧的音乐和表演有悟性，且扮相、身

科学的探索永无止境。

专注、深入、百折不挠

是成功的必要条件。

陈念念 06.7.26

材和嗓音都符合京剧表演条件，于是在他读完五年级后，鼓动父母送去学戏。父亲有些动心，母亲则认为还是从事科学工作更有前途，就把京剧当业余爱好吧。经过征求多位亲友的意见，最终还是遵照母亲的意见继续求学。梨园少了一位艺术家，科技界却多了一位院士。

陈念念以后的读书经历较为平坦，他就读的初、高中都是上海有悠久历史的名校，1958 年如愿考上清华大学工程物理系，实现了父母和他的共同愿望。在清华读书时，他记忆最深的是同学们奋发图强、刻苦钻研、孜孜不倦的读书劲头，每天学校图书馆开门前，门口就挤满了人，门一开，同学们就一拥而入地抢占座位。1964 年毕业前夕，在北京工人体育场亲耳聆听周总理和彭真市长的报告。毕业后，陈念念分配到天津核工业理化工程研究院，从此投身国防科研事业，从第一线值班运行人员干起，到研究室主任、科技处处长、副院长、院长，一干就是 40 年。工作以后读书主要是读文献，查资料，打破外国对我们的技术封锁，自力更生地研究出我国第一代具有自主知识产权的不少先进专用设备。

陈院士幽默地说，读书、工作、娱乐人生三件事，会读书，能工作，还要有点业余爱好，生活才会更有情调。他对京剧始终保持着浓厚的兴趣，能拉能唱，还能同天津京剧院名角同台表演，演唱水平不在专业之下。因此，他用几个字就概括了自己的一生"读书早，基础好，兴趣广，机遇巧"。

学术简历

陈念念　核材料与核燃料专家。1941 年 10 月 4 日生于上海，原籍浙江湖州。2021 年 12 月 21 日逝于天津。1964 年毕业于清华大学。核工业理化工程研究院研究员。长期从事核燃料循环专用设备的研制和相关工艺的研究。20 世纪 80 年代初，主持设计建成了可模拟有关核工厂专用设备全面参数的实验装置，为国家节约了大量核心元件的鉴定费用。80 年代至 90 年代，参加和主持了多次先进相关工艺的研究。90 年代至 21 世纪初，主持研制成功了我国第一代具有自主知识产权的先进专用设备。曾获国家科技进步奖二等奖 3 项，国防科学技术或部级科技进步奖一等奖 3 项。2005 年当选中国工程院院士。

陈述彭

多功能书房

  陈述彭院士戏称他的书房与众不同，冠有三个名称，一曰闹市的绿色书房。他家紧邻中关村大街，室外噪声在70分贝以上，平日只有严闭门窗。他说虽然吵闹，但居住了20年，很有感情。关上窗户读书，打开窗户观景，亲眼目睹中关村的沧桑巨变。陈院士学地理，搞遥感，热爱大自然。他把家里所有窗帘、沙发套、坐垫、床单都换成绿色，体现回归自然的向往。看书累了，环顾一下四周，满目皆绿，又有了继续读下去的心情。

　　二曰流动的新潮书房。读书人爱书、买书、藏书，但空间毕竟有限。他除了买书还收集地图，书房里上上下下几乎成了书的海洋、图的海洋。地图册都是大开本，书架盛不下只好藏在沙发后面。书堆不下就放在客厅、门厅，甚至放在楼道和走廊上。门外两个大书柜就专放待处理的书籍。他心疼地说：“读书人舍不得扔书，放在外面喜欢就拿，这叫自然淘汰。”书房成了一个流动的驿站，书架上经常引来新书，所以是名副其实的新潮书房。陈院士藏有许多记载国内外最新研究成果的书籍。博士生写论文，常常到他家看参考书，他干脆让学生住在家里，有书看，供饭吃，提供全方位服务。

自题多能书屋

满地书香溢
聊天笑声高
陈述彭
二〇〇二年元霄

　　三曰多功能书房。陈院士书房不是单一功能，而是多功能。这里既是读书写作的地方，也是娱乐中心、接待中心、通信中心。书桌旁边，置有电脑桌、传真机、复印机，它们一字排开，条条热线与外界相通。一有闲暇，便是一册好书在手，或约三两个弟子开一场幻灯演示会。家里常常高朋满座，毕竟读书与交友都能获得信息。陈院士爽朗地笑着："我的书房恐怕与你想象的不一样，别人家很静，这里很闹；别人家藏书很多，这里流动很快；别人家功能单一，这里功能众多。我觉得这样挺好！"

　　话题一转，他又严肃起来："读书有时浏览，有时精读，浏览多多益善，读完就让书流动起来，什么书该精读则由个人识别与选择。"他身边常带一本《徐霞客游记》，只要到南方各省出差，有机会就实地验证"游记之路"。为此，曾发表过好几篇论文，被翻译成多种文字。他认为,《徐霞客游记》是一本写得很好的科学游记。这本书他从1940年读起,至今仍在读,整整读了60年。

陈院士曾先后兼任北京大学、北京师范大学、中国科学技术大学、南京大学、浙江大学、华东师范大学等重点大学教授。但是,他更看重江西萍乡高等专科学校,并担任名誉校长。他身在北京,心系家乡,陆续向学校捐赠图书3000多册,杂志200多种,外文资料10多捆,设立了陈述彭专柜,供全校师生阅读,让家乡莘莘学子开阔视野,还丰富了这所专科学校图书馆的馆藏特色。

中国书法家协会主席启功先生曾代表北京师范大学为陈述彭亲笔题写歌德诗篇《上帝与世界》中的名句:"辽阔的世界,宏伟的人生,长年累月,真诚勤奋。不断探索,不断创新,常常周而复始,从不停顿。"

学术简历

　　陈述彭　地理学家、地图学家、遥感地学专家。1920年2月28日生于江西萍乡,2008年11月25日逝于北京。1941年毕业于浙江大学史地系。曾任中国科学院地理科学与资源研究所研究员、遥感应用研究所名誉所长。长期从事地理制图、航空像片综合制图和地图编制自动化的实验研究。开拓了中国遥感应用新领域,倡导并组织了中国地理信息系统研究。发展地球信息科学、推动"数字地球"战略研究,探索"地学信息图谱"的新概念和新方法。代表作有《地学的探索》、六卷《石坚文存》、《遥感地学分析》和《地理信息系统导论》。获国家自然科学奖二等奖2项,国家科学技术进步奖一等奖以及航天部科技进步奖一等奖。1980年当选中国科学院学部委员(院士)。1992年当选第三世界科学院院士。

陈予恕

书中寻找金刚钻

　　陈予恕院士细高挑儿身材，梳理整齐的一头乌发，怎么看也不像 75 岁的老人。他坐在一张转椅上，身后是钢索悬吊的火箭模型，模拟振动台和电脑仪器暂时停止了工作。我几乎放下了照相机，拿起笔纸，在沾满油污的实验台前，开始了新一轮的采访。

陈院士解释道："自己刚刚离开天津，调到哈尔滨工业大学，书还没有搬过来，不能在书房接待！"

我虽有一种紧迫感，但聊读书不一定非要围着书，什么场合都一样。陈院士也来不及脱去工作服，袖子一挽就坐了下来，同我谈他的留苏经历；谈怎样读书才能建立起知识体系。嘈杂的实验室环境并没有影响我们的谈话，更没有阻止陈院士把思绪拉回到20世纪50年代。

"人的一生有许多美好的记忆，留学肯定是其中之一。我上大学时没有学过俄语，为了考取留苏预备班，仅用半年的时间就掌握了俄语，办法就是苦读加巧读。后来以本科学历去了苏联，三年半拿到副博士学位。读书，天资有一定影响，主要靠勤奋，勤奋的后面还有方法，方法不对头，读书效果出不来。其实就是打基础，基础打得牢不牢，基本原理掌握得扎不扎实，才是最重要的方法。读书读不到一定程度；功夫下不到一定深度，再聪明也是瞎掰！另外，还要有名师指点。读书不完全是个人的事，有好老师引导至关重要，我留苏时受益于多位名师的指点，以后自己当了老师，也努力为学生创造一个和谐的读书环境，带出的近60位硕士、博士生中，我最感到欣慰的是有三人获得国家杰出青年基金奖。当年留学，国家给的津贴不多，我在农村长大养成了节俭习惯，尽量省下钱来买书。1963年毕业回国，带回了一吨多重的书籍，用了七八个木头箱子托运回来，一本一本地构筑

读书之我见

兴趣、基础、方法、系统地

去读，可做到轻松的驾驭

一门课程

陈予恕

二〇〇六年七月

和充实自己书房的艰辛历程，今天想起来也是值得骄傲的。"

如今，在天津大学新村陈予恕院士家中，这些大部头的俄文著作仍然放在书架最醒目的位置。

"其实，书籍是一座奇特的熔炉，有的人读进去百炼成钢，有的人却读了一堆无用的渣。聪明的人用不同的方法学习不同的知识，因为不同学科有不同的内在规律，你要学会找出学科之间的内在规律，把握知识的系统性和连贯性，既有线性思维也要擅长非线性思维，然后搭建成自己的知识体系，慢慢才会有新思想、新东西出来。这叫在书中寻找金刚钻，用它来攻克未知的科研高地。"

陈院士特别注重将力学理论与工程实践相结合。他先后获得国家自然科学奖二等奖、国家科技进步奖二等奖。几天以后，我再赴天津，在陈院士家里看到那些大部头的俄文著作仍然放在书架最醒目的位置。他将原来的书房腾出来给小孙女居住，书架也暂时放在储藏间和二楼平台上，因为过不了多久，哈尔滨的新家会另辟一间簇新的书房，毕竟他的科研重心已经转移北上了。

学术简历

　　陈予恕　工程非线性振动专家。1931 年 3 月 29 日生于山东泰安。1956 年毕业于天津大学。1963 年毕业于苏联科学院机械所，获副博士学位。1986 年赴加拿大贵富大学做访问学者。天津大学教授。2006 年起兼任哈尔滨工业大学航天学院教授。长期从事工程非线性动力学理论及其在工程中的应用研究，在治理大型旋转机械频发的振动故障中，突破了传统线性理论故障建模和机理分析方法，采用非线性分析技术，查明故障机理及原因，为治理 20 多台大型火电机组的重大振动故障提供科学依据和对策，获显著经济效益。曾获国家自然科学奖和科技进步奖二等奖各 1 项，省部级一等奖 3 项。出版中英文专著 5 部，发表论文 100 多篇。培养博士、硕士研究生 56 名。1998 年被选为俄罗斯应用科学院外籍院士，2005 年当选为中国工程院院士。

程泰宁

从文化精神中寻找灵感

　　在浙江美术馆建筑工地采访程泰宁院士，在近距离欣赏建筑大师大手笔作品的同时，我也深深感到建筑对人与环境、对城市文化脉络，有着不可替代的作用。

　　来到程泰宁院士办公室，他不谈建筑，却与我聊起刘勰的《文

心雕龙》："'形在江海之上，心存魏阙之下'，神思之谓也。尽管古人讲的是文学创作，但我在建筑创作时也有类似的感受和体会，文学创作与建筑设计有相同之处。我常常引用《文心雕龙》的语言，体味其意境，对产生设计灵感有很大的好处。"

作为一名建筑师，程院士特别重视从传统文化中吸取养分，更来自对哲学和美学著作的思考以及对文学、音乐、绘画、雕塑等文艺形式的触类旁通。他说："一名建筑师的素质、修养和对一切外来刺激的敏感性，都将对他的创造能力起到决定性作用。"他还谈到丹纳的《艺术哲学》对他的启发，这本书详尽分析了从中世纪到19世纪末欧洲艺术发展的轨迹，以时代为镜框把历史镶嵌进去。这两本书都是他在年轻时读过的，现在还放在手边，常读常新。

我们的话题最终还是回到了建筑上，从东西方文化比较聊到建筑设计与创作，他津津乐道如何构建具有东方精神的建筑理念，对眼下国内各处相似的城市规划，"千城一面"的建造趋势，程院士尖锐地指出，如果说过去是"食古不化"的话，那么现在可以说是"食洋不化"。"食古不化"趋于处处"复古"，"食洋不化"又导致一味"仿洋"。中国建筑师不能不加鉴别地把西方审美标准当成自己的标准，如果我们建立起自己的、有中国文化精神的审美标准，对所谓的"差距"就会有不同的认识。当喧嚣之后，必然会回归平静，回归自我。在对东西方文化的思考和比较中，程院士形成了自己的创作理念，概括为"三个合一"和"三个立足"，即"天人合一""理象合一""情景合一"和"立足此时""立足此地""立足自己"。西方建筑学界把形式当成一切事物的本质，东方美学

则讲究"形神合一""情景交融"，由形式美提高到意境美，并向更广阔的心灵时空延伸。由程院士设计的杭州黄龙饭店、杭州铁路新客站、杭州美术馆等建筑就是努力追求中国的人文气质、中国的精神文化；努力体现宏观整体、自然和谐的建筑观念。

学术简历

程泰宁　建筑学家。生于 1935 年 12 月 9 日，江苏省南京市人。1956 年毕业于东南大学。中国联合工程公司总建筑师，中联程泰宁建筑设计研究院主持人。曾参加北京人民大会堂等重大工程的方案设计，主持了杭州铁路新客站、加纳国家剧院等国内外重要工程 50 余项。3 项作品入选世界建筑师大会"当代中国建筑展"，获建筑创作成就奖。2004 年，杭州铁路新客站、黄龙饭店入选"中华百年建筑经典"。国外的两项工程入选国际建协 (UIA)《20世纪世界建筑精品选》。"立足此时、立足此地、立足自己"的创作主张以及富于原创精神的作品，为中国建筑的发展作出了重要贡献。2000 年被评为中国工程设计大师。曾获全国优秀设计奖 3 项，省部级特等奖、一等奖 8 项。2004 年获"梁思成建筑奖"。已出版专著多部。2005 年当选中国工程院院士。

崔崑

终身的良师益友

　　白天在实验室采访崔崑院士，晚上又登门造访院士书房。老人毫无倦意，兴致勃勃地介绍他跑遍武汉三镇选购的新书柜，把多年来散落各处的书籍整理在一起。去年，他搬进华中科技大学院士楼，终于有了宽敞、明亮、惬意的书房。

书房一分为二，另一面是传统书柜，一面是电脑、打印机、扫描仪等一应俱全的现代办公用品，这套设备花了崔院士24000元，"再有一架数码照相机就全了。"传统的纸媒和现代的浏览器在他的书房里巧妙地结合在一起。崔院士讲，湖北省科技厅组织院士修改2001年科学规划都是发E-mail交流的，既方便又快捷。过去登讲台，粉笔加课本，现在备课制成光盘，多媒体演示，讲课能图文并茂，直观生动，那多好。

每次去北京开会，崔院士总要到王府井新华书店逛逛，见到好书就手痒。1982年，谭其骧院士主编的《中国历史地图集》出版，崔院士竟花了半个月工资买齐，后来又补买了郭沫若编的《中国史稿地图集》。1999年，他在北京图书大厦见到新出版的20卷中文版《不列颠百科全书》，想买又扛不动。回到武汉赶紧去新华书店预订，花了2000元，还让人送到家。这套书可不是摆设，竟发挥意想不到的作用。

老伴退休后迷上集邮，崔院士协助她精心设计了一套"欧洲风光""欧洲揽胜""大西洋探索"三个专题邮品，曾参加省市集邮展，引起轰动。

我——

我终身的

良师益友

崔崑

2011年3月10日

多年来，他还养成读报习惯，从 1956 年起订阅《光明日报》《参考消息》后从未间断过。崔院士说："学理工科一定要拓宽知识视野。若对祖国地理知识知之甚少，对民族历史知识知之甚少，对传统文化知识知之甚少，则能否成为祖国栋梁，要打一个问号。"

崔院士把自己读书的经历归纳成：中学萌发兴趣，大学奠定基础，留学拓宽时空。1962 年他从苏联留学回国，筹建实验室，在模具领域整整干了 40 年，获得多项国家奖励，却一直固执地认为获奖不是目的，技术成果应用到工程上才是目的。

崔院士带博士研究生、硕士研究生，要求都极其严格。"我不想培养次品和废品。我招的学生，进门时学历有高有低，但个个都想干事、能干事。反之，那些只想混文凭的人，我不欢迎。"如今，他培养的学生中有 10 多人已成为博士生导师，并在各自领域中取得了不小的成就。

2006 年，81 岁的崔院士开始撰写《钢的成分、组织与性能》一书，这成了我国首部系统介绍特殊钢的"百科全书"，共计 1574 页，含图 828 幅、表 646 个，多达 200 万字。崔院士以耄耋之年，自学计算机软件，亲自收集每一份文献，编辑每一张图片。整整花了 6 年的时间，将一生的研究成果，编辑完成了这本"大部头"的著作。

崔院士教了大半辈子书，应笔者要求，提笔写下"书是我终身的良师益友"，并叮嘱："要引导青年读好书，现在出的有些乱七八糟的读物不叫书！要读有价值的书，多读给人知识的书、启迪人生的书。"

学术简历

　　崔崑　金属材料专家。1925 年 7 月 20 日生于山东济南，原籍山东济宁。1948 年毕业于武汉大学机械系，获学士学位。1954 年哈尔滨工业大学研究生班毕业。华中科技大学教授。长期从事材料科学的教学与研究工作。研究开发了一系列高性能新型模具钢，在生产中得到广泛的应用。在钢的合金化、高韧性金属陶瓷等方面进行了系统深入的研究，为中国特殊钢的发展作出突出的贡献，被人称学界誉为"钢铁院士"。据 2020 年统计，已发表学术论文 250 余篇，出版《钢铁材料及有色金属材料》《钢的成分、组垫探织与性能》等专著多部。研究成果获得省、部委级以上奖励 15 项，其中国家发明奖二、三、四等各一项（均为第一发明人）。培养了博士研究生 24 名、硕士研究生 23 名。1997 年当选中国工程院院士。

丁舜年

书房建在阳台上

北京白云路，一栋 20 世纪 50 年代盖的灰色住宅楼与紧邻的华丽公寓相比，显得十分陈旧寒酸。丁舜年院士一家七口住在这里。四间房，三代同堂，书架摆在走廊上。在客厅落座，丁舜年老伴为我沏上一杯清茶，叮嘱道："他耳背，说话声大些。"我点点头，与听力不好的人对话，双方都要大声说。我原以为九旬老人的记忆不过是些断断续续的残片，谁料老人一张口竟滔滔不绝，我反倒插不上嘴了。

1910 年，丁舜年出身书香门第，父亲是清光绪年间的秀才，思想开明，又考取上海理化专科学校而接触西学。母亲毕业于镇江女子学校。辛亥革命后，父母被家乡召回，创办浙江长兴第一所女子学校。丁舜年从小耳濡目染，伴随着琅琅书声长大。中学毕业后有两条路可供选择：一是进师范学校当老师；二是考大学。他立志"工业救国"，以全省第四名成绩考入上海交通大学，学习电机工程。

1942 年，太平洋战争爆发后，上海的英美工程师纷纷撤回国，大量带不走的工程技术书籍，让丁舜年如获至宝。他每天跑租界、找书摊，抱回上百本设计手册和工具书，等于白拉了一座小型图书馆。

　　22岁从上海交通大学毕业，他主持设计了国内自制的交流同步发电机，用于低噪声新型华生牌电扇，创建了华生电扇的品牌，几乎占领了当时国内全部市场，并远销南洋各地。他主持筹建上海电机厂，领导闵行电机新厂的设计工作，还领导设计了国

读书要如金字塔，博闻强识，
基础广阔，理论学习要加深，
专业突出，高如塔尖。

丁舜年

2000年12月

内最大的高速感应电动机，研制成功无轨电车直流牵引电机。凭借自己精通英、法、德、日、俄多国语言的功底，他对原版技术书籍认真消化，融会贯通于新产品设计中，使国产电机质量显著提高。

中华人民共和国成立后，丁舜年担任第一机械工业部电工总局总工程师，负责全国电器工业的技术组织与领导工作。他从调查研究与技术论证入手，亲自设计计算，提出设计任务书，于1966年自行设计制造出国产第一台采用氢冷的10万千瓦汽轮发电机，成为当时我国发电设备的主力机组。

丁舜年从事电机制造工业 60 余年，从中华民国到中华人民共和国，历经风雨沧桑，对民族工业的电机与电器制造，作出了可贵的贡献。

聊到这里，老人兴奋地说："我的书柜中，工具书最多、最全。"借此机会，我请求看看他的书屋，老人把我引到阳台。我不禁愕然，在不足 5 平方米的阳台上，用玻璃隔出一个小巧精致的书房，里面书柜、书桌、书凳齐全，但仅容一人插足。冬日暖暖的阳光照射下是一处读书的好地方。丁老自嘲地说："这不叫书屋叫斗屋！"老人读了一辈子书，割舍不了对书的情感，这才想办法在阳台上打造一个让人叹为观止的微型书房。他得意地对我说："一辈子所有的黄金时光都给了工作和读书，一生除了书再无其他。只要有书看，窗外的喧哗闹市、车水马龙皆为过眼烟云。"

学术简历

丁舜年　电机工程学家。1910 年 12 月 4 日生于江苏泰兴，原籍浙江长兴。2004 年 9 月 20 日逝于北京。1932 年毕业于上海交通大学。1947 年赴美国匹兹堡大学研究生院深造。机械工业部机械电子工程师进修大学电气学院名誉院长、国家一级工程师。主持设计了国内自制最大的交流同步发电机，主持筹建上海电机厂，领导闵行电机新厂设计工作。领导设计了国内最大的高速感应电动机，研制成功无轨电车直流牵引电机。建立了一机部系统内第一代电子计算机站。指导研制成功高精度控制微电机和磁放大器等，指导研制成功新型电工材料和新型绝缘材料。领导和组织有关单位进行 10 万、20 万、60 万千瓦汽轮发电机成套设备的研制工作。对发展我国电机、电器工业作出重要贡献。1980 年当选为中国科学院学部委员（院士）。

丁一汇

贯通两种思维

　　丁一汇院士是一位气候专家，长期专司气候预测工作，心系天下百姓寒暖。钟情博览群书，他的书架上文理书籍各占一半，除了大量的气象专业书籍外，最多的是历史、文学著作，如《中国通史》《新编上下五千年》《中国大百科全书》等整整齐齐排放在书架上。

　　丁院士出身书香门第，父亲早年毕业于中国大学，后来在安徽和上海教授中文和历史。母亲师范学校毕业后一直从事数学教学。从小受家庭熏陶，他文理两科都强，直到初中毕业还老想当文学家。后来，考入北京大学，命运之神将他推向理科。丁院士阅读面很广，他把自己阅读过的文学作品归成三类：一类是苏俄时代的文艺作品，从托尔斯泰、屠格涅夫、契诃夫到高尔基、奥斯特洛夫斯基，几乎把俄苏重要的文学作品都读遍了；第二类是中国古典文学作品，从千字文读到《史记》；第三类则是唐诗宋词，书架上既有明、清年代，又有近代中华书局编辑出版的各种版本的唐诗宋词，随手抽出便津津乐道。正因为有文理兼通的底子，丁院士聊起文理相融有利于创新时，便古今中外滔滔不绝。他说，形象思维对科研创新的作用在于能丰富科研人员的想象力，可以在更大范围内让人具备把握全局和整体的能力。学理科也要

精通专业，
博览群书。

丁一汇 2006年5月13日

阅读历史和文学书籍，借以打通两种思维，拓宽认识的深度和广度。另外，搞科研工作离不开书面表达和口头表达，一篇好的科学论文语言流畅、文笔优美，方能引人入胜。再说，无论演讲还是报告，都需要好的中文功底和表达能力。现在光靠自己的一张纸一支笔搞科研的时代已经过去了，科研工作要靠团队合作才能攻关，所以沟通和表达能力也非常重要。现在博士生写的英文论文比中文论文好，中文表述反而不熟练，常呈现语言枯涩，重点不突出，看来要补课，文理交融不可缺少啊！

前些年，央视热播历史剧《汉武大帝》，他一边看电视一边重读《资治通鉴》，一集电视一卷通鉴对照着看，看电视剧对历史人物的塑造符不符合司马光的评价。

丁院士在办公室里存放了大部分书籍，家里只存一些文学艺术类的书和京剧唱片磁带，枕头边正在读的书是反贪小说《我本英雄》。他的办公室南北两面墙是一通到底的大书柜，摆满了各式各样的书籍，确有书满之患。没想到他带我转到南墙书柜的后面，竟又出现一排书柜，形成一个图书夹道，中间放置一把躺椅，闲暇之余在这里翻翻唐诗，品品宋词，那心境真的别有滋味。

学术简历

丁一汇　天气与气候学家。1938 年 10 月 16 日生于安徽，原籍山东曹县。1967 年毕业于中国科学院研究生院，后进入中国科学院大气物理所。1979 年赴美国学习。1982 年回国后任国家海洋局海洋环境预报中心副主任，兼国家海洋预报总台台长，1986 年任中国气象科学研究院副院长，1994 年任国家气候中心第一任主任，1996 年任联合国政府间气候变化专门委员会第一工作组主席，2001 年任中国气象局气候变化特别顾问。长期从事季风动力学、灾害性天气以及气候变化研究，为推动我国气象业务发展作出了重要的贡献。参与和主持编写 IPCC 第一、二、三次气候变化评估报告。主持领导并参与国家气候中心的建设，建立了我国气候监测、预测、评估和服务的综合业务系统。获国家科学技术进步奖一等奖、二等奖，何梁何利基金"科学与技术进步奖"，世界气象组织"杰出工作成就奖"等。已出版专著 15 部，发表论文 300 多篇。2005 年当选中国工程院院士。

董申保

漫漫求学路

　　年逾九旬的董申保院士仍在奋笔疾书，他正在撰写的《花岗岩拓扑学》是他近70年教学生涯的十几部著述之一。董老精神矍铄地坐在桌前，聊起国立西南联合大学的往事语调不急不缓，就像叙说着一段家常，让人听得津津有味，不时被他坎坷的求学故事深深打动。

1936 年董申保考入北京大学，第二年爆发"七七事变"。旋即，日寇占领北平，抗日战争全面爆发。很快，北京大学、清华大学、南开大学决定南迁，先到长沙成立临时大学，不久又转到大后方昆明，成立了西南联合大学。稍晚撤走的老师、同学，也相继分散地离开北平。因为日本兵占领了保定，只能从天津租界上车走津浦线，从徐州转陇海线到达长沙。北平到天津的车站，日本兵盘查很严，看见知识分子和当兵的就抓起来。那年 11 月份，董申保动身离开北平，他着长衫，戴着礼帽，装扮成商人登上火车，一路上战战兢兢地混过检查。到了天津租界后坐船到青岛，准备乘火车到济南，又听说济南沦陷，津浦线走不通了，只好再坐船到上海。这下圈子兜大了。无奈从上海坐船到香港，香港转越南海防，在海防通过法国人设的边卡，最后乘坐滇越铁路的小火车抵达昆明。像其他逃难的人群一样，沿途一路颠簸，绕了大半个中国。而先期到达长沙的同学，不少人甚至是翻山越岭徒步到达昆明的。

"我们这一辈子求学的经历是后代人难以想象的。"董老感慨道。国破家亡，北平已经放不下一张书桌，也没了念书的心情，从北到南一路逃难，除了行李什么书也没有带。

董申保回忆道："在北平读书的学生中间流传着：北大老，

师大穷，燕京、清华可通融的顺口溜。"由此，也可以看出北大学生老气横秋。这种差异到了西南联大就看不出来了。学生在联大注册时分 P、T、N、A，什么意思呢？就是各学校英文名称的第一个字母，北大 P(PKU)、清华 T(TSU)、南开 N(NKU)、而直接考入西南联大的学生用 A(Alliance) 字头注册。董院士当年我在西南联大读了三年，毕业证书上注明"北京大学（西南联大）"，其他学校也是如此。清华归清华，南开归南开，后面加括号，联大毕业则注明"西南联大"。大学毕业后董院士又读了联大研究生，1944 年留校任教。

"自从 1937 年我来到昆明，1945 年回到北平，抗战八年一直在西南联大，亲身经历了昆明'一二·一'学生运动，曾带头签名罢教，参加护校与国民党军警斗争。在联大念书的学生中，

来自沦陷区的多，当地人少。国难当头，教授和学生首先考虑是教好书，学好知识，抱着科学救国的愿望，一心想收复失地。教授的抗战热情和学生的爱国觉悟连在了一起。对时局，老师和学生都有独立见解，不苟同国民党的看法，敢于批评蒋介石政府，用两句古话可以概括'富贵不能淫，威武不能屈'。这就是被人称颂的西南联大精神。"

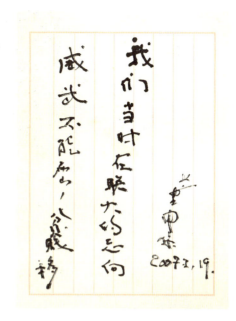

我们当时在联大的志向威武不能屈！富贵不能移
董申保 2007.1.19.

学术简历

董申保　岩石学、地质学家。1917 年 9 月 17 日生于北京，籍贯江苏常州。2010 年 2 月 19 日逝于北京。1940 年毕业于国立西南联合大学地质系，1944 年获该校硕士学位，之后留校工作。1948 年赴法国巴黎大学攻读博士学位，后转入克莱蒙非朗大学。1951 年学成回国，在北京大学地质系任教。1952 年调到东北地质学院。后相继任东北地质学院地勘系主任，北京大学教授。长期从事变质岩及花岗岩研究。20 世纪 50 年代领导长春地质学院变质岩研究小组在华北及东北进行变质作用研究，提出"变质建造"及"混合岩矿床"等假说。80 年代作为中国变质地质图 (1：400 万) 的主编者之一，获国家自然科学二等奖 (1989)。晚年从事高压变质作用的研究。1980 年当选中国科学院院士 (学部委员)。

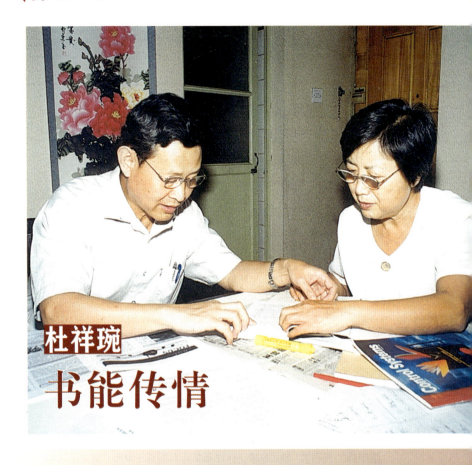

杜祥琬

书能传情

　　推门而至，杜祥琬院士与夫人毛剑琴教授正伏案工作。多年来，他们夫妻各自在科研、教学第一线忙碌着，分时竟比聚时多。回到家里，书房又变成了第二办公室。他们把三室一厅朝南光线最好、面积最大的房间作为书房。里面各自的书架、书桌摆放得井然有序，且分列窗户东、西两侧。北面一堵墙打造成一整排书柜，上面摆满毛教授的书籍。杜院士礼让妻子，把自己的大部分书籍放在办公室里，东墙挂着一幅书法作品，"心平气和"四个字让人感叹读书需要环境，更需要一种好心情！书房成了这对科学家夫妇最喜欢的地方，这里不但结出科研硕果，还蕴藏着一段爱情故事呢！

1956 年杜祥琬选拔进北京俄语学院留苏预备班，一年后转到北京大学数学力学系学习。两年后的 1959 年又被派往苏联莫斯科工程物理学院学习。1963 年暑期有关部门组织留学生回国参加政治学习，有缘与北京大学数学力学系老同学毛剑琴相遇，他们相互勉励，先读书求学，毕业后再考虑终身大事。回到莫斯科，杜祥琬留心收集她需要的《理论力学》《陀螺》《惯性导航》等外文专著并寄回国内。同时也为父亲杜孟模教授购买了最新版的俄文数学书籍《泛函分析》《测度论》等寄回河南。毛剑琴也精心挑选一批新出版的国内小说寄往莫斯科。靠鸿雁传书，两颗心紧紧贴在一起。至今，这几部外文学术著作仍摆在毛剑琴的书架上，多次搬家都舍不得扔掉，这毕竟是他们爱情的信物。

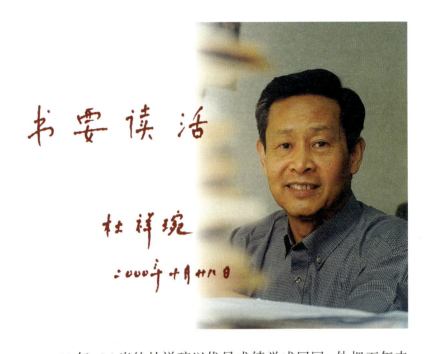

书要读活

杜祥琬

二〇〇〇年十月廿八日

　　1964 年，26 岁的杜祥琬以优异成绩学成回国。他把五年来节省下的卢布全部上交大使馆，只带回一尊列宁头像。回国后，杜祥琬仍时刻牵挂着留在莫斯科的同学。他知道，国外图书馆没有中国书籍，那些思念祖国的同学非常渴望读到国内文学作品，他忘不了几年前毛剑琴寄来的小说《汾水长流》，在同学们中间争相传阅的情景。于是，杜祥琬把第一个月领到的工资买了三十几本名著 (包括《林海雪原》《保卫延安》等)，捆了两个大邮包，寄往驻苏大使馆，拜托使馆人员转交下届学友。书邮寄走了，他才发现连吃饭的钱也没剩下。这月，只好天天跑到姑姑家"蹭饭"。

　　光阴荏苒，院士对书的喜爱不减当年，不同的是，读书范围越来越广。作为国家激光技术专家组首席科学家，读书时间却越来越少。时间少，书只能读得精，院士说："每读一本书都要经过一番思考，要举一反三，不动脑筋就没有创造性。"

杜祥琬对"专"与"博"有自己独特的见解。他的科研方向经过多次转换，从天文学转到数学力学；又从数学力学转到核物理学，再转到激光技术，后来又转向能源战略发展，学科跨越之大、领域涉及之深，在院士中也少有人与之比肩。在核武器设计方面，他是核武器中子学与核试验诊断理论领域的开拓者之一。在激光领域，他是首席科学家，强激光领域的带头人。在能源、环境方面，他是国家能源专家咨询委员会副主任和国家气候变化专家委员会主任。杜院士献身国防、关心气候、监督碳排放，不愧是一位战略型科学家。杜院士却轻描淡写地说："首先是我个人的需要服从了国家的需要，同时在国家需要的学习和研究中，我对新知识、新课题产生了浓厚的兴趣，钻进去才发现，这些新领域、新课题是那么富有挑战性。"

学术简历

杜祥琬　应用核物理、强激光技术与能源战略专家。1938 年 4 月 29 日生于河南南阳镇平，祖籍河南开封。1964 年毕业于莫斯科工程物理学院。中国工程物理研究院研究员。曾任中国工程院副院长、国家能源咨询专家委员会副主任，兼任中国物理学会副理事长。作为我国新型强激光和微波研究的开创者和国家"863 计划"激光专家组首席科学家，主持研究与制定了符合国情的发展战略与实施方案；在有关物理规律和关键技术研究中获得重要成果，使我国新型高能激光系统技术跨入世界先进行列；主持并参与了国家能源发展战略和应对气候变化的咨询研究工作，担任国家能源专家咨询委员会副主任，国家气候变化专家委员会主任。科技成果分别获国家科学技术进步奖一等奖、二等奖，部委科技奖特等奖、一等奖等 10 多项。2000 年获何梁何利基金"科学技术进步奖"。1997 年当选中国工程院院士。2006 年当选俄罗斯联邦工程院外籍院士。

范立础

童心未泯的『老顽童』

冒着"碧利斯"台风，我第二次来到同济大学范立础院士家。这是一个只要进来就不愿意离开的地方，院士的健谈和他的收藏让人流连忘返。

四年前，我曾被这间新颖别致的书房深深吸引住了，今天重访也就再自然不过了。童心未泯的范院士有收藏玩具的嗜好，他书房里的玩具与书籍一样多，从世界各地收集的造型迥然的玩具，大大小小有千件之多，从客厅一直摆进了书房，甚至摆满了书架。玻璃书橱内层是书籍，外层则摆着千姿百态的玩具人物，仿佛人在书丛中嬉戏玩耍。老人家告诉我，他不但收藏玩具，还自己动手制作玩具，逢年过节朋友之间送的礼物也都是玩具，他说："玩具并不是儿童的专利，老年人更要会玩、乐玩！"

我们徜徉在书和玩具的海洋里，轻松地谈着读书和玩耍的话题。聊到读书，范院士先送给我 16 个字："博览群书，不求甚解；

四年前与四年后的书房对比

攻其一点，坚持到底。"他指着书架，说："博览群书不仅是书架上的这点书，还有报纸、期刊，我每月要花几百元买书订报，而且我还喜欢剪报，对政治、经济、历史、文化什么都感兴趣。搞科研就不同了，不能面面俱到，要攻其一点，坚持到底。"他多年来养成做读书笔记的习惯，聊兴激起后，他会随手翻开一页便诵读起来。合上笔记本，范老的脸色又变得严肃起来说："我告诉学生不能在象牙塔里做学问，要博览群书，目的是学会做人，从前人的著作中、从别人走过的坎坷道路中吸取经验和教训，少走弯路。做学问要先学会做人，不会做人，最终也做不好学问。我的人生道路是滚出来的，所以有发言权。"

1957 年范立础被打成"右派"，不让他教桥梁专业，改教城市建设专业，他马上从头学起。不教主课就教辅导课，无论下放劳动还是牛棚改造，他从来没有丢下书籍。50岁后焕发青春，从桥梁教研室主任一直做到同济大学土木工程学院院长。他编写的《桥梁工程》被评为精品教材。从教学谈到成材，范立础不时翻开笔记本，或寻章摘句或读段感言。

"一个人的成功不完全由个人决定，而是由环境决定，由群体决定，由机遇决定。"同济大学李国豪校长手下有三个高足，其中两个被打成"右派"，后来都当选了中国工程院院士。范院士说："我基础扎实，被老校长指定研究桥梁抗震，另一位研究桥梁抗风，还有一个搞计算机，三个弟子各抓三项基础性工作，奠定了同济大学桥梁专业在国内的学术地位。"当年，李校长给了他机遇，改革开放又带来了机遇，才成就了今天的他。现在就想把几十年教学经验认认真真地写出来，既写成功案例，也写教训和失败，教材不能总是一个模式，要培养不同风格的学生。他随口又念出"失去已很多，追求到尽头。名利皆淡然，心情即明透"的自撰诗句……

学术简历

范立础　桥梁结构工程与抗震专家。1933年6月8日生于上海，祖籍浙江镇海。2016年5月3日逝于上海。1955年从同济大学道桥系毕业后留校任教，相继任同济大学路桥系教研室主任，校教务处副处长，结构工程学院副院长、院长以及土木工程防灾国家重点实验室学术委员会常务副主任等职务。长期从事桥梁结构理论，开创了大跨度桥梁抗震设计及非线性地震反应分析的方法，建立了桥梁抗震学科，对桥梁减震、延性及特异桥梁抗震设计均作出卓越贡献，研究成果被广泛应用于上海卢浦大桥、长江江阴公路大桥、上海双层高架与立交桥等40多座桥梁建造实践中。截至2016年，获得国家科技进步奖、省部级科技进步奖、高等学校优秀教材奖等各类奖项十余项。2001年当选中国工程院院士。

冯端

诗境余晖

　　冬日的南京，正天下着淅淅沥沥的小雨，我冒雨造访南京大学冯端院士。眼前依旧是一栋栋发黄的旧楼，萧瑟寒风中细雨打着梧桐树的枯叶啪啪作响。寒暄后，院士引我进客厅落座，墙上挂着的一幅诗、书、画长卷，似曾相识。冯院士说："这是北京吴良镛院士赠给冯康教授的。冯康去世前，他又转赠给我了。"

　　中国科学院兄弟院士仅有几对：冯康、冯端兄弟是其中一对，冯康搞应用数学，冯端研究凝聚态物理。1980 年他们同时当选学部委员（院士），在中国科学院学部传为佳话。

　　从画聊起，冯端院士的思绪回溯到 20 世纪 30 年代："记得我最早读课外书是小学五年级，大哥送我一本房龙的《人类的故事》。进中学后，大哥又送我几本商务印书馆翻译出版的《神秘的宇宙》《物理世界》……这些科普读物第一次把我引进奥秘无穷的物理世界，激起我学物理的兴趣。1941 年我到重庆准备考大学，哥哥冯康从中央大学借出许多书供我自修，在家里温习功课时又读了许多外文小说，打下外语基础。我的体会是，学英语首先要培养用英语思维的习惯，阅读原著是最好的办法。先找一本自己喜欢的小说，阅读要有一定速度，不要老翻词典，速度上去了个别词不认识，连贯起来就能理解。速度太慢，在单词和语法上打转转，就会失去学习的信心，阅读的目的是训练和培养思维。我从未经过口语训练，但熟悉了，或者说习惯了英语思维的

勤于窥测
力求贯通
偶有所悟
乐在其中

冯端
1991年11月3日

方式，文字翻译和口头表达都不成问题。"

冯院士家中的书架上有文、史、哲、诗各种书籍。他阅读兴趣很广，除物理学科外，哲学、文学、艺术、诗歌都喜欢涉猎。他喜欢翻译外国诗歌。活跃在 20 世纪初的德国里尔克、法国瓦勒立的诗歌曾深深地影响过大学求学时的冯端。他认为象征派诗人的作品精致深刻，从内容到形式都吸引人。尤其是"空灵超脱的意境"令他着迷。大学毕业后，他还翻译过里尔克诗选，译出几十首，写了满满一本笔记。冯端的业余诗歌翻译全凭个人兴趣，不求发表，这个习惯保持了几十年。

冯端试图从人类文明的高度理解"自然"和"人文"的分野与联系。在他看来，"科学和艺术是可以彼此应和的，诗歌和物理也是彼此连通的"。

　　20 世纪 90 年代初，笔者曾经采访过冯端院士，请他题过词。他随手写下："顾余本凡夫，倏忽寄浮生。深宵观天象，星斗自纵横。恍若离尘寰，跻身造化邻，畅饮长生酒，欢悦润素心。"这其实是古希腊天文学家托勒密写的诗，冯端从英译本中转译而来，题词显得与众不同！

　　虽然冯院士以物理科学为毕生研究方向，却从没有放弃对人文学科的热爱，他的文学艺术造诣堪称精深，对诗词和诗人的喜爱更是别出心裁，唯我独馨。他在后来的《诗缘》一文中写道："与诗结缘，乃人生至美、至乐、至快事。"

　　1992 年，意大利国际理论物理中心邀请冯端夫妇做访问学者，这里距诗人里尔克曾经住过的城堡——瓦伊诺小镇不太远，冯端夫妇专程去参观了诗人的旧居。在里尔克生前散步的小径上，他们一边欣赏海岸美景，一边体味诗人《都伊诺挽歌》的诗境。那落日的余晖，至今还留在老人的记忆里。

学术简历

　　冯 端　凝聚态物理学家、教育家。1923 年 6 月 11 日生于江苏苏州，籍贯浙江绍兴。2020 年 12 月 15 日逝于南京。1946 年毕业于中央大学理学院物理系，获学士学位并留校任教，1949 年中央大学更名为南京大学后任该校物理系教授。长期研究金属物理学、材料科学、凝聚态物理学以及纳米科学与技术。在体心立方难熔金属内位错的研究中，合作发现了浸蚀法位错线成象规律。主编了中国第一部《金属物理》专著。在复杂氧化物晶体内的缺陷与畴界问题研究中获多项重要成果，发展了一种具有优异的非线性光学的新型人工调制结构材料。1980 年当选中国科学院学部委员（院士）。1996 年荣获何梁何利基金"科学技术进步奖"，1999 年获陈嘉庚数理科学奖。2012 年，中国科学院紫金山天文台将国际编号为 187709 的小行星正式命名为"冯端星"。

高庆狮

燃烧自己，照亮别人

第一次与高庆狮院士见面就被他谦和的态度感染。

"读了一辈子书，最难忘的还是老师情！"说罢，他即签名送我一本刚刚出版的新书《新模糊集合论基础》。这是一本计算机专著，我翻开书，目光竟无法再移开了……扉页上写道："献给我的启蒙老师们。"接下来，列了一串长长的名单，从钱学森、江泽涵、丁石孙、张世龙等，一口气列了 13 位大学名教授，下面依次排列有漳州一中的数学覃老师、几何陈老师；漳州市钟芬小学的杨校长。结尾一句是："永远感谢你们，永远怀念你们！"从大学教授到小学的启蒙老师，一个都没有落下，字里行间透着浓浓的感恩之情。我轻轻地合上书，又见墨绿色的封底上，作者写下这么一段话："独立思考，不人云亦云，独立判断是非曲直，独立判断经济效益、社会效益和理论价值，冷对众说纷纭。"

高院士深情回忆道："无论小学还是中学，我的数理化老师都是一流的好老师，对他们的感激之情至今依然不减。60 年前，小学的杨校长告诫我们'要立志科学建国，不要立志做大官'。当时讲话的神态，至今历历在目。我写在封底上的话，'独立思考，思考一切'是北京大学老师们赋予我的最大爱好。"

2006 年教师节，72 岁的高院士又写了一篇充满真挚感情的文章——《我的老师们，永远感谢你们》。他用饱蘸浓情的笔墨，逐个回忆了几十位曾经对他发蒙、启迪和教诲的小学、中学、大学的恩师，名单一直延伸到他工作中的导师，如同讲故事般娓娓道来，把众多恩师对自己人生的教诲凝结成一句话："启发我们，熏陶我们，终生难忘，终身受益。"

高院士是我国计算机研究领域最早的两位院士之一，已是中国科学院计算所研究员，却仍把人事关系放在北京科技大学，实践着他从小立志当老师的夙愿。

高院士爱读书，爱买书，中学期间几乎读遍了当时已出版的国内外文学名著。自1953年考入北京大学后，五十多年所存有的

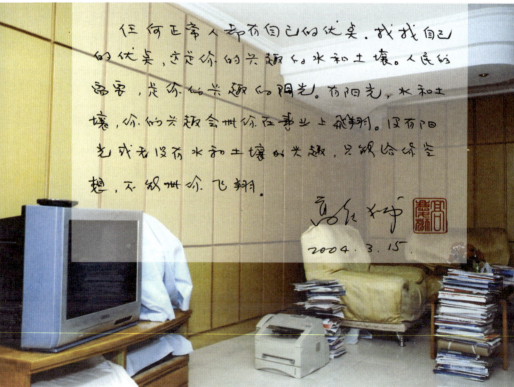

任何正常人都有自己的优点。找找自己的优点，这是你的兴趣的水和土壤。人民的需要，是你的兴趣的阳光。有阳光，水和土壤，你的兴趣会带你在事业上飞翔。没有阳光或无没有水和土壤的兴趣，只能给你空想，不能带你飞翔。

高庆狮

2004.3.15.

图书自己都已数不清了。拉开书柜，随手就抽出一本 1957 年购买的《斯巴达克斯》。

学校分配给他 160 平方米带地下储藏室的住宅，装修仅花了四万元，一切从简，唯独书柜设计下了一番功夫，仅打造一排带柜门的书橱就用掉一万元。楼下储藏间干脆改造成一个小书库。所有的书柜全部带门，既不落灰尘也容易打理。他把精力集中于著述与撰写论文上，日常生活则简单又随意。房间的功能也成了"多合一"，既是书房也是客厅，既是工作室又兼餐厅。他笑着说："这里有老板桌、太师椅，有全套电脑系统，也有小餐桌，除了上课和睡觉，我其余的时间都消耗在这里了。"

学术简历

高庆狮 计算机科学家，计算机总体设计专家。1934 年 7 月 17 日生于福建鼓浪屿，2011 年 5 月 16 日逝于北京。1957 年毕业于北京大学数学力学系。后相继任中国科学院计算技术研究所研究员、北京科技大学教授，以及大连理工大学、中国科技大学和华侨大学兼职教授。从事大型巨型计算机体系结构、并行算法、机器翻译、人类智能及其模拟和应用等方面的科学研究工作和工程设计，是我国第一台自行设计的大型通用电子管和第一台大型通用晶体管计算机体系结构设计负责人之一，我国第一台每秒 10 万次以上晶体管计算机（被誉为"功勋计算机"的 109 丙机）体系结构设计负责人，我国第一台超大型向量计算机新体系结构原理提出者和总体设计负责人。提出了"纵横加工向量机""虚共存细胞结构纵横加工向量机""纵横并行算法""类人机译原理""宏变换""选择跳跃搜索""素数快速计算存储系统""分段线性无冲突斜排存储系统""k-bitonic 排序"等新思想。发表了 70 多篇学术论文，30 多篇有关重大工程的论证报告。指导过 70 多名博士与硕士研究生。获国家级一等奖两项，科学院特等奖一项，全国科学大会重大成果奖四项。1980 年当选中国科学院学部委员（院士）。

谷超豪　胡和生

良师多启发　珍本富精蕴

洪家兴院士贺老师谷超豪八十华诞

盛夏，在北京偶然见到了来开会的谷超豪、胡和生院士夫妇，寒暄后，立刻有了采访的念头。当天晚上我如约来到宾馆，两位老人相互扶持地走出电梯，一见到我就主动打招呼，依然是那样和蔼可亲。谷老说起话来慢声细语，源自一种成熟心灵由内而外的温馨，有慢慢感染对方的魅力。

谷老直奔主题："在高中的时候，我念过一本开明书店出版的《数学园地》，作者叫刘薰宇。这是一本为中学生写的课外读物，已经有了导数、微分的概念，比如用导数来解释什么是速度，一下就抓住了我。书中还通俗地介绍了集合论，引起我对高等数学的兴趣。"停顿了一下，谷超豪赞叹道："知识普及读物写好了很了不起！前几年听说刘薰宇老先生还健在，已经九十多岁，在贵州大学。"一边说一边把作者名字写在纸上。我由衷地感叹谷老惊人的记忆，一本好书竟让他终生难忘。谷老接着说："小时候喜欢中国古典文学，兴趣广泛，尤其是中国古典小说看得放不下手。我也曾一度不停地看武侠小说，我哥哥对我讲，你要读点有意义的书，他推荐了两本书：一本是艾思奇的《大众哲学》；另一本是苏联作家伊林的《十万个为什么》。读《大众哲

1988 年无锡春雪　　　　　　2003 年北京院士大会

学》感到很新鲜，让我开始知道唯物主义和辩证法的最初步的概念；《十万个为什么》则把科学知识与生活事例联系起来，很有趣。那时我加入了'九月读书会'还任小组长。我觉得，年轻人读书还是要有人指导一下好。"

　　我们的话题由 60 年前读的书一下跳到今天，谷老告诉我，最近他拿到一本英文原版的《量子宇宙学》，是美国科学院一个委员会编辑的，它介绍天体物理研究领域中最新的发现和问题，虽然不很懂，但读起来饶有兴趣。谷老现场对我进行科普教育。古典的宇宙学与量子学没有联系，现在人类逐渐认识到宇宙可能存在大量的有待弄清楚的暗物质、暗能量，宇宙学与量子物理其

谷超豪在家中写作（方鸿辉摄）

实是有密切联系的，由此提出了许多新观点。那几天谷老把这本书带在身边，一有空就翻开来阅读。

　　谷超豪与胡和生共有十多个大书柜，分别放在复旦大学数学系办公室、宿舍和市区新闸路的新家。夫妇俩的书是不分彼此地按书的种类放置的。在旁边默默陪伴的胡和生院士插话："我们两人研究的问题不一样，各人有各人的领域，但有共同的兴趣。把书放在一起，共用一个书房还是很方便的。我有一张小书桌，下面装着四个轮子，可以轻松地推来推去，哪里光线好，眼睛看得清，就往哪里推，方便读书。这个活动书桌不是我设计的，是病房里用来给病人在床上可坐起来吃饭、服药或读书用的小推车，我就买回来当小书桌了。这个可移动的多功能小书桌，让超豪很羡慕，也想买一个呢。"

　　胡和生是中国数学界唯一的女院士，是第一位走上国际数学大会讲台的中国女性。

谷超豪与胡和生在复旦大学办公室（方鸿辉摄）

　　谷超豪与胡和生都是复旦大学苏步青校长的高足，苏步青曾说："我的学生都超过我了，只有一点没有超过，那就是没有培养出像谷超豪那样的学生来。"如今，谷超豪可以向老师交账了，几十年他为国家培养了一批数学人才，其中有9位已当选院士。在2002年国际数学家大会上，国际数学家联盟主席帕利斯教授把谷超豪列为"培育中国现代数学之树"的极少数数学家之一。

　　话别前，我请谷老留下一份墨宝，老人没有半点推辞，提笔写下"良师名启发，珍木富精蕴"的格言。看着阅尽大千世界之人的睿智风采，品着他们不同的读书经历，读着这一段浓缩智慧、阅历与气质的珠玑之语，读者定能感受到院士宽广的心灵，这也是他们精神世界最具魅力的体现。

学术简历

　　谷超豪　数学家。1926 年 5 月 15 日生于浙江永嘉县城，2012 年 6 月 24 日逝于上海。1948 年毕业于浙江大学数学系，1959 年获莫斯科大学物理 - 数学科学博士学位。1982 年任复旦大学副校长，1988 年任中国科学技术大学校长，1999 年任温州大学校长。主要从事偏微分方程、微分几何、数学物理等方面的研究和教学工作，在一般空间微分几何学、齐性黎曼空间、无限维变换拟群、双曲型和混合型偏微分方程、规范场理论、调和映照和孤立子理论等方面取得了系统、重要的研究成果，特别是首次提出了高维、高阶混合型方程的系统理论，在超音速绕流的数学问题、规范场的数学结构、波映照和高维时空的孤立子的研究中取得了重要的突破。生前培养 30 多名博士、硕士研究生，包括如李大潜、洪家兴、穆穆等中国科学院院士 6 人，中国工程院院士 3 人等。发表数学论文 130 篇，在 Springer 出版社出版专著两部。1980 年当选中国科学院学部委员（院士）。获 2009 年度国家最高科学技术奖。

学术简历

　　胡和生　数学家。1928 年 6 月 20 日生于上海，祖籍江苏南京。2024 年 2 月 2 日逝于上海。1945 年至 1948 年在交通大学数学系学习，1950 年初毕业于大夏大学（今华东师范大学）数理系，1952 年浙江大学数学系研究生毕业后任中国科学院数学研究所助理研究员，后随苏步青、陈建功等浙江大学教师一起赴复旦大学数学研究所工作。长期从事微分几何研究，在射影微分几何、黎曼空间完全运动群、规范场等研究方面均有大建树。2002 年在世界数学家大会上应邀作一小时的诺特讲座报告。发表了《关于规范条件的变分问题》《关于具有质量的杨 - 米尔斯方程》《广义相对论和微分几何》等数十篇论文，出版了《孤粒子理论与应用》《微分几何学》等专著。曾获上海市科技论文奖一等奖、全国科学大会奖、国家自然科学奖三等奖、国家教委科技进步奖一等奖等多项奖励。2003 年获何梁何利基金"科学与技术进步奖"。1991 年当选中国科学院学部委员（院士），2002 年当选发展中国家科学院院士。

顾诵芬

父子读书的
传奇色彩

　　顾诵芬院士的父亲顾廷龙是著名的图书馆学家和版本目录学家，他本人是航空动力学家、两院院士。这样的家庭，父子两代的读书经历是不是很有传奇色彩？

　　"我是江苏苏州人，顾家是苏州的名门望族，人才辈出，康熙皇帝曾为我家题写'江南第一读书人家'的匾额。" 戴副眼镜，一头乌发的顾院士与我娓娓道来。在他的书房，我细细聆听他和他父亲的故事，分享院士的精彩人生。

　　"1939年，我父亲回上海主持私立合众图书馆，家就在图书馆楼上，我从小在书堆里长大。因为哥哥顾诵诗得了伤寒不幸病逝，父母开始把希望都放在我身上，但父亲从未把自己读书的价值取向灌输给我。父亲书法极好，祖父也是清末大书法家，却从未逼我练字，我临摹字帖总是写不好，父亲看了也直摇头。我喜欢航空，想当工程师，父亲偶尔也关照：'当工程师也要懂些古文，要学好中文。'放寒暑假了，他让我读《纲鉴易知录》，朋友的孩子登门求教《孟子》，我也跟着听。记忆中，唯一跟父亲系统学过的就是《孟子》。此外，只对科技图书感兴趣。高中毕业后，我报考了浙江大学、清华大学和上海交通大学三所大学的航空系，结果全都录取了。母亲舍不得我离开上海，只好就近读上海交通大学航空系。父亲懂得让孩子自己决定人生目标的重

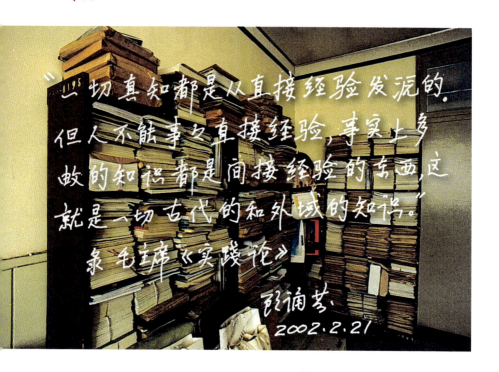

"一切真知都是从直接经验发源的。但人不能事事直接经验，事实上多数的知识都是间接经验的东西，这就是一切古代的和外域的知识。"

录 毛主席《实践论》

顾诵芬
2002.2.21

要性。大学毕业后，本来留校当助教，新中国初创航空工业，一道命令让所有毕业生到北京集中。母亲舍不得我走，父亲却支持我去。后来被分配到沈阳，设计国产'歼八'战斗机，一干就是30年。唉，我是独子呀，多年漂泊在外，没有尽孝心！"顾诵芬发出沉重的叹息。

顾院士在事业上兢兢业业，成绩卓著。他直接组织、领导和参与了国产低、中、高三代飞机中的气动布局和全机的设计，并担任歼8-Ⅱ飞机的总设计师，被誉为"歼八之父"。

顾廷龙是国学大师，顾诵芬完全有条件子承父业，正是前辈学人这种开放、宽容的心态，我们国家虽然少了一位社科文史学者，却添了一位两院院士。

20 世纪 30 年代，顾廷龙从燕京大学研究生毕业即在燕大图书馆主持图书采购。北大图书馆老人曾回忆道："燕京的书精，书品好，不残缺，这是采购认真把关的结果。"1939 年，张元济先生创办合众图书馆，请顾廷龙南下主持馆务，从此由书海步入书坛。1954 年，合众图书馆改名为上海历史文献图书馆，1960 年与古籍图书馆合并成立上海图书馆，顾廷龙任馆长直至退休。晚年，顾诵芬把年迈的父亲接到北京住了五年，住在北郊航空研究院内一栋普通的宿舍楼，老式家具和一排排开放式书柜，堆满了图书资料。父子两人各有各的事业，各有各的视野，读着各自的书。九旬老人每年由独子陪同回一趟上海查阅资料，著书不断，笔耕不辍。人们称颂顾廷龙"万卷治琳琅毕生尽瘁图书业，九五铸风华终生追求清澄路"。老人去世后，顾诵芬把家里收藏的古籍、尺牍、书画和珍稀的文献孤本全部捐给了上海图书馆，近代的平装书籍则捐给了苏州第一中学。

学术简历

顾诵芬 飞机设计专家。1930 年 2 月 4 日生于江苏苏州。1951 年毕业于上海交通大学航空工程系。历任沈阳机械制造厂设计室空气动力组组长，中国航空研究院飞机设计所总设计师、所长，沈阳飞机制造公司总设计师，航空工业部科技委员会副主任、高级工程师。作为中国自行设计、制造的高空高速歼击机的主要技术负责人之一，直接组织、领导和参与了低、中、高三代飞机中的多种飞机气动布局和全机的设计。先后承担歼教 1 型和歼教 6 型喷气式教练机的气动设计工作。解决了"歼八"机方向安定性和排除抖振等重大技术关键。发表《设计超音速高性能飞机中的一些气动力问题》《关于航天飞机研制和发展的综述》《2000 年前后歼击机的发展趋向》等论文。1991 年当选中国科学院学部委员（院士），1994 年当选中国工程院首批院士。曾获 2020 年度国家最高科学技术奖。被评为"感动中国 2021 年度人物"。

顾夏声

有书为伴则心安

在清华园里转了半天，才摸到顾夏声院士的家门，比约定时间晚了，我有点忐忑不安，顾老却笑眯眯地迎我进门。眼前这位头发花白的老院士，精神矍铄，身着卡其布中山服，一点没有大学者的架势，倒像邻居家和蔼的退休老伯伯。

这是清华校园里的一栋老式公寓，白墙已经灰暗，一个小门厅连着三个房间。我随顾院士由门厅向右拐进会客室，一条长长的布幔把三分之一的房间遮了起来，布幔一头挂在墙上，另一头固定在书架上，在这不足 14 平方米的空间里分割出一间卧室。一眼望去倒是一个功能齐全的客厅、书房兼卧室。

教了一辈子书，顾院士的书架上只有几百本书。顾老操着浓浓的无锡口音说："我是为教好书而读书。予人一瓢，自己先要装满桶。有时学生提出问题，老师不一定答得上来，这不要紧，逼你去查资料，从书上找答案，这能实现师生互促，教学相长。我的许多书就是根据学生提的问题而选购的。"

　　顾院士 1941 年从上海交通大学毕业，就走上三尺讲台，执教鞭近 60 年了，曾先后在唐山交通大学、北京大学、清华大学任教，是我国老一代环境工程专家。以前大学没有环境专业，仅在建筑系里开设卫生工程、市政工程课。现在他一个人开了好几门课，除了讲授给排水专业课，还要讲授工程地质、应用力学、投影几何等基础课，这就必须具备多方面的知识，阅读不同专业的典籍。平时，许多专业书不见得都能细读，只是先翻一翻，大致了解书的内容，等到备课时需要了才去细读。书越买越多，没有地方放，就要学会"淘"，淘进真正需要的书，淘汰自己觉得过时的书。要舍得扔书，才能不断更新书籍，留下精品书和必读书，其余干脆送人或卖掉。

　　我插话:"您教了一辈子书,能否介绍一些好书供年轻人阅读。"他谦和地说:"现在的年轻人兴趣广泛,不宜给他们画框框,我读书面窄,不要好为人师。"在平和微笑里又多了几分真切与亲近。

　　顾院士热爱教育这一神圣的事业。在执教 60 余年中,始终坚持"要教好工科的书,必须理论联系工程实际",讲课坚持做到"深入浅出,少而精,条理清晰"。他培养了中国第一位环境工程博士,同时也为我国市政工程和环境工程培养了一大批专家和学术带头人,有的已经成为中国工程院院士。

　　顾院士犹如一位绿色使者,面对记者,他三句话不离本行:"我国环境现状是'局部有所改善,整体仍在恶化,前景令人担忧。'"因此,环境建设任务十分繁重和艰巨。"只有美好环境,才能享受愉悦。"最后,老人家再次通过记者向全社会呼吁:共同努力,保护环境。

学术简历

　　顾夏声　环境工程专家。1918 年 5 月 6 日生于江苏无锡市,2012 年 2 月 6 日逝于北京。1941 年毕业于交通大学土木系,1948 年获美国得克萨斯州农工大学卫生工程硕士学位。同年在美国 Rutgers 大学环境卫生系任在污水处理专家鲁道夫斯教授指导下当研究助理,后又在芝加哥水泵公司污水处理设备研制部任工程师。作为中国市政工程与环境工程教育事业的主要开创者和奠基人,长期从事教学和科研工作,回国后先后在唐山交通大学、北京大学任教。1952 年随院系调整到清华大学,一直担任该校教授。首次提出 UASB 反应器内厌氧颗粒污泥的结构模型和颗粒污泥形成机理的"晶核生长"学说。主持和指导有机废水厌氧生物处理技术,主持"硫酸盐还原作用对厌氧消化的影响与控制"研究,参与和指导难降解有机污染物的可生化性和处理工艺研究,参与氧化塘处理废水的科技攻关等。发表论著 40 多部,为市政工程和环境工程培养了一大批学术带头人和专家。1995 年当选中国工程院院士。

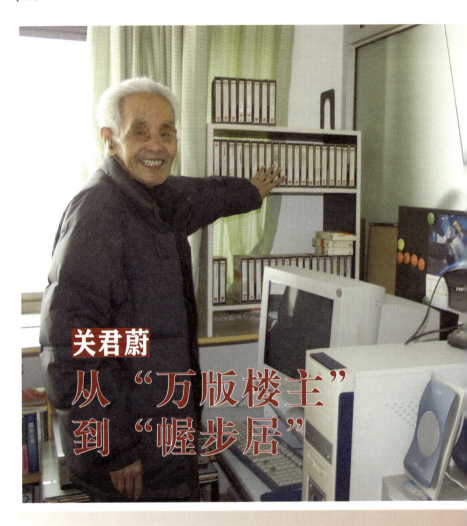

关君蔚

从"万版楼主"
到"幄步居"

　　一进门，89岁的关君蔚院士就拉着我的手说："这回行了，中央重视和落实'三农'问题，农业和生态环境有了保证，搞了一辈子农林业，我还可以有所作为了。"

　　2007年，关老90岁了，他主动提出不祝寿，打算出版一部

学术专著《生态控制系统工程》，出版一本自传体的画册《人生之旅》，并把自己 20 年来拍摄的水土保持、生态环境的 120 盘录像带转刻成光盘，分别送给领导、同事和学生。他还有一个心愿，沿着新开通的青藏铁路乘火车到西藏去，西藏是被现代工业污染最少的地方，看了那里的生态环境，也就死而无憾了。

关老说："人死前要留遗言，我不留遗言，要留遗愿！将自己一生探索的工作总结和资料留下来，为后人少走弯路提供一点经验与教训。现在搞农业就像搞艺术创作一样，农、林、牧、水、土、生态环境是一个大系统，需要运用统筹学、控制学、管理学。我遗念于生态控制系统工程，远比劳师动众，搞其他形式的纪念活动好得多。"

关君蔚在 20 世纪 30 年代考入日本东京农业大学林产化学专业，亲眼目睹日本穷兵黩武，甚至武装到了牙齿。他拼命读书，给住宅起名"万版楼主"，激励自己读一万种书。一天上街，偶然买到日文版恩格斯著的《自然辩证法》。当年，他并不知道恩格斯是革命导师，只是觉得内容很新颖，读起来爱不释手，把书都翻成一张张散页了，又买了第二本带回国珍藏至今。一本《自然辩证法》读了几十年，影响了他的人生。

老人家谆谆告诫：年轻人要有求知欲，要选择有用的书来读，要能分辨出什么是无用之书。这种选择能力不是爹妈给的，而是在阅读过程中自己摸索出来的。现在真书、假书混杂，要从小学、

中学就开始培养选择好书的能力。

关老转身拉开书橱，抽出一叠牛皮纸装的材料接着说："资料的收集保存也很重要，这里面有 20 世纪 50 年代陕北榆林植树的照片；有'文化大革命'十年召开农林会议的资料，现在成了学校仅存的一份了。""文化大革命"期间，关君蔚被下放到云南，在昆明林学院，逢到寒暑假别人探亲去了，关君蔚则主动要求给图书馆看门，借机可阅读大量书籍。那时候，各地召开的农业会议，不发邀请，不要介绍信，也不管饭，关君蔚却逢会必到。就这样，数十年的会议材料、几代人的调查报告，都被关君蔚细心地保存了下来，不管条件多么困难，屡次搬家都没舍得丢掉，如今成了"香饽饽"。

原国务委员宋健院士给关君蔚老人的书房命名为"幄步居"，取自运筹帷幄、决胜千里之意。墙上悬挂着林业大学书法家邵玉铮写的对联"半壁图书四隅景象，放眼世界心系中华"。

书房外间是关老水土保护工作站，靠墙种植着龟背竹、君子兰，人工营造出一个"生态角落"，"全国林业十佳人才"的红佩带、金奖章映在绿叶之中；窗台上精心饲养着几只绿头蝈蝈，满眼绿色伴随着蝈蝈叫声，宛如夏天的景致。

学术简历

关君蔚 水土保持和生态控制系统工程专家。1917 年 5 月 23 日生于辽宁沈阳，2007 年 12 月 29 日逝于北京。1941 年获日本东京农工大学技术士学位。北京林业大学教授。从事水土保持与防护林体系的教学与科研工作。作为我国水土保持教育事业的奠基者和创始人，长期致力于水土保持与荒漠化防治、防护林建设的教学和科学研究，主持创办了中国高等林业院校第一个水土保持专业和水土保持系，建立了我国水土保持学科体系，为水土保持事业的发展作出了杰出贡献。创办我国第一个水土保持专业，进而发展成为水土保持学院。经多年研究并实践证明在山区突然发生造成毁灭性灾害的泥石流，不仅可以治理，而且可以预见、预测和预报。首次提出并发展了"水土保持的概念和防护林体系"的理论，成为我国水土保持和防护林体系建设工作的基础。1995 年当选中国工程院院士。

关肇邺

给图书一个
美丽的栖息地

　　参观建筑设计大师关肇邺院士的书房是我心仪已久的。从踏进关院士家门那一刻，我便开始细细品味家居的设计，既没有华丽的装饰，也没有多余的陈设，一切都简约而实用。居住空间的功能划分得很清晰，客厅就是招待客人，没有书和书架。书房也

与大部分人一样，敞开式书柜依墙而立，唯一不同的是书房紧邻卧室，嵌入墙上的书架充分利用门框四周的空间，把两个房间有机地连接起来，书籍便自然地从书房一直延伸到卧室里，这个匠心独特的设计让人眼睛一亮。

　　书架上建筑画册占据半壁江山，其他如世界文明史、英文版百科全书、美国国家地理杂志，都是成套地摆在那里。阅读面很广的关院士说："自己受老师梁思成的影响，对中西方文化都有浓厚的兴趣，自己走上建筑学道路还是梁先生指引的呢。"关肇邺原来考入燕京大学是学机械专业的。1947年初，梁思成应邀来燕京大学做学术讲演，由于学识渊博又颇有学者风度的梁先生成了燕大学子的偶像，已经读大学一年级的关肇邺挤到前台向梁思成提了几个问题，得到满意答复后竟萌生了学建筑的念头。当年4月清华校庆时，他从燕京大学骑单车到清华参观建筑系，才觉得自己真正的兴趣在这里。于是，跑到清华大学建筑系申请转学，先见到吴良镛先生，吴老师劝他，如果真想学习建筑不妨明年再考，虽然多读一年，打牢基础只有好处没有坏处。关肇邺放弃燕大的学分，一年后重新考上了清华建筑系，师承梁思成。1952年毕业被分配到东北工学院，又是梁思成把他留了下来，作为林徽因的助手参与人民英雄纪念碑的设计，后来便留在清华大学任教。

　　关肇邺对清华园的感情是用建筑语言来尽情表达的，从他

参与设计清华大学主楼算起，清华图书馆、理学院，医学科学楼……一座座极具文化底蕴的建筑在他的手里诞生。他对校园文化标志的图书馆设计，更是倾注了大半生心血。应该说，他所设计的清华大学图书馆、北京大学图书馆、曲阜师范大学图书馆，以鲜明的时代性载入中国建筑史册。他说："我对图书馆的设计理念不仅仅停留在建筑艺术上，而且把它当成一个具有传播教化功能和潜移默化影响青年的人生观、世界观的载体。一座好的建筑反过来可以塑造人，图书馆作为公共建筑更有一种明显的教化功能。"

关院士归纳自己的设计理念：一是外表看起来很平淡，二是要与周围环境融合，三是让人在不知不觉中受到影响，越看越耐看。以两个高校图书馆为例，清华图书馆外表设计是内敛的，北

大图书馆则是张扬的；清华有西式建筑特点，北大则完全中式——具有唐代建筑风格，且与周边建筑融为一体。关院士希望在里面读书的学生能品味到文化的内涵，做一个真正有修养有学识的人。

学术简历

关肇邺　建筑学专家。1929年10月4日生于北京，2022年12月26日逝于北京。1952年毕业于清华大学后留校任教。1981年至1982年在美国麻省理工学院做访问学者。清华大学建筑学院教授，一级注册建筑设计师。兼任中国建筑学会建筑创作委员会主任，中国建筑学会建筑师分会第一届、第二届理事会理事和第三届名誉理事。在探索具有时代特征、民族和地方特色的新建筑方面取得成果。发表论文、译著等40余篇。许多作品获得国内外重大奖励，清华大学图书馆获国家优秀工程设计金奖；北京地铁东四十条站被选为北京20世纪80年代十大建筑之一；在埃及亚历山大图书馆国际设计竞赛中获国际建协授予的特别奖。2000年获首届梁思成建筑奖，并被授予设计大师称号。1995年当选中国工程院院士。

郭慕孙
半个世纪的"藏书"

　　郭慕孙院士是一位化工专家，治学严谨，对待藏书也一丝不苟。家里所有的书籍分门别类摆放有序，就连几十年来的一系列论文手稿也一札一札归置得整整齐齐。

　　有趣的是，他的书房里有一个工作台，台钳、电钻等工具一应俱全，读书累了就起身动手制作"几何动艺"，并将成品一一悬挂起来。可谓手脑并用，自娱自乐。多次去郭院士家，反复观看这些艺术作品，每一次都被他的创新、睿智、聪慧和童趣之心所感染。

　　与郭院士在书房聊"读书经"，他首先拿出珍藏了63年的一套英文原版袖珍小说集，饶有兴趣地讲述了一段故事。

　　1937年郭慕孙正值17岁，在上海念高中二年级，他利用寒假给小学代课，平生第一次获得90元讲课报酬。父亲对他说："你劳动挣的钱就买你喜欢的书吧！"父亲陪他到上海外文书店精心挑选了一套包括雨果的《悲惨世界》、狄更斯的《孤星血泪》等名著在内的英文袖珍小说，还选了一套羊皮封面烫金字的《莎士比亚全集》。郭老抚摸着伴随自己大半个世纪的原版名著感慨万分。"这是我藏书的开始。"同时又不无惋惜地说，"20本袖珍小说丢失了两本，不完整了！"听到这里，笔者从心底里惊叹，这套书能完好无损地保留至今，书的主人该付出了多少心血啊！

　　话匣子既已打开，郭院士又讲了一段往事。1945年他赴美留学。在美国10年购买了大批外文期刊和学术著作。决定返回祖国时，准备把书全部邮寄回国。由于邮局限制重量，郭慕孙只好把这些书仔细分装成20多个包裹，不辞辛苦一趟趟地送往邮局，前前后后花了近一年时间才邮完。1956年郭慕孙携全家回国，

起程前又抓紧购买了一批缩微胶卷。恐遭海关扣查，他动脑筋，把缩微胶卷放进巧克力点心匣里并端在手上，偕夫人大摇大摆地走出海关。如今这些胶卷仍完好地存放在中国科学院化工冶金研究所的图书馆里。

"我19岁进大学上化学实验课时，老师要求我们每人要有一本笔记本，记录所有试验现象和数据以及个人的设想，从此我养成了'随想随记'的习惯。"这个习惯伴随他一生，他家中珍藏着各个历史时期的笔记本，科研工作中、学术会议上、出差出国时听到的、看到的、想到的，都被工工整整记录在册，累计记了近百本笔记本。见过郭老笔迹的人都对他那纤细娟秀的字体印象特别深刻。

我第一次见到郭院士时，就被他家客厅、书房天花板悬挂着巧夺天工、灵动绰约的"魔摆"所折服。经郭先生讲解，我才知道这叫"几何动艺"。这些都是利用废物，如用铝板、塑料板、自行车辐条等废弃物，经过巧妙构思，通过计算、切割，组合形成三角形、矩形、圆形等几何形状，悬于空中或置于桌上，像风铃般"灵动"，除了美的享受外，这里蕴含丰富的科学与艺术内涵。"在我幼年时，父亲教我制作风筝。他对风筝设计不循传统，有的风筝能飞，有的上不了天。从此我对风动玩具有了兴趣……"

如今，郭院士的家几乎成了"几何动艺"展示厅，有的看似一串弯月、有的形如一束鸟羽，或置于台上，或悬于屋顶，稍有空气的扰动，如微风穿堂，甚至有人走动，就会运动变化，或回旋升降，或扑簌颤动，如彩蝶舞动、翩翩起舞。

我从多种角度衬上黑背景拍了几十幅"魔摆"的照片，收入郭慕孙出版的中英文对照的科普专著《几何动艺——魔摆》一书中。此书，特别适合青少年阅读，能激发他们的创新灵感，并能培养科学思维与动手实践能力。

学术简历

郭慕孙　化学工程学家。1920 年 6 月 24 日生于湖北汉阳，籍贯广东潮阳。2012 年 12 月 20 日逝于北京。1943 年毕业于上海沪江大学化学系，1947 年获美国普林斯顿大学化工系硕士学位。1956 年回国参与筹建中国科学院化工冶金研究所，历任研究员、所长、名誉所长。中国科学院过程工程研究所研究员、所长。中国流态化学科研究开拓者和学术带头人，创立了多相化学反应工程、颗粒学及生物化工等领域的研究。1982 和 1990 年两次获国家自然科学奖二等奖。1989 年获国际流态化学成就奖。1980 年当选中国科学院学部委员（院士），1997 年当选瑞士工程科学院外籍院士。2008 年被美国化学工程师协会选为化学工程百年开创的 50 位杰出化工科学家之一。

95

韩德馨

书房有张床

　　韩德馨院士书房十分局促。一张大床已占据大半个房间，床上还堆满了书。当我拿起照相机，他老伴连连说："太乱了，让你见笑了！"我觉得这才是院士家庭生活的真实写照。韩老幽默地说："我是乐观主义者，知道书籍放在哪里就行了，不愿意把时间浪费在整理上面。"

　　客厅里的老式书架很不起眼，倒是墙上贴着的几张照片引人驻足。一张是清华大学建校 69 周年时国立西南联合大学校友们的合影；一张是党和国家领导人与中国工程院院士的合影。照片直接就用图钉钉在墙上，连个相框都没有。

　　眼下，正值高考分数公布的时候，身为矿业大学教授的韩老自然关注这个话题。他说："现在的孩子热衷于报考热门学科，挑高薪专业，还没有进大学门槛，就已经在考虑毕业后能拿多少钱。报上登有的学校搞升学承诺，高中三年交 21000 元，每年 7000 元，考不上大学全部退款。我就觉得这是在误导学生。读书上学也成了金钱交易！1933 年我考进南京师范附中，正值日寇侵占东北，师生有一种危机感。毕业前夕，日寇又占领了华北，寝室里同学们七嘴八舌议论考大学，报志愿。有的说，国家衰弱，我学造船；有人讲，将来要参军，我报航空……人人都从国家需要出发结合个人兴趣选专业。我年轻时想学水利和地质，觉得首先

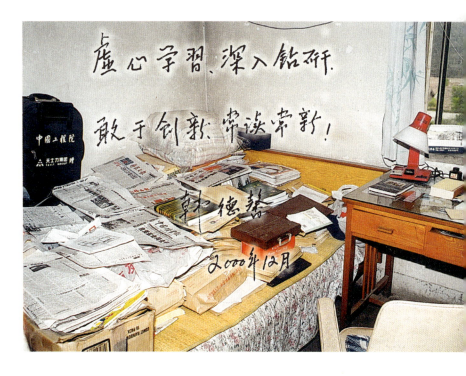

要开发矿藏资源，才能造枪造炮，支援抗战。"

生活中的韩院士是一位热心人，他曾将国家补发的工资送给学校作为奖学基金，奖励边远地区学校的学生。他领导创建了中国第一个煤田地质系，编写了中国第一部《中国煤田地质学》《中国煤岩学》。当《中国煤炭地质学》一书获奖后，他用所得稿费从出版社买了几十本书，送给曾经对这本书给予帮助的人。

韩院士最后语重心长地说，知识对一个人成长非常重要，不读书就会无知。"文化大革命"初期，工宣队进驻中国矿大，突然宣布要处理掉学校辛辛苦苦搜集到的各类矿石标本。有一位工人师傅还对我们说，你们把这些石头当宝贝，这些有什么稀罕？我开辆大卡车到山上要多少拉多少。尽管那时韩教授头顶着"反

动学术权威"的帽子,仍然挺身而出:"这些矿石标本太重要,它们不是普通石头,有的扔了再也找不到了。"他苦口婆心说服工宣队保留下了这些标本。如今,这些珍贵的矿藏标本仍静静地陈列在矿大主楼的大厅内,影响着一代又一代青年学子。

这几天,令韩院士最高兴的是,他带教的 1988 届博士生彭苏萍新当选中国工程院院士。"我高兴不是他当上院士,而是他的科研成果推广到煤炭企业,并得到很好的应用,产生很好的经济效益了。"

学术简历

韩德馨 煤炭资源与勘查专家,煤田地质学家、地质教育家。1918 年 9 月 6 日生于江苏如皋,2009 年 10 月 17 日逝于北京。1942 年毕业于国立西南联合大学,1950 年毕业于美国密歇根大学研究院后归国,参加领导创建中国高校第一个煤田地质系。在煤变质的研究领域中,提出了"燃烧变质"和"热液变质"新类型,并制定了构造变质作用的鉴定标志。作为中国矿业大学教授、中国现代煤田地质事业的先驱者之一,长期从事能源矿产、沉积环境及聚煤规律、煤岩学及煤地球化学研究与教学工作。曾为国家培养博士、硕士 70 余人,博士后 10 余名。1995 年当选中国工程院院士。1997 年获中国地质学界最高奖——"李四光地质科学荣誉奖"。

郝吉明

读书不藏书

　　郝吉明院士的办公室兼书房，到处都堆放着书籍，几乎让人无法插足。从写字台望去，左手边的书橱里陈列着科研著作，对面的书架上摆满了教材讲义，沙发旁的矮柜上也高高地摞起两堆书，前一摞是博士生硕士生答辩的论文集，后一摞是刚出版的各类新书。茶几上堆放着从国外带回来的著作和他为学生借来的参考书。有关环境方面的国内外学术杂志，只好委屈地摆在门外书

架上。整个书房虽然显得零乱，但在郝院士的眼里却是书有所归，随拿随用。

　　郝院士是一位环保专家，在担任清华大学环境科学与工程研究院院长的同时，还肩负着酸雨污染控制、机动车尾气排放标准、北京 2008 年奥运会空气质量保障等三个国家重点科研课题。他每周要给本科生上五小时的课，教学和科研排得满满的，他还有时间读书吗？带着疑问记者单刀直入地问。郝院士坦陈自己主要阅读的是专业书，除了基础理论和工程技术方面的著述外，还要阅读政府有关环境保护的政策法规。同时他还带着 12 位博士生，要指导他们读大量参考书……把他的业余时间都占满了。

　　眼前堆得满坑满谷的书籍，除了少数是自己购买的，有些是出版社赠的，有些是朋友送的。他调侃道："我平时没有时间博

人生感言：
力量源于勤奋，
精神贵在坚忍。
成功源于责任，
务实方能求真。

郝吉明
2006.3.12

览群书，但学生常常向我推荐他们认为好的书。当然，读别人送的书不一定对口味，还是自己买的书读起来上瘾。我有个习惯，自己买的书看完了就送人，家里一般不藏书。书流动起来可以发挥更大作用，君子之交淡如水，逢年过节送礼就送书嘛！已经送了很多年了。"

当然，郝院士也爱看些闲书，尤其喜欢看人物传记，包括政治家、科学家甚至明星的传记，看别人的成长经历，对自己有点激励作用。无论是出差还是旅游，每到一地，他也买当地的书。

去趟九寨沟买回《阿来文集》，到杭州买本《胡雪岩故居》，到苏州买些园林建筑方面的书，看完就送给建筑系的朋友们。他还每两年要到澳门大学开一门课，上课之余就逛书店，在里面一泡几个小时是家常便饭。

　　身处教学科研第一线，郝院士深有感慨地说："现在的博士生和硕士生读书面普遍太窄了，还是博览群书好。"他对年轻人少读书也不买书的现状十分着急，在学校的饭桌上，他边吃边敦促学生："要多读些文学作品，丰富自己的知识结构。时间总是挤出来的嘛！"

学术简历

　　郝吉明　环境工程专家。1946 年 8 月 25 日出生于山东梁山。1970 年从清华大学给水排水工程专业毕业后留校任教。1981 年获清华大学核环境工程专业硕士后赴美留学，1984 年获博士学位。1994 年后相继任清华大学环境科学与工程系主任、环境科学与工程研究院院长。经过 20 年的系统研究，在酸雨控制规划方面取得的成果，为确定我国酸雨防治对策起了主导作用。建立了城市机动车污染控制规划方法，促成我国轻型车排放标准与欧洲标准的接轨。针对我国城市大气污染的特点，在大气复合污染的形成及控制策略方面有深入研究。获国家科技进步奖一等奖、部级科技进步奖一等奖多项。2016 年获 IBM 全球杰出学者奖，2018 年当选美国国家工程院外籍院士，2020 年荣获第十三届光华工程科技奖。出版著作多部，培养出博士生 40 多名、硕士生 30 多名、博士后 20 多名。2005 年当选中国工程院院士。

　　北京学院路地质大学教师办公楼，夏日的骄阳透过窗栏洒进室内，窗外知了吱吱叫个不停。与郝诒纯院士约定在办公室进行采访，一进门首先映入眼帘的是顶天立地一字排开的大书柜，占据了整整一面墙。每个书柜玻璃门上都贴着一张便笺，上注借书登记的字样。年已八旬的老太太精神矍铄地说："我从小喜欢读书，受父亲影响很大，父亲是清末秀才，那时家里有一套《历朝通俗演义》，父亲用里面的历史故事对我进行启蒙教育。从太史公讲起，讲他游历了全国名山大川，讲他经历了宫刑，胸中有浩然之气才写出不朽的《史记》。识字以后，我爱读各种杂史演义，特别崇敬岳飞、史可法等民族英雄，还对中国古典诗词发生了兴趣。考上北师大女中时，九一八事变，东北沦陷，班里来了许多关外逃难的学生。我们一起诵读文天祥的《正气歌》和南唐李煜的词，大家真切体会到国破家亡的忧伤和悲愤！我参加北平"一二·九"

读书贵在致用

郝诒纯
二000年十月

学生运动，加入共产党外围组织'民族先锋队'，竟被学校开除！无奈，只好再考入北平市立女一中的高中部继续求学。"

她回忆，年轻时读书离不开老师的引导，记得念中学时地理老师常常指着地图对学生讲，中国虽然地大物博，但是最好的矿藏资源都被列强霸占，讲到动情处声泪俱下，同学们深受感染。

当时她心中就萌生学地质的念头，决心像徐霞客那样踏遍山河，为祖国探寻宝藏。

"七七事变"后，党组织原来准备送她去延安，但交通阻断，最后到了大后方昆明。正逢西南联大招生，郝诒纯考进联大地质地理系。入校后学校组织新生走访老教授，碰巧地质系袁复礼先生接待她们，袁教授讲述自己第一次考察丝绸之路的经历，深深吸引了年轻学子。毕业后在云南地质调查所任技士，在野外勘探考察时，一把铁锤一壶水，生活单调、艰苦，她常常默默背诵唐诗宋词，在广袤的大自然中体会意境深邃的诗。她感慨地说："读古诗词确实是一种人生陶冶。作为一名女科技工作者，应该多读些历史、诗词，发挥擅长的形象思维，提高自己的文学修养。科学家应具有良好的人文精神和创新能力。"

郝院士对所藏的文史著作、对各种书籍十分珍爱，整面墙壁的书架夹着不少借条，上面注明何年、何月、何人借阅。

我有些好奇，老太太却说，借出去的书一定要还！家里原来藏有一套《二十四史》，在"文化大革命"中丢失了，最近又买了一套新的，正在慢慢地品读。

1952 年郝诒纯从北京大学调到新成立的北京地质学院，1960 年她与杨遵仪教授一起创办了我国第一个地层古生物学专业。全校十多位教师分别要上一门全新的专业课，需要分章编写教材，教材常常是上课前一天晚上才拿出来，她几乎每天晚上都要备课到 10 点才骑车回家，第二天再赶回去上 8 点钟的课。这种情况持续了多年。当时，她的孩子还小，一边科研与教学，一边带儿育女，其中的困难可想而知。1963 年，中国与古巴签订了技术援助协定，郝诒纯作为中国专家，被派往古巴帮助开展研究。开始对方不同意要女专家，结果因为郝诒纯工作出色，又续聘了一年。

学术简历

郝诒纯　地质学与古生物学家。1920 年 9 月 1 日生于湖北咸宁，2001 年 6 月 13 日逝于北京。1943 年毕业于西南联合大学。1946 年清华大学地层古生物学研究生毕业后到北京大学任教。1952 年被调到北京地质学院任教。后任北京地质大学教授，古生物教研室主任。长期致力于生物地层学、古生物学和微体古生物学科研和教学。主持完成《松辽平原白垩—第三纪介形虫》《西宁民河盆地中侏罗世—第三纪地层及介形虫、轮藻化石》等重要著作。开展微体古生物的古海洋学及海洋地质学研究，主持完成《冲绳海槽第四纪微体古生物群及其地质意义》《西沙北海槽第四纪微体生物群及其地质意义》和《南海珠江口盆地第三纪微体古生物及古海洋学研究》等专著。1980 年当选中国科学院院士。

何炳林　陈茹玉

兰桂齐芳

　　何炳林、陈茹玉院士夫妇已年逾八旬，进入资深院士行列。他们在南开大学东村一栋平房里住了四十多年。推门而入，何炳林院士满头银发，精神矍铄；陈茹玉院士步履轻盈，仪态高雅，谁也想不到已经是八十高龄的老人。

他们家客厅门上悬挂一匾，上书"兰桂齐芳"。品味这几个字，我不由得会心地笑了。夫妻俩均从事化学研究，同在1980年当选中国科学院学部委员（院士），又同是南开大学化学系教授，成为中国化学界的"比翼鸟"，中国科学院屈指可数的伉俪院士。

客厅连着书房，院士夫妇书柜里堆着的都是化学方面的书籍。书架上挂着一幅铅笔画，这是小孙女画的爷爷奶奶，略带稚气的笔触显得童稚可爱。一谈起这幅画，老人就忍俊不禁。

有意思的是，两位老人述说各自读书经历时都说，小时候并不喜欢化学，由于偶然原因才走上化学专业道路的。何院士告诉

我，从小父亲管教很严，请了家庭教师，上课回答不上来要双倍惩罚，课上不敢偷懒，课下却偷偷看《三国演义》《水浒传》等。上中学时喜欢数学、物理，就是不喜欢化学，因为化学要"死记硬背"，各科成绩就数化学成绩最差。高中毕业准备考大

学时，担心化学成绩会拖后腿，于是下决心突击补习化学，没想到一钻进去兴趣就来了，那些过去讨厌的元素符号忽然变得可爱起来。后来，何炳林考上西南联大化学系。

"人生有许多矛盾的东西，不喜欢学的，反而学了一辈子。"1956 年回国后，何炳林带的第一位研究生热衷于参加大鸣大放，实验做得马马虎虎，导师劝他，他却回答："何先生你没受到过冲击！"教授听了严肃起来："我抓业务学习不怕你骂三年，你要是学不到知识，会骂我一辈子！"后来，该生毕业分到兰州大学，成了业务尖子，来信感谢导师当年的规劝，至今受益匪浅。

1958 年 8 月 13 日，毛主席来南开大学视察了何炳林指导建立的离子交换树脂车间。以后，周总理又两次亲临他的实验室了解离子交换树脂生产情况，对他的开拓奉献精神和取得的成就给予高度赞扬。因为离子交换树脂专供核燃料铀的提纯，直接关系着中国第一颗原子弹试爆的时间表。终于，在 1964 年 10 月 16 日我国成功地爆炸了第一颗原子弹。当何炳林听到喜讯时，激动得热泪盈眶，他欣慰地对妻子说："我们回来对了，报国的愿望终于实现了！" 1989 年，国防科工委向何炳林颁发了"献身国防科学技术事业"证章，表彰他为我国第一颗原子弹爆炸成功所作的贡献。

陈茹玉院士从小个性较强，高小毕业后，家里只能供养弟弟上南开中学，她赌气考上天津省立女一中，靠奖学金读完高中，成绩总是全班第一。"七七事变"后，她只身随父亲的朋友一家南下昆明，报考西南联大数学系。填志愿时，西南联大外语系主任陈福田恰巧在场，看了她的成绩单说："国家这么穷，工业不发达，你应该学化工啊！"教授诚恳的劝导打动了陈茹玉，她临

时决定改学化学。离开天津她仅带着母亲缝制的三套蓝布衫，补丁叠补丁地穿了整整四年。靠每月 10 元助学金读完大学课程。

　　陈茹玉与何炳林当年是化学系的同班同学，1946 年两人结为伉俪，毕业后又一同到南开大学化学系任教；1947 年和 1948 年他们相继到美国继续深造；1952 年两人又同时获得美国印第安那大学博士学位；1956 年又一同返回祖国，在南开大学任教授。陈茹玉教授治学严谨在南开是出了名的，顽皮学生见了她就害怕。老人也讲了一个有关学生的故事，结局却不圆满。有一位博士生，基础不牢，论文做不出来，陈茹玉只能劝其退学。当时，南开还

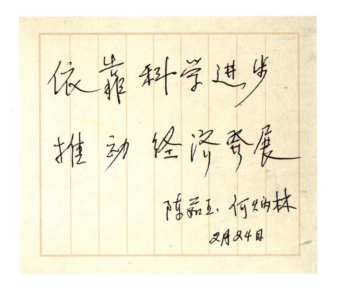

没有博士退学的先例。有关方面劝说陈茹玉能否网开一面，照顾一下，她不肯通融，坚持让其退学。"学生有些害怕我，但我是真心地对他们负责，读书的目的是要培养出真正的人才。"

陈茹玉在南开主攻农药研制，首先是"除草剂一号"获得了成功，它是我国第一个自主创制的农药新品种，因此荣获国家科委颁发的科技进步奖二等奖。20世纪60年代是我国小麦锈病的大流行时期，农民辛苦一年却颗粒无收，对全国来说是巨大的灾害。陈茹玉十分着急，很快开展这方面的攻关，不长时间就在实验室研制成功"灭锈一号"，并在实验农田中取得很好的效果，这项科研又获得国家科委颁发的科技进步奖三等奖。

平时，何院士喜欢看篮球比赛，陈院士爱看电视剧。两老生活有张有弛，充满情趣。望着眼前两位敦厚祥和的老人，不难看出他们心灵深处充溢着爱书、爱学生、爱国家的真挚情感。

　　2005 年，87 岁的何院士和 86 岁的陈院士一同决定捐资 40 万元，将其一分为二，分别在他们曾任所长的南开大学高分子化学研究所以及元素有机化学研究所设立基金，以奖掖优秀学生。

学术简历

　　何炳林　高分子化学家、教育家。1918 年 8 月 24 日生于广东番禺（今广州市），2007 年 7 月 4 日逝于天津。1942 年从国立西南联合大学毕业后留校任教；1952 年获美国印第安那大学博士学位。1956 年回国后在南开大学任教，历任化学系主任、高分子化学研究所所长。被誉为中国离子交换树脂之父。1985 年兼任青岛大学校长。曾主持建立了我国第一个高分子化学教研机构，后又主持建成了我国第一座专门生产离子交换树脂的南开大学化工厂，产品专供国防建设中核燃料铀的急需。1980 年当选中国科学院学部委员（院士）；1988 年被国防科工委授予"献身国防科学技术事业"荣誉证章；1999 年获何梁何利基金"科学与技术进步奖"；2000 年获杜邦科技创新奖。

学术简历

　　陈茹玉　有机合成化学家、合成农药化学家、教育家。1919 年 9 月 24 日生于福建，2012 年 3 月 11 日逝于天津。1942 年从国立西南联合大学化学系毕业后在重庆北碚中央工业试验所工作；1952 年获美国印第安纳大学化学系博士学位并得到"西格玛赛"金钥匙；1956 年回国后在南开大学化学系任教。作为南开大学教授，长期从事生物活性有机磷化合物合成及相关反应；具有抗肿瘤和抗病毒活性的含磷及锗磷化合物的合成及相关反应；从植物中提取、分离和鉴定生物活性化合物等科研工作。1981 年出任南开大学元素有机化学研究所所长。1980 年当选中国科学院学部委员（院士）；2008 年当选英国皇家学会会士；2009 年获得新中国成立 60 周年中国农药工业突出贡献奖。

立足常规
着眼新奇
何泽慧
一九五一年春

何泽慧
立足常规　着眼新奇

　　何泽慧与钱三强是一对功勋卓著的科学家夫妻。何泽慧被称为中国的"居里夫人"。1992年，钱三强因病逝世，此后19年，何泽慧一直居住在当年的老房子里。中国科学院多次劝她搬到新盖的院士楼，她不搬；对钱三强生前留下来的一切，她都尽量不去动它，家里的陈设几乎没有变过。不论是卧室还是书房，她都尽可能地保持着丈夫生前的样子。

　　我多次造访何泽慧，知道在走廊尽头朝南的房间，便是钱三强生前的书房，尽管钱老故去多年，但书房里所有的陈设，包括书柜书架和书籍都原封不动地保存了下来，连天花板垂吊的白炽灯也没有更换，墙上挂着郭沫若手书的马克思名言："在科学的道路上没有平坦的大路可走，只有在崎岖小路上攀登不怕劳苦的人，才有希望达到光辉的顶点。书赠三强同志以为纪念。"眼前的一切布置，仿佛回到20世纪五六十年代。这里的每一本书、每一件物品都带着夫妻俩的体温，让到访者流连忘返。

　　何泽慧说："这样既可以纪念丈夫，也为自己的心里留存一丝慰藉。"钱老去世以后，何先生就很少进书房，她在自己的卧室里放了一张写字台和一个书架，书籍和生活用品混杂在一起。床头悬挂着她

　　和钱三强的大幅肖像和全家福相片，整个房间显得零乱无序，所有家具都十分陈旧，尤其窗式空调十分醒目，像一件老古董。偶尔，她会一个人坐在钱三强的书桌前，静思片刻。此时，书房里所有的物品，仿佛又活了。

　　何泽慧的眼里是容不得半点虚假的。老人家性格率真直爽，从来一是一、二是二。我们聊起当下的学风，老人讲："现在到处讲创新，哪有那么多的新？在原有的基础上，能够有一点进步就不错了。"她欣然提笔："立足常规，着眼新奇"八个大字，这是老人家对科技创新的理解，可以启发后人细细品味。

　　有一次，我去何泽慧家，请她核实简历文字，老人直言不讳地说："总把钱三强和我放在一起发现铀的三分裂、四分裂。他是他，我是我。"我不禁愕然。后来我才知道，这不是老太太的自尊。1947 年 11 月 22 日，首例铀核俘获慢中子产生的四分裂，发现于巴黎法兰西学院核化学实验室，何泽慧的名字写在钱三强的前面。当年，她考清华大学物理系，叶企孙教授对这个成绩优异的女生并不看好，因为物理系教学难度较大，课业较繁重，每年毕业率很低，他认为女生难以坚持下来并顺利通过考核。而何泽慧用自己的成绩给了叶企孙教授一个重要的改观。晚年，她依然对叶企孙先生有意见，说他"重男轻女"！曾有记者问道，为什么会对物理有兴趣？何泽慧回答："没有兴趣不兴趣的，哪个对国家有用，就学哪个。"

如今，年逾八旬的老人依然坚持坐班车上班，依旧提着一个旧人造革书包，书包带子断了，她用绳子系着。她的衣服上有补丁，脚上穿着解放鞋，一直保持着简朴的生活作风，低调做人。但是，对科学，她始终热情饱满，探索的脚步也从不停歇。何院士坦诚地表示："不管国家对得起对不起你，只要对国家有益的，我就去做。"

她是这样说的，也是这样做的。

学术简历

何泽慧　核物理学家。1914 年 3 月 5 日生于江苏苏州，籍贯山西灵石。2011 年 6 月 20 日逝于北京。1936 年毕业于清华大学。1940 年获德国柏林工业大学工程博士学位。中国科学院高能物理研究所研究员。在德国海德堡皇家学院核物理研究所工作期间，首先发现并研究了正负电子几乎全部交换能量的弹性碰撞现象。在法国巴黎法兰西学院核化学实验室工作期间，与合作者一起首先发现并研究了铀的三分裂和四分裂现象。20 世纪 50 年代，与合作者一起自力更生研制成功对粒子灵敏的原子核乳胶探测器。在领导建设中子物理实验室、高山宇宙线观察站，开展高空气球、高能天体物理、核武器等多领域研究方面均作出重要贡献。1980 年当选为中国科学院学部委员（院士）。

何祚庥

无书不读

何祚庥院士是一位大忙人，著书立说，演讲报告，应接不暇。他当政协委员，成了科技界提交议案最多的代表之一。他的研究范围从自然科学到人文学科，甚至关心百姓的乘车难，呼吁发展无污染的电动车……他还花大力气向公众宣传科学，并把反对伪科学作为一名科学家义不容辞的职责。抓住他忙里偷闲之隙，终于答应接受采访。

果然不出所料，何院士的客厅、卧室里各有一溜占据整面墙的大书柜，里面分别摆放着自然科学、社会科学和人文类书籍，直摞到天花板。他自己撰写的著述、发表的论文及手稿则单独存放在另一个小书架里。

何院士快人快语，直入主题："年幼时我十分喜爱数学、语文和历史，曾想写小说、研究历史，但从来没想过当科学家。中学毕业时我的数学、物理成绩好，但为了今后的生计，只能选择上海交通大学化学系，考虑毕业后能在上海某个化工厂就业。后来读到一本叫《军用原子能》，又称《史密斯报告》的书，此书

讲述美国 1945 年成功爆炸的第一颗原子弹的原理及过程，上海科技图书仪器公司很快翻译出版了，当时读起来兴致极高，震动极大。于是在 1947 年，我下决心由上海交通大学化学系转而考入清华大学物理系，这个举动完全是受这本书的影响，至今我还收藏着这本《军用原子能》呢。"

1951 年大学毕业后，何祚庥被分配到中共中央宣传部科学处工作，主要了解全国科学技术发展和政治、经济等各方面的动态，因此也就养成了广泛阅读各类书籍的习惯。1956 年科技人员归队，他才回到中国科学院，从事理论物理学研究，也就取得了多项成果。他坦率地表示，平时读社会科学方面的书还是相对多一些。

何院士指着书柜介绍："只要我认为有价值的书都读，戏剧、小说、传记都看，像《中国古代戏曲文学史》《李自成》《黛安娜传》都爱看，可以说无书不读，恩格斯的《自然辩证法》读了几十年，常读常新。"

对当前整个社会普遍关注的"伪科学"话题，何院士讲了一件往事：“早在 20 世纪 50 年代，前国民党战犯黄维在监狱中提出制造永动机方案。报告递到中宣部科学处，由我负责审查。黄维虽然热心发明，但违背能量守恒定律，根本是不科学的。那时候，我还处理过不少这类事情。可以说，青年时代反对假科学到今天反对伪科学其实是一脉相承的。”

何院士能对伪科学、邪教之流毫不留情地予以口诛笔伐，以及他对经济、社会问题的关注而发表的见解独到之观点，都使他成为“曝光率”很高的新闻人物。由于他在自然科学和社会科学两方面的“通感”以及所作出的杰出成就，被公众称为“两栖院士”。他对伪气功、转基因、假中医等问题的大胆放言，甚至猛烈抨击，确实“树敌”不少。有人蔑称他是“万能院士”“什么都懂”。当然，更多公众则钦佩地认为他是思想领先、心底坦荡，敢说真话、不庸俗不世故的可爱的“老天真”。

学术简历

　　何祚庥　粒子物理、理论物理学家。1927 年 8 月 24 日生于上海，籍贯江苏扬州。1951 年从清华大学物理系毕业后在中宣部科技处工作。1956 年进入中国核工业部原子能研究所，1958 年赴苏联莫斯科核子研究所学习和研究，1960 年回国后参与氢弹研制的轻核理论研究。先后在中国科学院原子能研究所、二机部九院、中国科学院高能物理研究所、理论物理研究所担任研究员、所长等。早期从事粒子理论、原子弹和氢弹理论研究，是中国夸克模型课题组的主要研究人员。在科学史、自然辩证法、哲学、政治经济学等方面都有建树，并从事宇宙论、暗物质等研究。探讨了中微子质量问题、粒子的可分性、场的可分性、真空的物质性、宇宙有无开端、宇宙大爆炸从何而来、量子力学的测量过程是否必须有主观介入等研究。兼任北京大学科学与社会研究中心教授，《理论物理通讯》主编。已发表了大量论著。1980 年当选中国科学院学部委员（院士）。

贺贤士
56元工资买原版书

2019年10月，在日本大阪举行的"国际惯性聚变科学与应用"（IFSA）会议上，理论物理学家、北京应用物理与技术数学研究所贺贤土院士走上领奖台，接过了美国核学会授予的2019年度"爱德华·泰勒奖"。这是由美国核物理学会设立、以"氢弹之父"爱德华·泰勒（Edward Teller）名字命名的聚变能源领域中最高奖项，每两年在国际惯性聚变科学与应用大会上颁发，每次授予两名杰出科学家，以表彰他们在运用激光和粒子束产生高温高密度物质来进行科学研究及可控热核聚变方面的前沿研究和领导力。

在不断攻克科研障碍的过程中，贺贤土总结出一条重要原则，就是好的思维方法是非常重要的，看待事物要抓住本质，学会粗估，能够达到事半功倍的效果。这与他平时勤奋读书有很大关系，读书使贺贤土一生受益匪浅。

聊起书的话题，贺贤土谈锋甚健，打开话匣子便滔滔不绝略带激动，回忆的思绪把他带到了几十年前购书的往事中。

"知识分子爱读书首先要买得起书。"他边说边转身拉开书橱的玻璃柜门，从所存放的外文原版书中随手抽出一本说道："这些书都是我拿56元工资时买的，收藏了几十本。"

贺贤土1962年大学毕业，实习期每月工资46元，从1963年至1987年工

资都是 56 元，这份薪水拿了 24 年。养家糊口余下的钱都扔进了书店。我听了不觉纳闷，即便花掉全部工资也买不起原版书呀！他看出我的疑惑，讲起了颇为得意的淘书之乐。原来贺贤土屡屡跑书店，探得东安市场和西单商场里的中国书店有不少原版的英文、俄文书籍打折销售，就像发现新大陆一般兴奋不已，从那里果然淘到大量的原版书。说着，他翻开英文版《理论物理》，版权页上盖有"处理"的印章，原价很贵，但重新标价仅 3.2 元。这些原版书来源于不同单位和个人，有些甚至是书商从废品中觅到的。合上手中的书，贺贤土接着说："我每月都要跑上几趟，成了那里的常客。不过原版书再便宜也要卖好几块钱一本。以前是单身，除了买书，留点生活费就行了。结婚以后，特别是有了孩子还拿 56 元工资，买书就特别困难了。好在妻子理解，家里生活开支全靠她的工资啊！"

　　"文化大革命"期间，别人打派仗，他当"逍遥派"，靠原版书获得不少最新的知识，业务没有荒废，外文基础也打扎实了。像哈根著的《协同学》、采多维奇写的《等离子体湍流理论》……对以后的科研工作都有极大帮助。

　　贺院士读书还有个习惯，好书在手总喜欢在书上注眉批、写体会。当他在图书馆读到一本好书时，手头痒痒，只好千方百计把书买到手，再过把涂涂抹抹的瘾。

　　采访快结束时，贺贤土指着桌上的收音机和床头的书架说，这是他们家的"传家宝"。这架"上海牌"144型电子管老式收音机，摆在那里像一件古董；他的一个书架连涂漆都已磨光了。他深有感情："书架是爱人在北京平安里家具店精心挑选的嫁妆。这两件东西伴随我们辗转千里，一直舍不得处理。"

学术简历

　　贺贤土　理论物理学家。1937年9月28日生于浙江宁波。1962年从浙江大学理论物理专业毕业后进入中国工程物理研究院。1996年任国家863计划惯性约束聚变主题首席科学家。1999年至2009年任浙江大学理学院院长，2001年至2006年先后担任中国科学院数理学部常委、副主任、主任，2007年至2017年担任北京大学应用物理与技术研究中心首任主任。长期从事国家重大任务以及核聚变与等离子体物理、理论物理专业研究。早年发展了非线性科学斑图(pattern)愚档纹动力学和时空混沌研究，发现了连续介质斑图系统从初始相干结构、随后演化到时间随机性、最后发展时空混沌的道路。在中国激光驱动惯性约束聚(ICF)变计划中，多年领导研究团队突破技术难关，建成中国独立自主的ICF研究体系。截至2018年先后荣获国家自然科学奖二等奖、国家科技进步奖一等奖、二等奖及部委级奖8项。1995年当选中国科学院院士。2000年获得何梁何利基金"科学与技术进步奖"。2018年国际小行星中心将编号079286小行星命名为"贺贤土星"。

侯仁之

告别"步芳斋"

听说侯仁之院士要迁新居，离开他居住了五十多年的北大燕园，我赶紧以"探望"的名义迈进"步芳斋"。

其实，"步芳斋"不是书房而是客厅。"步芳斋"是北京大学 1954 级学生敬贺尊师而起的名，后面还写着"燕赵京畿，探测时空，评郡国利病。朔方甘凉，行舟瀚海，探华夏迷踪"。短短几行字浓缩了先生治学生涯。

我在客厅落座，环顾四周，墙上挂满饰物、书法、字画，最引人注目的是一幅清乾隆京城全图。客厅里每一物件都会引出一则有趣的故事，仿佛整个北京城的历史都镌刻在老人那布满褶皱的额头上。

侯仁之院士原学历史后转学地理，他将地理环境的研究放在历史的长河中加以考察，著书立说，揭示北京的起源、发展和变迁，并出版了好几卷北京历史地图集。他从20岁起执掌教鞭，一生教书育人。20世纪30年代，侯仁之在燕京大学读书，一次偶然机会替人到燕大附中代课，讲了一个假期，成了兼职教员。他教的学生中有熊秉明和曹天钦等，两位是他最喜欢的学生，一文一武，后来都卓有成就。熊秉明是著名数学家熊庆来的儿子，后来成为国际知名雕塑家；曹天钦是复旦大学校长谢希德院士的丈夫，也是中国科学院院士。1998年，熊秉明专程从法国回来拜访老师，书赠一诗也挂在客厅。谈到曹天钦和谢希德，老人黯然神伤："他们都比我年轻，却早早去世了！"

北大燕南园61号是一栋二层小楼，侯仁之在这里住了60多年，他的邻居有陈岱孙、冯友兰、朱光潜、林庚等诸多北大学者。这栋小楼的大门随

时敞开，我拜访侯院士时，常碰到慕名而来的年轻学生。我随侯老登上楼梯，这才目睹二楼书房兼卧室的全貌。四壁挂满了各个时期的历史地图。案头、床头、过道都堆满了书，连阳台也成了工作室。楼梯拐角的书架上陈列的一排《二十四史》勾起老人回忆："这是我在学生时买的，1936年燕京大学毕业后我给顾颉刚先生当助手。'七七事变'日机轰炸西苑，我抱着这些书躲在石桥下，一次抱出二三本，跑了好几趟才免遭损失。那时候爱书如命，保留到今天不容易啊！记得城里中国书店有一位叫郭纪森的店员，常常骑着自行车来燕大卖书，一来二往，我们就熟悉了，要什么书就让他直接从城里捎来。我俩结下的友谊有几十年啦。他现在是中国书店顾问，也有八十好几了。"正因为爱了一辈子的书，侯仁之院士谢世后，家人把大部分藏书捐给了北大图书馆。

那天听老人家谈书，真的如沐春风。台湾大学曾组织四十多

位学者来北京大学听侯仁之院士讲课，课后，台湾大学建筑与城乡研究所专门制作一块"如沐春风"匾，这确实是对侯院士讲课最恰当的评价。

鲜为人知的是，1980 年，侯仁之在与美国同行的交流中，获悉联合国教科文组织《世界文化和自然遗产保护公约》的情况。回国后，他立即为我国加入这个公约而多方奔走。1987 年，故宫、长城、周口店北京人遗址都已被联合国教科文组织列入《世界遗产名录》，成为我国第一批成功入选的世界遗产。侯院士也因此成了中国"申遗"第一人。"一个人绝不可以忘掉自己的过去，比如北京这样的历史文化名城，也绝对不可以忘掉自己的起源。"

与老人告别时，侯老因腿脚不便只能合掌致礼，夫人张玮瑛先生则无论冬夏，一定要出门鞠躬致意，目送客人走远至看不见背影。

学术简历

侯仁之　历史地理学家。1911 年 12 月 6 日生于河北枣强，籍贯山东恩县。2013 年 10 月 22 日逝于北京。1936 年毕业于燕京大学。1949 年获英国利物浦大学哲学博士学位。在历史地理学的理论探讨、城市历史地理、沙漠历史地理的研究中，开辟了新途径、新领域，是较早阐明历史地理学应是现代地理学重要组成部分的学者之一。为沙漠治理和城市规划建设提供基础知识，对北京城的起源、发展以及历代水源的开辟和城市规划的特点，作出了系统的研究，对指导北京地区城市规划、建设及发展起到重要指导作用。长期执教于北京大学。代表作有《历史地理学的理论与实践》《历史地理学四论》《北京历史地图集》等。1999 年获何梁何利基金"科学与技术成就奖"。1980 年当选中国科学院学部委员(院士)。1999 年被美国地理学会授予乔治·戴维森勋章。2019 年经国际小行星委员会批准，将中国科学院紫金山天文台发现的国际编号 309295 号小行星正式命名为"侯仁之星"。

读好书、
读好书、
侯祥麟
二OO二·二·廿

侯祥麟

读书讲究效率

　　带着对一位老院士、老革命的崇敬之情，记者走进侯祥麟院士的家。九旬老人对我说："现在我每天有效工作时间只有三小时。什么算有效时间呢？集中精力动脑筋想课题，其余时间读书看报属于休闲。"

　　侯老每天收到十几种报纸、杂志，哪里有时间读得过来。就像工作要讲究效率，读书也要有选择地去读。他最近看的都是老朋友送的书，像《人民日报》社李普和他老伴合著的《我们只结过一次婚》；香港出版的《替李登辉卸妆》等。他说，时间对我们老年人来说很有限，抓紧看一些有用的东西，才是真正珍惜时间！

　　侯老的读书习惯是从小养成的，青少年时期就以书为伴。学校附近有一个通俗图书馆，藏书很多，不到几年就几乎读遍所藏的小说。读书上了瘾，甚至连上课时还偷偷地在课桌下看小说。印象最深的是看郑振铎主编的《小说月报》，一天看一期。说到这里他自嘲道："年轻时读书囫囵吞枣，不求甚解。真正影响我一生的好书还是上大学后读的。"

　　1931年，侯祥麟考进燕京大学，常听张东荪教授讲哲学课，他是唯心主义者，自然受其影响。大学求学时，有位同学悄悄塞给他两本书，其中一本是艾思奇写的《大众哲学》，这本书写得深入浅出，通俗易懂，让人爱不释手。读后澄清了许多模糊认识，可以说《大众哲学》开启了他的人生之路。

　　前不久，侯院士刚刚搬进新居，他和夫人热情邀请我去参观刚装修的书房。两排崭新的书柜，油漆光亮照人，一张宽大的写字台可供他舒适地阅读，整个书房整理得一尘不染。走近书柜，里面除了专业书外，还有不少名人传记和回忆录。在院士大会期间，他还曾花1000元买了一套《中国传世书法墨迹》，也横卧在书架上。老人谦和地说："我读书不算多。"

　　"文化大革命"期间，侯院士头上戴着"叛徒、特务、死不改悔的走资派、反动学术权威"四顶大帽子，下放干校劳动。人走房挪，书带不走，只好全部处理掉，当时没指望日后还能回来。1971年落实政策返回北京，房子重新住进去了，遗憾的是那么多藏书却再也找不回来了。

在中国石油系统，侯院士有"六老"之称：老革命、老党员、老海归、老科学家、老部长、老黄牛。66岁时他当上了副部长，难怪被称为"侯老"！其实，侯院士1938年就加入中国共产党，是科技界的革命前辈。1944年受组织指派自费赴美留学，就读卡内基理工学院化学工程系，1948年获博士学位。1949年初，他在波士顿发起成立了"留美中国科学工作者协会"，被选为常务干事，组织留学生响应祖国召唤，回国参加建设。

侯老常说："每天工作8小时，是当不了科学家的，成果毕竟都出在8小时以外。"这段话侯老已题写在笔者的册页上面。

学术简历

侯祥麟　化学工程学家，燃料化工专家。1912年4月4日生于广东汕头，2008年12月8日逝于北京。1935年毕业于燕京大学化学系，1948年获美国卡内基理工学院博士学位后在美国麻省理工学院工作。1950年回国历任清华大学化工系教授兼燃料研究室研究员、中国科学院大连工业化学研究所研究员、历任石油科学研究院院长、石油化工科学研究院院长、石油工业部副部长兼石油化工科学研究院院长等。是中国炼油技术的奠基人和石油化工技术的开拓者之一，组织领导和指导支持了大量科技攻关，为国家填补了石油石化领域的许多重大科技空白，解决了石油石化产业发展中的许多重大问题，提出了许多事关国家科技进步和长远发展的重要建议。用个人所获奖励与积蓄设立"侯祥麟基金"以表彰和推进人才建设。1955年被选聘中国科学院学部委员（院士）。1994年当选中国工程院首批院士。

胡海昌
把书装进套子里

　　胡海昌院士对书有"洁癖"。书买回来先盖上枚藏书印，签上姓名及购买时间，再登记卡片编目。读完后精心用塑料袋套起来放进书柜，在阳光照射下，整座书架熠熠发光，给每一位来访者留下深刻的印象。

　　胡海昌告诉我，十几年前塑料袋还是稀罕物，为了给书"美容"，他和夫人把用过的洗衣粉包装袋仔细清洁干净，然后给每一本书套上，无论放了多少年，随手抽出一本书都是新的。胡院士说："既然喜欢书就要爱护书，有些书要反复读，读一本落满灰尘的书和读一本干干净净的书心情是不一样的。"

　　胡海昌出身于在一个从事教育工作的家庭。父亲胡葆良先后在浙江教育厅和中学任职员，母亲周罗英早故。他青少年时代就读浙江省联合中学和杭州高中。1946年考入浙江大学土木工程系，因为学习刻苦，且自学有方，善于从理论角度分析问题，大学期间就发表了两篇学术论文，深受钱令希教授的赏识。

　　"文化大革命"期间，他精心收藏的书籍经历抄家、搬家，丢失了不少。也许是胡海昌爱书之名已远播，丢失的书十几年后竟有人送上门来还给他。老人幽默地说："既然他喜欢，我就再签个名回赠。"胡海昌除了读专业书，平时还喜欢读一些哲学名著，这种书常看常新，百看不厌，但他不太喜欢看文艺书。"我

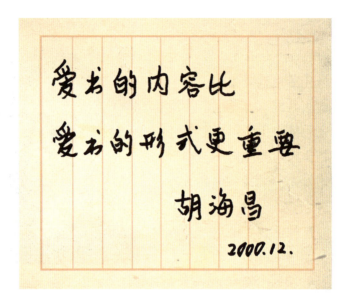

爱书的内容比
爱书的形式更重要

胡海昌

2000.12.

们这些搞科研的人阅读一些社会科学、人文学科的书很有必要，现在大学理工科学生缺少人文修养，对今后的创造力会有很大影响，应该提倡理工科学生读一些哲学书籍，学会怎样思考。"话题一转，他严肃地说，读书的目的是要找问题，找题目。搞科研工作的人，首先要选好课题：一是所选择的应是具有重要理论或实用价值的，同时又是经过努力有可能解决的问题；二是要有自己的新点子，这样才能超越前人，出奇制胜。搞工程课题研究并不是越细致越好，而是能用最小的代价，问题解决得最好。自己还要会找参考书，不要仅靠导师指点。不会找参考书，不会发现问题是搞不好科研的。

20世纪50年代，中国科学院数学所力学研究室是一个非常活跃的研究集体。刚迈出校门的胡海昌，在钱伟长师长指导下，短短几年就在弹性力学、板壳理论等领域发表了约 30 篇论文。尤其是 1956 年在弹性力学和塑性力学中首次建立了三类变量的广义变分原理，比日本学者鹫津久一郎早一年发表，被美、日、英、苏、德、法等多国的学术文献、专著或教科书广泛介绍和引用。将他们的变分原理并称为"胡－鹫津"原理。说明宽松的科研氛围可以造就人才。

　　我们交谈了很长的时间，他的夫人陈小蘅一直在旁边静静地听着。胡海昌认为对书的爱护可以有不同方式，真正爱护书不是把书供起来当装饰品，他特叮嘱："爱书的内容，比爱护书的形式更重要。"

学术简历

　　胡海昌　弹性力学家。1928 年 4 月 25 日生于浙江杭州，2011 年 2 月 21 日逝于北京。1950 年从浙江大学毕业后进入中国科学院力学研究所，1965 年调入中国科学院 651 设计院，1968 年任职于国防科工委五院 501 部，1980 年起任中国空间技术研究院北京空间飞行器总体设计部研究员，1991 年起任中国空间技术研究院技术顾问。长期从事弹性力学 (包括平衡、稳定和振动) 的研究，并涉及塑性力学与流体力学。研究成果《弹性力学的广义变分原理的研究》荣获国家自然科学奖二等奖，专著《弹性力学的变分原理及其应用》荣获全国优秀科技图书奖。兼任清华大学、北京大学、中国科学技术大学、浙江大学、北京航空航天大学等校教授并指导研究生，培养不少力学人才。1980 年当选中国科学院学部委员 (院士)。

胡思得

青年人
要精读几本经典

　　胡思得院士的书房布置得十分雅致。环顾四壁，墙上诗、书、画、影俱全，特别是几帧大幅彩色照片记录了江泽民总书记接见国防科研战线院士的场景。胡思得开门见山地说，作为一名科技工作者，一生会读很多书，但关键是读好几本好书，而且要真正读懂。说着他转身从书柜里抽出一摞油印讲义，封面纸张已经泛黄，看上去年代久远。他告诉我，这是四十多年前他亲手刻印并反复阅读的一份讲义。这本书的中文译名叫《超声流和冲击波》，是从事核武器理论设计的科技人员必读的经典书籍。1958 年刚建核武器研究所时，凡分配到理论部的大学毕业生，报到时就要求他们把这本书念好。当时，他们手里只有俄文译本，还是钱三强同志访苏时带回来转交给理论部邓稼先主任的，他们曾跑遍首都各大图书馆找不到第二本。这么多人共用一本书多么不方便。于是，这些满腔热情的年轻人决定自己动手把俄译本刻印出来。

胡思得说："像我这样学物理专业的大学毕业生，对于'冲击波''稀疏波''特征线'之类的概念是十分生疏的。但经过反复琢磨后会逐渐在脑海中变成呼之欲出的具体形象。"熟读这一本书，为他们日后的工作奠定了很重要的基础，也使胡思得等刚毕业的大学生能独立地承担用特征线方法对原子弹内爆过程进行模拟计算。对计算结构正确性的估价，在相当程度上也得益于对这本书的深刻理解。

在完成模拟计算之后不久，他们看到苏联新出版的一本讨论特征线计算方法的小册子，阅读后，发现书中的内容"全懂、全会"。令这些刚参加工作的年轻人陡增了自信心。这轮模拟计算先后九次，历时数月，拉开了我国原子弹理论设计的序幕，深化了对内爆物理规律的认识，掌握了相关的计算方法，培养了骨干，树立了自行设计原子弹的信心。

1962 年，第一颗原子弹的理论方案接近完成，胡思得被任命为新成立的理论联系实验小组组长。次年年底，他率领小组成员来到青海 221 基地，进行原子弹公差设计以及公差与聚焦的理论研究，对各种公差量进行分配和限制，用于指导实验和生产。这些研究成果在第一代核武器设计中得到了广泛应用。

胡院士饶有兴味地回忆当年"苦读"的情景，抚摸着泛黄的讲义，他深有感触地说："它不同于普通著述，是很有纪念意义的，我已保存了四十多年，你把它拍下来吧！"

胡院士现在常劝刚参加工作的青年同志，一定要读好几本专业经典著作，要有不怕困难的精神，要真正读懂它们，还要学会独立思考。这样，后面的工作开展就顺利了。最后，他加重语气地强调："读书的目的是培养大视野、大格局的战略眼光，这样才能做清醒的智者、无私的强者。"

毛主席说："原子弹就是那么大的一个东西，没有那么一个东西，人家就说你不算数，在今天世界上，我们要不受人欺负，

就不能没有那个东西。"胡思得就是在那个激情燃烧的年代，投身到核武器研制事业中去的，一干就是一辈子。他说："回顾我自己走过的道路，我觉得为了核事业所做出的一切牺牲都是值得的，一直到今天，我依然觉得能为中国核事业作出过贡献，是我人生中最值得骄傲与引以为豪的！"

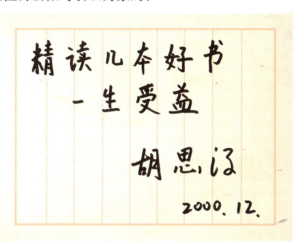

精读几本好书
一生受益

胡思得

2000.12.

学术简历

　　胡思得　核武器工程专家。1936 年 3 月 31 日生于浙江宁波。1958 年从复旦大学物理系毕业后分配到第二机械工业部第九研究院，历任研究室副主任、副所长、副院长等职，1994 年担任中国工程物理研究院院长，1999 年担任中国工程物理研究院高级科学顾问。中国工程物理研究院研究员，长期从事核武器理论研究设计工作，在物态方程、内爆动力学和核武器物理设计等方面做了开创性研究工作。曾担任多个核武器型号的理论设计负责人，提出了核试验中新的物理诊断项目，创造性地解决了一系列关键技术问题。参与制定科技发展战略和组织研究领导核试验的实施，参与领导核军备控制研究。作为主要完成者之一，获国家科技进步奖特等奖 1 项，国家科技进步奖一等奖 3 项、二等奖 1 项。1993 年获全国"五一"劳动奖章，1995 年获全国先进工作者称号。代表作有《原子弹设计理论》等。1995 年当选中国工程院院士。

黄文虎

诗鼓精、气、神

在网上曾读到黄文虎院士写的一首诗：

> 冥顽何曾与世争，读书偶露小聪明。
> 风云际会酬初志，边境虚空添盛名。
> 廉颇老矣诗可饭，渊明归去笔堪耕。
> 杏坛孺子气如虎，志在扶摇万里程。

读后，激起采访的兴趣。我与黄院士不是初交，10年前曾在哈尔滨工业大学给他拍过照。再次见面时，黄老已过八旬，院士头衔前增加了"资深"两字。

在客厅落座，迎面一幅气宇轩昂的书法作品："精、气、神"三个大字写得酣畅刚劲，我们的话题自然从这首诗开始。老人气色颇佳，寒暄几句后旋即起身回屋拿出一本诗集，签上名，赠送给我。这是一本古香古色的线装书，书名《两文集》，棕黄色封面，刚刚印出来，捧在手里有一股淡淡的油墨香味。我不解地问道，何为"两文"？院士答曰，两文者，游戏文章与应景文章之谓也。"闲涉诗丛课业余，苦吟偶得亦功夫。晚来唯事琢雕细，老去渐于才气疏。游戏唱酬诚一乐，叨陪应景不能无。班门何敢侈言志，把玩解颐笑自娱。"整部诗集分咏景、抒怀、景仰、纪念、记事、唱酬六章，共收诗词百余首，全部是旧体诗词，严格按平仄填词写律，对仗、用典一丝不苟。

黄院士讲，既然写旧体诗就要像旧体诗，严格按照韵律来写，一点都马虎不得。尤其是填古词牌更要字字斟酌，句句严谨，确实颇费一番功夫，说完笑称自己难免冠以"老古董"之嫌。我则感叹，今天如此严格按平仄写诗填词的人实在不多了。

黄院士对诗的兴趣源于高中语文老师对他的影响，老师方四海先生工词曲，造诣很深，自编昆剧，教学生弹唱。初生牛犊的黄文虎，作文题《哀难

读书破万卷
下笔如有神
黄文虎
二〇〇六年七月

民》以七言古风一篇应之。老师初疑为抄袭之作，后了解实情，赞誉有加，称可造之才。可惜日寇犯境，学生停课逃难搬迁，失去老师教诲，从此无缘于诗词登堂入室，抱憾终生。抗战胜利后，黄文虎考入浙江大学电机系，毕业即奔赴哈尔滨工业大学手执教鞭，成了著名机械动力学家。七十年后感叹道："犹忆朦胧初学身，偶尔落笔似神通。无缘从业失师业，未受于人卒众人。"谈到母校浙江金华中学，黄老不无骄傲地说，大诗人艾青是我们的老校友！

抚摸着这部厚厚的诗集，有深厚国学底子的老人还抱憾地说，年轻时，孔子、孟子、诸子百家的书没有好好地念，现在八十岁，要想读的书太多，目标只能实现百分之一二。

　　老人很喜欢听昆曲，可惜现在到处买不到唱片。在《两文集》跋的最后，黄院士写道："生荼棉豆菜桐麻，游戏人间兴有加。叙旧抒怀鱼目杂，寄情唱和故人夸……历历前尘非碌碌，闲吟无愧忆年华。"掩卷沉思，我再一次轻声诵读黄老留下的题签："墨留八秩浮生迹，情寄十分旧日缘。新人代出猛如虎，愿见鹤鸣闻九天……"

学术简历

　　黄文虎　机械动力学与振动专家。1926 年 7 月 22 日生于上海，籍贯浙江永康。2022 年 5 月 19 日逝于哈尔滨。1949 年毕业于浙江大学。1953 年毕业于哈尔滨工业大学研究班。哈尔滨工业大学教授，中国振动工程学会理事长。长期致力于一般力学、动力学与控制学科领域的教学和研究工作。在振动、动力学与控制及故障诊断等方面，解决了国内多项重大工程项目中的关键科学技术问题，取得较大的经济和社会效益。尤其是针对我国航天器、工业机器人等，发展出多柔性体系统动力学。研制带挠性附件卫星动力学与控制的应用软件，为我国新一代卫星的总体设计提供了实用手段。发表论文 150 余篇和中英文著作 6 部，获部科技进步一等奖 2 项，二、三等奖 6 项。1995 年当选中国工程院院士。

学而不思则罔，
思而不学则殆。
黄祖洽
2002.2.18

黄祖洽
一本书读六遍

周六休息，黄祖洽院士还在电脑前赶文章，一间不足12平方米的小房间，兼有卧室与书房等多种功能。我们事先约定访谈半小时，黄院士把键盘一推，整个身子向后靠在椅子背上，转身聊了起来。

　　他告诉我，小时候家里藏书很多，祖母把书锁在柜子里，他悄悄把锁撬开偷着看《聊斋志异》。没想到，1938年长沙大火，把家里所有藏书烧个精光。长沙大火后，黄祖洽离开家乡到江西九江中学读书。饱受颠沛流离之苦，也磨炼了自立与拼搏的倔强性格。初中毕业后的暑假，他闲在家里无书可读，便翻出父亲曾经用过的一本《代数学》课本。这是老一辈数学家何鲁先生著的教科书，内容虽简练，却不容易读懂。看第一遍时许多地方读不懂，他就用铅笔做了标记。看第二遍后，先前不懂的地方似乎有些看懂了。再看第三遍，边看边拿起笔来自己推导一番，以致阅读兴致越来越浓。连着看了六遍，全书内容基本都弄明白了。通过这样反复阅读，反复推导，打下了扎实的自学基础，上高中学习数学时就觉得轻松了不少。

　　黄院士感慨地说："我那时才15岁，读这本教科书，从自己演算、推导证明的过程中，培养了自学的兴趣，又锻炼了解决难题的能力，终身受益啊！"停顿了一会儿，他接着兴致勃勃地

说，念高中后，
他的阅读面已很
广了，高中一年
级读了《史记》
《庄子》，以后
接着读了《通鉴
纪事本末》，这
些都是当年商务

印书馆"万有文库"里的读本。"高中毕业后的 1943 年暑假，
我独自离开江西去内地，途中几经辗转，还在西昌做了半年小学
教师，第二年才到达昆明，考入了由北大、清华、南开组成的国
立西南联合大学的物理系。当年叶企孙教我们电磁学和物性论，
王竹溪教我们力学和热力学，程毓淮教我们微积分，蒋硕民教我
们高等代数……尤其是王竹溪老师不仅介绍我读了一些数学和物
理学的名著，还在假期教我学法语，在我生病的时候，让我每天
到他家里吃饭，王夫人做些既可口又易消化的软食，连续一个多
月，直到痊愈。但是，自从 1944 年考进西南联大后，到 1984 年
整整 40 年，由于忙于核武器理论研究与设计工作，再无闲暇去
读闲书了……"黄院士早年直接参与原子弹、氢弹的研究设计，
担任核武器研究院理论部副主任，与邓稼先、周光召并肩攻关，
立下不朽的功勋，世人有口皆碑。

　　1979 年，黄祖洽 56 岁时，他毅然从科学研究岗位转向高等
教育岗位。来到北京师范大学，开始了默默无闻的教书生涯。为
培养更多的物理学人才甘当人梯。教鞭执到 88 岁。北师大物理
系的本科生真是幸运。他们不仅听到了物理教授的课，听到了院

士的课，更听到真正大师的课！

黄祖洽讲课老爱拖堂，但阶梯教室里满满当当坐着的上百位学生用掌声欢迎先生的拖堂讲授。黄祖洽讲课时爱讲故事，把许多枯燥的物理现象在趣味表述中让学生都能心领神会。他还用过来人的切身体会告诫同学们：只有用正确的观点，用创新的精神，才能在同样的现象面前独具慧眼……黄院士至今仍在北京师范大学讲坛上，亲自给本科生上课，难怪《光明日报》会称颂他是"名师登讲台的典范"。

一眨眼，半个小时到了，我确实不忍心再打扰黄院士，只能起身。告辞前，黄老又补充道：自己一直到 60 岁后才有空去博览群书，已读完了金庸的全部武侠小说。想起自己曾经靠一本小册子喜欢上科学，应该给孩子们写点东西。于是，提笔写了《探索原子核的奥秘》，1994 年 8 月出版，收入"科学家谈物理"丛书。现在正琢磨再给中学生写一点东西。

学术简历

黄祖洽 理论物理和核物理学家。1924 年 10 月 2 日生于湖南长沙，2014 年 9 月 7 日逝于北京。1948 年毕业于清华大学，1950 年在该校研究院研究生毕业。北京师范大学教授、低能核物理研究所所长、名誉所长。曾任第二机械工业部第九研究院理论部副主任、中国原子能研究所副所长，兼《物理学报》主编。长期从事核理论、中子理论、反应堆理论、输运理论及非线性动力学等方面的研究，是中国核武器理论研究和设计的主要学术带头人之一，对核武器的研制成功、设计定型及其他一系列科学试验与研究作出重要贡献。还在氢分子激发态的相互作用、浸润相变理论及噪声在随机系统中的影响等方面作了大量研究。1982 年获国家自然科学奖一等奖，1991 年获国家教委科技进步奖一等奖。1980 年当选中国科学院学部委员 (院士)。

金展鹏

轮椅上的院士

　　早就想采访中国科学院金展鹏院士。这位从事金属结构与相图研究的科学家，被誉为"中国的霍金"。2005年夏天，终于有机会与金院士零距离地亲密接触。

　　6月25日上午，我随同湖南省科协领导和中南大学的同事一同前往长沙湘雅附属第一医院，看望住院的金展鹏院士。一周前，金展鹏入院体检时感冒，引起泌尿系感染，治疗一段时间刚有些好转。上午 10 点，我们准时进入 28 号病房，金展鹏平躺在床上正在输液，他爱人胡元英在一旁护理，护士跑前跑后地换药。稍后，大家上前打招呼，他四肢瘫痪，只有脖子还算灵活，由于肌肉萎缩，手指严重变形。他用很大的努力微微动了动左臂，脸上露出笑容，表示对我们的欢迎。一同探视的中南大学郑峰教授，给金展鹏带来一封信及学校申报院士候选人的材料，郑教授在床前轻声读着信，金院士听得格外认真。

　　半个小时输液完毕，众人七手八脚地把金展鹏扶起来，抱在轮椅上。每天他都要坐在轮椅上，爱人推着他外出散步，或在屋里转一转。病情稍有好转，夫人就会推着轮椅送他到办公室辅导学生，悉心教导硕士、博士生做实验。金展鹏钟情教学，心心念念离不开三尺讲台。"我这辈子最大希望就是期盼我的学生都能超过我。"他说，"在科学的道路上，我不是单枪匹马，在我们

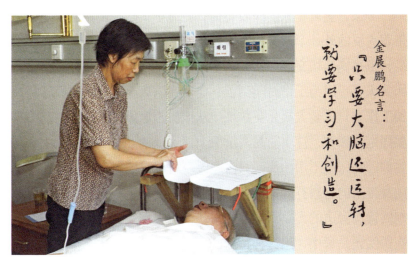

金展鹏名言："只要大脑还运转，就要学习和创造。"

团队中后面有老一辈科学家掌舵，前面有风华正茂的年轻人划桨，我不过是起到了吆喝和承上启下的作用。"

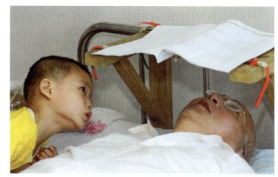

7 年前，因严重的颈椎病，致使金展鹏全身瘫痪。疾病击垮了他的身体，而他的科学成就和人格力量还是延展到常人都触及不到的地方。从此，金展鹏被禁锢在轮椅上，被誉为"轮椅教授"。因长时间困在床上思考与著述，也被称为"中国的霍金"。患病以后，他依然承担了多项国家重大科研项目，取得了一系列高水平科研成果。还先后培养了 40 多位博士、硕士。虽无法正常行动，但他的科学研究、教书育人却从未停止。金展鹏有一句朴素的名言："只要大脑还运转，就要学习和创造。"

今天，金院士只能坐着轮椅，在屋子里转一转。大女儿金峰带着 5 岁的外孙李炜康来看望外公，坐在轮椅上的金院士兴致很高，祖孙俩亲切交谈。在轮椅上休息了半个小时后，金展鹏执意回到床上，因为工作时间到了，他要在病床上用自制的简易阅读架工作。只见爱人胡元英熟练地从床头柜取出一副木制的三脚支架固定在床头，这个简易阅读架上面可以铺开书或者资料，金展鹏仰卧在床上不用抬头，只需睁眼就可以看清资料。郑峰教授把随身带来的材料打开平摊在架上。金展鹏戴上眼镜开始一行行仔细阅读，旁边的人立刻安静下来。他每天都是这样工作的。无论在医院还是家中，用这种特殊的姿态工作已经长达 7 年之久，数不清有多少本专业书、多少页学术资料、多少篇学术论文在这个小木架上被仔细阅读过。金展鹏一直是以仰卧的姿态来思考，或指导课题研究，或产生新的科研设想，然后口述让助手或老伴记下来，以这种常人无法想象的方式，完成一个个科研课题。所以这副自制的阅读架，成为金院士须臾不能离开的工作台，走到哪里带到哪里。

眼前，我真真切切地看到：躺着，三脚架就是他的"阅览室"和"学术平台"；坐着，轮椅就是他的双腿，环绕身边的亲人就是他的希望。金院士工作时，淘气的外孙不时地趴在床头，好奇地瞪着大眼睛看着外公阅读，他早已习惯外公的这种姿态，所以会很懂事地默不作声。离开病房时，大家踮起脚尖，悄悄地鱼贯离去，不忍心打扰他的工作，用目光默默地与金院士告别。

2011年教师节晚会上，对第二届全国教书育人十大楷模之一金展鹏的颁奖词称："躺着，他仍然是科学家；坐着，他依旧是老师。两种姿态，两种辉煌。"

学术简历

金展鹏 粉末冶金专家。1938年11月6日生于广西荔浦，2020年11月27日逝于长沙。1963年毕业于中南矿冶学院。1979年赴瑞典皇家学院做访问研究。中南大学材料科学与工程学院教授。长期从事相图计算以及相变动力学的研究，创立了"金氏相图测定法"，奠定了在国际相图界的学术地位，被称为材料科学的"地图"。曾兼任国际合金相图委员会委员、中国材料学会理事、《国际相图计算》副主编、美国《相平衡》杂志顾问编委、亚太材料科学院会员。在国际相图测定与材料设计领域曾发表论文170多篇，被SCI收录89篇，被EI收录102篇。1989年获国家教委科技进步奖二等奖，1991年获国家自然科学奖三等奖，1998年获宝钢教育奖一等奖。2003年当选中国科学院院士。

勤能補拙

经福谦
2000年11月22日

经福谦

呼唤品格的力量

　　在我熟悉的院士中，经福谦院士是多次服从国家需要屡屡改行的一位。他早年学物理，后来转到地球物探领域；20世纪60年代从事爆炸力学；20世纪80年代又转入高温高压凝聚态物理研究。每改一次行都要买一批专业书，所以他的藏书分了许多类。

他笑着对我说："最后一次改行是我自己的选择，长期在第一线做技术领导工作，退下来以后做点基础研究有好处，为了考虑未来科学发展，需要读更多的书。"他指指满屋书柜，我才发现因为书多，原来书柜又加了一层顶柜，直抵天花板，并添置了一架梯子以方便上下取书。

"那您最近在读些什么书呢？"我开始问这句老套话。经院士从卧室里抱出一摞新书摊在桌上：《爱因斯坦晚年文集》《朱自清文集》，还有林语堂的《中国人》《守住灵魂》等，多是些具有思辨性、哲理性的书籍。经院士平时不大看小说，喜欢和学生讨论人生哲学：如何面对人生的挫折、人生的成功、怎样更好地与人共处……这些看似专业之外的话题，却对学生的成长大有好处。

其实，一位从事科学研究的人一定要懂得一些人文道理，方能铸就科学品质。经院士常对学生讲："品格不是由你已经战胜的东西决定的，恰恰是由你匮乏的那些东西塑造的。最近，我常在思索，藏在科学背后的真正动力是什么？犹如云层后面的闪电将天空连成一片。后来我似乎明白，其实就是人文精神。科学家的人格魅力仿佛是一道暗流，浸透其人生的每一个细节，而它本身却不可见。"

听着经院士侃侃而谈，我隐约感到他对科学后面的人文内涵理解得与众不同。他随手翻开《爱因斯坦晚年文集》，翻到爱因斯坦悼念玛丽·居里夫人的一段话时，情不自禁地轻声念起来："杰出人物的道德品质可能比纯粹理智的成果对一个时代以及整个历史进程所具有的意义还要大，不仅如此甚至后者的取得也要在极大程度上依赖于道德境界，而这种依赖程度比通常认为的大得多

……"经院士入神地念着，在爱因斯坦的这段话中糅进了自己的理解，深深地打动了我。

经院士在科研实践中也有自己的学习感悟和独特的人生观、价值观。在突破原子弹技术难关时，没有资料，没有借鉴，一切从零开始，堪称"一穷二白"；在"边干边学，干成学会"的口号激励下，他把一本苏联《爆炸物理学》读成散了页，把书里的概念、公式掰开了揉碎了分析，一点一滴地消化吸收。掌握相关知识后再指导课题组探索各种不同的试验方法，最后取得核试验爆炸成功。他对同事们说："为什么总是说，苦学、苦思、苦练。因为学习、想问题、练功夫都是苦的。对一个问题三番五次搞不通，那种乏味、那个苦呀！但是，你若再坚持一下，弄通了问题，心里那个甜就甭提了，那是任何美味都比不上的，真可谓苦尽甘来呀！"

放下书,我们讨论起什么是科学的品格。20 世纪 50 年代,马寅初的"人口论"受到批判,他拒绝检讨,付出了自己的荣誉甚至生命,以维护科学的尊严,这就是品格的力量。经福谦说,中国科学家具有这样品格的人还很多,用他们人格的魅力去感染青年人比一些空洞的说教起作用。

他向我推荐《品格的力量》一书,这是英国人塞缪尔·斯迈尔斯 1871 年的著作,自问世以来畅销全球 130 年而不衰,被誉为"人格修炼的圣经"。我捧着书突然想起一句老话——人的品格有多高,其成就也就有多大。

学术简历

经福谦 爆炸力学和高压物理学家。1929 年 6 月 7 日生于江苏南京,籍贯江苏淮阴。2012 年 4 月 20 日逝于上海。1952 年从南京大学毕业后被分配到长春地质学院任教。1960 年调第二机械工业部第九研究所,历任科研室主任、流体物理研究所所长。1989 年任中国工程物理研究院科学技术委员会副主任。作为中国工程物理研究院研究员,长期从事凝聚态物理和爆炸力学研究。无论在内爆动力学实验设计技术,还是在内爆动力学实验测量中,均提出有效的技术方案。在超高压物态方程实验研究中,解决了关键性技术难题。在高压物理学科领域,倡导成立了高压物理专业委员会,创办了《高压物理学报》《爆炸与冲击》等核心期刊,成立了国防领域第一个重点实验室,撰写了《实验物态方程导引》《动高压原理与技术》等学术著作。曾获国家自然科学奖一等奖、全国科学大会奖及科技进步奖多项。1991 年当选中国科学院学部委员(院士),2001 年获得何梁何利基金"科学与技术进步奖"。

康玉柱

行万里路 读万卷书

　　1984 年 9 月 22 日，中国石油化工集团公司在新疆塔里木盆地打出了第一口日产 100 立方米石油的高产油井，实现我国古生代海相油气田的首次突破，成为我国油气勘探史上的重要里程碑。当年指挥这口钻井的技术负责人——康玉柱院士在二十多年后，亲口对我叙述了当年勘探钻井的坎坷经历。这位 20 世纪 70 年代自愿到新疆，踏遍天山南北、戈壁沙漠找油的"老石油"说："这口井不仅意味着新疆地下储油有广阔前景，而且由此拉开了塔里木油气勘探大会战的序幕。"紧接着，在他主持下，80 年代在塔里木发现了 10 个油气田，90 年代又发现塔河大油田，21 世纪以来，更参与发现了 7 个油气田。新疆已经成为我国第三大产油地。

康玉柱操着一口东北口音的普通话，说："我读的书都写在大地上面，我曾走遍全国 20 个省份 40 多个盆地。作为地质学家，我每天都在翻阅地球这本大书，从中寻找对人类生存必需的能源和矿藏。著名地质学家李四光院士曾说过：'国外有许多大油田产生于古生代，我们要在古生代盖层平缓、褶皱缓和地区集中力量试验一下，早一点上去打开一个缺口。'他生前没有看到我国海相地层出油。今天，他的预测已成为现实。我就是根据古生代海相成油特征及地质力学理论，指出塔里木是一个多油气藏型的含油气盆地，进而发现了塔河大油田，发现了我国第一个古生界大油田。看来行万里路，也读了万卷书啊！"

第二天，我随同康院士沿着天山北麓地质构造带，一同体验野外勘探。只见 70 岁老人身背地质包，健步如飞，一手拿笔记本一手执着指南针，沿着中生代、古生代、白垩纪地层一路攀去，进行剖面观察、油气点观察。他指着大山告诉我，掌握了理论就像孙悟空炼就了一双"火眼金睛"，什么地方有油苗露头，什么地方容易找到油。如果说地球是一本大书，地质学就是某个章节，褶皱里蕴藏着丰富知识。要学会根据构造体系寻找油田分布规律，预测隐伏在地下油田的部位，这跟读书学习的道理是一样的。他

随身带着野外记录本，上面写满密密麻麻的图表、数据。

野外找油，回家读书，几十年如一日，出版专著12部，论文100多篇，约800万字。日行千里路，读书破万卷。书本知识和实地考察相结合，才使他能在国内首次建立了古生代海相成油理论，有效地指导了塔里木乃至全国古生界油气勘探工作，为石油地质理论谱写出新的篇章。康院士说："多年的勘探经验告诉我们，用老思路在新区可发现油气田，用新思路在老区也能发现

油气田，但很难在老区用老方法找到新的油气田。读书也同理，
必须在理论上、思路上和实践上不断地创新。由此看来，读书与
行路两者都不可或缺！"

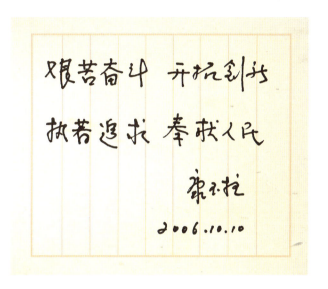

学术简历

　　康玉柱　石油地质专家。1936 年 5 月 5 日生于辽宁北宁。1960 年毕业于
长春地质学院。长期从事石油、天然气的勘查研究。以地质力学理论为指导，
1984 年在塔里木盆地主持实现我国古生代海相油气田首次重大突破，成为我国
油气勘探史上的重要里程碑，拉开了塔里木盆地找油大会战的序幕。"八五"
和"九五"期间主持国家重点科技攻关项目以及地矿部 5 个科研项目，系统研
究并评价塔里木等盆地油气资源、油气成藏特征。1992 年建立了我国古生代海
相成油理论，形成了中国西北地区叠加盆地成油特性与理论等。在塔里木盆地
主持发现 10 个油气田和我国第一个古生代的塔河大油田。曾获省部级科技进
步奖一等奖 6 项，李四光地质科学奖。出版专著 12 部，发表论文 100 余篇。
2005 年当选中国工程院院士。

匡廷云

光合作用下的绿色人生

采访匡廷云院士之前，就听说她为人随和、谦虚。一见面才知道，这种随和是一种善良与宽容的沉淀，是一种受过磨难却又从容淡定，只要一息尚存就不断追求完美的体现。匡院士身患癌症依旧奋战在科研第一线，从未松懈过。她的读书同她的科研一样始终追求第一。望着眼前这位瘦小、精干的老太太，让我不禁由衷萌生敬意。

匡廷云 1995 年当选中国科学院院士，是植物生理生化研究界知名的女科学家，主要从事光合作用及分子生物学的研究。北京市青少年科技俱乐部有一个"科学教育"活动项目，让一些学有所长、学有余力的高中生走进科学家的实验室，由科学家一对一地指导他们。匡廷云和她的同事是这个活动的"主力"，经常能看见他们忙碌的身影。她认为，科普工作是一项肩负国家使命的重要责任。科技传播是科学技术研究活动得以开展的重要基础，是科学知识应用的先导环节，也是提高国民科学素养的基本途径。匡廷云还是北京市及西城区的"科普天使"，凡是邀请作科普报告从来不拒绝。而且，她的科普演讲非常精彩，在一次演讲完毕后，她的助手曾感叹道："我这才知道什么叫经久不息的掌声。"

匡廷云说："并不像大家想象的一帆风顺，也不像大家想象的有掌声和鲜花，科学研究常常是很艰苦的，而且也是很漫长的，也许要做很长时间才能有一点点进展。科学要求一个人献出毕生的精力，做科学研究一是要有责任感，二是要有坚强的毅力，不要图表面的东西。确实可能有些牺牲，你也许过了一段时间以后，工作有了一些进展，但还是感觉失去很多，如个人兴趣、对家人的照顾都失去了。只是自己尽了力，对国家问心无愧。我一生中总是忙忙碌碌，但感觉很充实。"

作为一位科学女性，匡廷云有较高的艺术修养和审美水准。

和研究植物光合作用一样，她装饰的房间也五彩斑斓，她家客厅是淡雅的黄绿相嵌的颜色，主卧是浅黄色，书房则漆成绿色，仅有一桌一椅一书橱，简洁而温馨。看书累了，绿色墙壁可以休息养眼。在匡院士家里，你能体验到色彩带来的美妙滋味和家里随处散发出的暖暖亲情。匡院士认为家居颜色的选择应该是温暖的偏中性颜色，再用其他颜色的家具和装饰衬托，会让房间显得更加活泼。绿色墙壁就别有用意，透过朝西的窗户可以看到远山和树木，墙上还挂着两幅油画，简单抽象的笔触和鲜亮的颜色，也为书房增色不少。结束一天的繁忙工作，从嘈杂的外面回到家中，可以舒心地呼吸，可以静心地阅览书，在匡院士看来是最美妙的时刻。

匡廷云读大学时，摸索出一套独特的学习方法，每天晚上躺在床上，入睡前首先在大脑中"回放"白天每一门课程的内容，默诵并消化。养成习惯以后，她渐渐领会到，各门课程之间都有一定的内在联系，把各门课程知识综合起来，进行重新归纳、整理和分析，会有一种"顿悟"，这为她从事科学实验带来的独特视角。工作以后，她主动意识到要在学科"交叉地带"寻找创新和突破，几十年探索光合作用的奥秘，研究光合膜蛋白超分子复合物的结构与功能，建造了世界上最大的植物工厂，奠定了中国在这一领域的国际地位。新的思维促使她在漫长的科学道路上屡屡受益。匡院士欣赏艺术，懂得生活，平时穿着非常得体。面对癌症毫无惧色，每天以一种昂扬的心态去上班。科学家也算公众人物，她在不同场合都能以一位女科学家的温文尔雅形态出现。一个人成长过程中要经过无数次"光合"作用，眼前这位科学家用了70多年的努力，完成了一次又一次的"光合作用"，绽放出一个绿色人生。

学术简历

匡廷云　植物生理学家、生物化学家。1934年12月29日出生于四川资中。1956年毕业于北京农业大学土壤农业化学系，1962年获苏联莫斯科大学生物系副博士学位。1981年作为高级访问学者，前往美国密执安州立大学植物实验室工作。作为中国科学院植物研究所研究员，在光合作用、光合膜、叶绿素蛋白复合体结构与功能研究方面取得了系统的、创造性的成果。也是国际上第一个用X射线晶体学方法解析绿色植物捕光复合物高分辨率空间结构，推动了我国光合作用机理与膜蛋白三维结构研究进入国际领先水平。2004年主编的论著《光合作用原初光能转化过程的原理与调控》获"第十四届中国图书奖"。在国内外已发表论文400余篇。曾获国家自然科学奖二等奖、中国科学院科学技术进步奖及中国科学院自然科学奖等多项。被评为国家级有突出贡献的中青年专家。1995年当选中国科学院院士。2000年担任中国科学院生物学部副主任。2008年受聘担任杭州师范大学生命与环境科学学院院长。

雷霁霖

知识创造财富

　　雷霁霖是从福建闽北大山里走出来的畲族院士，扎根黄海之滨五十年，研究海水养鱼半辈子，一心想着能让老百姓的餐桌上也有名贵的海鱼。如今，他已成了地道的山东人，讲一口胶东话，是十分健谈的老科研工作者，这是雷院士给我的最初印象。

　　随雷霁霖来到他的办公室兼书房，不由得为其环境的简陋、狭窄而发出感慨。一间不足 10 平方米的小屋里，一排老式书柜就占去了半壁空间。余下的地方仅够放一张桌子、两把椅子，坐下两人就再也无法转身了。从未见过如此老旧的书柜、玻璃柜门，样式土气，黑色的漆皮已经脱落，论年头至少也有五六十年了吧。别看它粗大笨重，倒非常实用，打开柜门里面进深足有 50 厘米，前后放入两排书还显得空间富余。紧靠的棕色书柜下半截设计成一排排抽屉，用于放资料或检索卡片。应该说，这个老式书柜与其他的家具极不协调，但它确是雷院士的心爱之物。"所里几次提出要给换新书柜，我不愿意，老家什用了几十年，有感情了，不舍得丢啊！"

不子去比口袋里的我少一点，
我去比知识多一点，工作他一点，
贡献大一点，心里就会觉得
宽敞多了。

雷霖森 二 六年五月日

　　望着窗外不远处新盖的科研大楼，雷院士对我说，搬到新楼还要继续用它装我的书呢。尽管书房空间局促，丝毫不影响科学家的创造力。书柜里陈列着各种鱼类方面的专业书籍，案头摆放着他主编的《海水鱼类养殖理论与技术》，四面墙上挂满色彩斑斓的世界海洋鱼类分布图，展示了院士的研究领域。作为国内知名的海水鱼类养殖专家，他系统研究了22种鱼类的增养殖理论与技术，尤其是引进英国良种大菱鲆鱼，首创"温室大棚加上深井海水"的工厂化养殖新模式，已累计创造产值70亿元了。小小的书房产出的巨大的经济效益，恰恰体现了科学家对社会的奉献。

　　看了眼前这一切，真实的感受是，不在于书房如何宽大和华丽，而在于读书人的内在气质和追求，这种气质会深深地感染每一个到访的人。

我们坐下，细细地聊各类鱼，聊海洋生态，也聊读书。"现在社会上弥漫着一种金钱至上的风气，年轻人不想读书，光想着挣钱，这是一个价值取向问题。"雷院士说，"年轻人不要与他人攀比口袋里钱的多少，要去比知识多一点，工作忙一点，贡献大一点，等到年龄大了，心里也就会觉得更宽松了。"

聊及读书，他说："同样读一本书，每个人都可能读出自己的味道来，读书不能强求一致，也不要让书挡住眼睛。读书为了求知，知的目的在于行，就是用知识造福人类。我的书斋虽小，但我的生产和实践平台是一个真正的大舞台。"

应我的要求，雷院士欣然提笔写下："学勤于思，思重于行，行精于立。"捧读后让人沉思良久……

学术简历

雷霁霖　海水鱼类养殖专家。1935 年 5 月 24 日生于福建宁化，2015 年 12 月 16 日逝于青岛。1958 年毕业于山东大学后进入中国水产科学研究院黄海水产研究所工作。曾系统研究了 22 种海水鱼类的增养殖理论与技术，其中 8 种已实现产业化。20 世纪 60 至 80 年代，率先突破了梭鱼等 10 多种鱼类的育苗工艺，相继建起工厂化育苗技术和体系。90 年代创建了工厂化育苗新系统和新工艺，首次开辟人工苗的放流增殖技术。率先从英国引进冷温型良种大菱鲆，突破工厂化育苗关键技术，首创"温室大棚 + 深井海水"工厂化养殖新模式，迅速形成良种养殖大产业，5 年累计创产值逾 70 亿元。获国家科技进步奖二等奖 2 项。出版专著 7 部，发表论文 120 余篇。2005 年当选中国工程院院士。

李坪

心系地震为万家

　　83岁的李坪院士视力不好。记者已经近在咫尺，他只能看到模糊的轮廓。阅读书刊更是困难。然而，院士并没有停止工作，在老伴和助手的协助下，他仍每天坚持到国家地震局地质研究所上班。虽然眼睛不能读书看资料，耳朵还能听，脑子还能转，还可以写东西。常常是他口述，助手记录，如同涓涓细流般汇成一页页的学术报告和论文。令人吃惊的是老人仍能参加一些重大工程的野外验收。

当记者问他一生中读书有什么经验体会时，他说："我读书的座右铭是学以致用。现在的书籍浩如烟海，作为一名地质工作者，我从研究大地构造到军事工程地质，再到研究地震，涉及多个学科。平时只选与这些学科有关的书，无论是权威学者还是年轻学者的著作，我都认真阅读，吸收其精华，剖析其不足。现在不少学地学的青年人计算机水平非常棒，网上的资料看了不少，整天坐在计算机前不愿意到野外去。其实，理论与实践脱节是很难出成果的。有些地质问题，在办公室争论得一塌糊涂，谁也说服不了谁，一到野外立见分晓。所以说，实践的确是最好的读书。"

孟子曰

天将降大任于是人也。必先苦其
心志，劳其筋骨，饿其体肤，空乏
其身，行拂乱其所为。所以动心
忍性，曾益其所不能。

李珏

二〇〇四·六十九

李珏反复强调对好书也不能迷信，尤其不能迷信权威、迷信
洋人。有这样一个例子很能说明问题：深圳大亚湾核电站建设过
程中，挖核岛基础时发现空洞，法国专家十分紧张，甚至提出调
本国地质队重新勘探。当时工程如果停下来，一天将罚款一百万
美元。北京核安全局通知李珏迅速赶到现场。他首先检查岩心，
发现这是花岗岩和石灰岩接触变质腐蚀的结果，除了空洞，周围
的地质很稳定，只要简单地用水泥灌浆填充空洞即可。由于判断
正确，整个工地并没有停工，为国家节约了大量外汇。老人解释道：
"除了懂地质构造外，我对金属矿也比较熟，一看这个现象就知
道产生的原因。因此，学科不能太窄，要边缘杂交，那里存在众
多的创新之处，存在新学科发展的生长点。读书也同理，有限地'博
览群书'，努力做有限的超越。"

　　李院士在野外勘察有个习惯，总要爬到附近最高的山顶，登高望远，对周围的地质地貌进行基本概括。然后才去找那些地质构造上的特殊点、差异点，最后总能抓住关键点。李院士为研究地震成因，曾跑遍大半个中国，国内发生大大小小的地震区域几乎都能见到他的身影。由他负责的三峡大坝、二滩水电站、大亚湾核电站站址和坝址的地震安全评估，给出的评估意见是电站建设的重要依据，往往要承担很大的风险。这时候，有些人往往怕承担责任躲开了。李院士却说："关系到国家重点建设，有风险也要拍板！"

　　李院士家里十分简陋，一套居住了40年的老屋并没有影响他的科研，狭窄逼仄的书房照样产出了一篇篇精彩的论文。最近，他在"强震预报的跨越"研究领域又有了新的突破。为减轻地震灾害对人类带来的影响，这位耄耋老人仍在不懈地努力着。

学术简历

　　李坪　地震构造专家。1924年3月20日生于湖北大悟，2019年9月10日逝于北京。1947年获国立中央大学学士后留校任教。1950年参与创办南京大学工程水文地质专业，1954年调至哈尔滨军事工程学院任教，并从事沿海地下军事工程选址，1959年后相继在中国科学院地质研究所、中国地震局地质研究所工作。长期从事大地构造、地壳稳定性和工程地震研究。为我国许多大工程的地震危险性评价提供重要科学依据，诸如对三峡坝区进行地震危险性评价，为我国第一座核电站（深圳核电站）的选址取得重要依据；利用地震活动停歇期，为云南阳宗海电厂的扩建提供了地震危险性评价依据等，均取得良好的经济效益和社会效益。晚年倾心减轻地震灾害的研究。先后发表学术论文50多篇、专著10多部、研究报告80余册。获得国家和省部级科技奖10余项。1999年当选中国工程院院士。

李椿萱

警惕快餐文化的泛滥

　　李椿萱院士在昆明出生，印尼长大，台湾求学，又在美国获得博士学位。20世纪80年代，他以航空动力学家的身份回到祖国，任教于北京航空航天大学。90年代当选为中国工程院院士。从国内到国外，李椿萱的人生轨迹画出了一条长长的弧线，最后又落脚回到祖国。

　　有着东西方两种文化与学术背景的李院士，从小就喜欢文学。用他自己的话说："我是读着世界各国的文学名著长大的。"虽然多年从事空气动力学和航空航天飞行器技术的研究，李院士对专业之外的文学作品、翻译的人文作品也一点都不陌生。他和夫人的共同嗜好就是周末逛书店。家里的书堆不下，看过的书又舍不得卖掉，只好打包放在办公室、资料室。

　　喜欢读书和买书，李椿萱对当前图书市场和出版物的繁荣有一番自己的见解。他尖锐地指出，现在图书市场表面看似繁荣，其实隐藏着许多问题。北京各大书店里摆放的文学作品虽琳琅满目，但很难找到值得重温的经典，更缺少能吸引他们夫妇废寝忘食阅读的现代文学。20 世纪 50 年代的小说印数动辄上百万，现在的作品能有几万册就不错了。国内的文学创作如此，外国译著也一样佳作寥寥。原因固然是多方面的，电子媒体的蓬勃发展，也是市场经济和供需的反映……那么，是否还存在另外的问题呢？李椿萱分析道，翻译作品几乎被英语单一语种一统天下，鲜有俄文、法文、德文的文学名著出版。甚至外文原

版著作的销售也亦复如是。虽然迎合了目前英文学习的需求，但从普遍意义角度来说缺少了多元化，缺少了对其他民族优秀文化的吸收。姑且不说许多翻译作品质量欠佳，句子译得硬邦邦，让人读不下去；选材更有问题，真正优秀的外国小说鲜有翻译，总是那几部名著被反反复复地译来译去。介绍当今欧美国家具有思想性、批判性的小说很鲜见，反而西方流行的快餐文学大行其道。

"图书市场呈现的繁荣是一种快餐式的繁荣，还不是真正的繁荣。"李院士不无忧虑地说，"我很担心我们今天科技高速发展，物质生活极度膨胀，而精神素质的提高却远远落在后面。"

作为一名知识分子，比起物质匮乏来讲，精神层面的需求更重要；科技工作者、教育工作者应该要有社会责任感，文学工作者、出版从业者也应要有更多的社会使命感，少一点铜臭味，多一点社会良知，这是一个普遍性问题。科技进步对人们的意识形态的影响，对原有的道德伦理的冲击还没有人花力气去深入研究。即便在发达国家，还是有一些严肃的作家关注人生，关注未来，主动探索一些终极命题。这便是李院士转达的一点希望。

最后，李院士还透露了一个秘密：20 世纪 60 年代末，他在美国留学时就参与了著名的"保钓"运动。海外的"保钓"运动持续了好几年，直到 70 年代上半叶。三十多年来，"保钓"运动早已成了历史，当年活跃在风口浪尖里的人物，如今早已年近花甲，但是拳拳爱国之心却一点也没有改变。

学术简历

李椿萱　空气动力学、航空航天飞行器设计、高速碰撞力学专家。1939 年 11 月 9 日生于云南昆明，籍贯广东新会。1963 年毕业于台湾成功大学，获学士学位；1967、1972 年分别毕业于美国新墨西哥州立大学与纽约州立大学，获硕士、博士学位。早年参与美国航天飞机、导弹等型号及相关预研工作；涉及火箭发动机涡轮泵密封技术、超高速碰撞力学等领域的研究工作。1980 年回国后主要从事飞行器空气动力学的研究工作，在天地往返运输系统气动力、热特性，飞行器／推进系统一体化气体热动力，飞行器气动／信号特征一体化等研究中取得了一批成果。1987、1989 年在"863 计划"航天领域主题专家组成员及专题组组长任期内组织实施了气动力、热关键技术预研项目与地面模拟试验设备的研发和改造，并承担了数值模拟实验室的筹组建任务。所取得的成果已在我国航天技术的发展中发挥了重要作用。1997 年当选中国工程院院士。

李道增

读书破万卷，
下笔才有神

　　下午的骄阳悄悄地躲到云层后面，燥热的室内似乎变得凉快一些。

　　从跨进李道增院士家门的瞬间，我就发现门厅里有一排整齐的书橱，客厅又有一排书柜，而书房更是四壁皆书。李院士身着T恤衫坐在沙发上，面对睿智的长者，我洗耳恭听老人缓缓地道来："我出生在上海，从小在弄堂里长大，1947年考入清华大学，一进校园感到大极了，北方的空旷与上海的逼仄反差很大，给人留下太深的印象。"

李道增原先报考的是电机系，因为喜欢画画，入学后想改学建筑。那时候转系挺方便，学校让学生自己去建筑系申请。他怀着忐忑不安的心情求见系主任梁思成。原来这位著名的建筑学大家是一位和蔼的瘦老头，听完了陈述当即同意他的要求。到建筑系报到才晓得，他们班11位同学只有一人是原先就报考建筑系的，其余都是转学过来的，大家也都真心喜欢学习建筑。李道增庆幸自己能跟着梁思成及其夫人林徽因这样的名师学习。他回忆道，那时候清华建筑系的师生就像一个大家庭，高低年级三个班住在一起，谁家里寄来了食品，脸盆一敲，全体同学一起享受。

建筑系由梁思成亲自授课，从建筑欣赏一直到建筑设计原理，语言幽默风趣。讲世界建筑史时，还把他在美国讲课的讲义拿给大伙看，上面的英文书写得工工整整，图绘得漂亮极了，同学们看了肃然起敬。梁先生治学非常严，学生绘图画两条线交会，他

自去自来堂上燕，　相亲相近水中鸥.
弹指一挥五十载，　植桃育李鬓发白.
厚德载物宜自强，　思辨创新视野展.
理论实践结硕果，　青出于蓝胜于蓝.

李道增于清华
2001年 6月11日

用放大镜仔细地检查交会点。林徽因才华横溢，在清华园，她的家一直保留着喝"下午茶"的习惯，每天下午北大挚友金岳霖教授不请自到，如果有学生到她家里来，也能留下来一同喝茶。我们常常结伴去听他们纵论古今、天南海北地闲聊。这个时候，坐在你面前的是哲学家、艺术家和诗人，我们因专注听而不觉茶味，佩服极了。不经意之中，同学们都能学到许多知识。李院士由衷感叹："文化这个东西不一定非在课堂上才能学到。以后，我也常常邀学生到家里聊天。"几十年后，他还清楚地记得梁思成的"你不光在课堂上学知识、学专业，还要课后自学。只有在课外获得的知识比在课堂上学的还要多，你才算真正走进了大学"的教诲。毕业以后，李道增留校任教，一边教书育人一边投身祖国建设。北京城里的中国儿童艺术剧院、天桥剧场、东方艺术大厦，都是他设计的作品。

　　1958年，28岁的李道增领衔设计的国家大剧院，其建筑方案获得国家批准，却遇到60年代初的自然灾害，迫使工程下马。他把遗憾变为动力，从此潜心研究西方剧院、剧场的发展史和设计理念，像海绵吸水一样吸取东西方建筑的精髓，先后主编并撰写了《剧场设计手册》《国外剧场图集》《中国剧场会堂图集》等著作。以后他培养的 29 位获得学位的研究生中有 11 位就是做剧场建筑研究。说罢，老人站起身从书橱里拿出厚厚的两本《西方戏剧·剧场史》上下册，这部沉甸甸的 150 万字、1000 幅插图的巨著，是他几十年的科研结晶，为国内近年来的剧场建筑提供了详尽的第一手资料。自 20 世纪 80 年代起，刘道增担任了清华建筑系主任、建筑学院首任院长。那时，系里的博士生导师一年只带一名博士生，毕业的学生能达到较高的学术水准。他最欣赏刘勰《文心雕龙》中的"操千曲而后晓声，观千剑而后识器"。

李院士是安徽合肥人，系晚清重臣李鸿章家族的后代，对于李鸿章，他坦然地说历史自有评价。他和前驻联合国、驻美大使李道豫是本家兄弟，两人一位属科教人才，另一位属外交人才，都成了合肥李家后代颇有影响的人物。

学术简历

李道增　建筑设计专家。1930 年 1 月 19 日生于上海，祖籍安徽合肥。2020 年 3 月 19 日逝于北京。1952 年毕业于清华大学建筑系并留系任教。1983 年起相继担任清华大学建筑系主任、清华大学建筑学院首任院长。长期从事建筑设计及其理论研究工作，专精剧场设计，通晓中外剧场历史沿革。曾参加 6 轮国家大剧院方案设计并承担过 5 座其他剧场设计，其中天桥剧场方案获首都十佳优秀公建方案第一名。1993 年赴美国卡内基梅伦大学教授剧场设计，深受赞赏。对跨戏剧与剧场建筑两个学科的《西方戏剧·剧场史》对剧场研究有重大贡献。新著《环境行为学概论》及提倡的"新制宜主义"建筑观和对建筑中持续发展问题的研究大体构成起设计哲学的主干，主持设计并在全国竞赛中获首奖的"建筑者之家"方案就是根据这一理论创作的。1999 年当选中国工程院院士。

学风严谨
作风正派
李连达 2004.5.30.

李连达

百花齐放 中医有望

　　李连达院士是一位中医药学家,他研制出30种活血化瘀新药,使中医活血化瘀成为我国治疗冠心病的独特疗法。老人十分低调,谢绝了许多媒体的采访,因为是谈读书的话题,他才接受采访,我们就在西苑医院的办公室聊了起来。

　　一袭白大被褂，三句话不离本行，"中医有四部经典著作，《黄帝内经》《伤寒》《难经》《本草纲目》，中医学还涉及诸子百家，儒学、佛学、道学、易学都要懂一些，读书面当然会广泛一些。"李院士侃侃而谈。

　　"现在社会上对中医有许多看法"，我直截了当地问道。

　　"中医学属于传统文化的范畴，老祖宗留下很多宝贵遗产。但是，中医也要与时俱进，要充分利用现代科学的技术手段来研究中医、发展中医。社会上对中医的现状有些争论，有不同的看法，有些人对中西医结合提出疑问，有些人提出复兴中医，这两种观点很流行。中医虽然存在这样那样的问题，但总的发展趋势是好的。现在不是复兴中医，而是如何持续地向更高的阶段发展。说中医衰败更不符合实际情况，我不赞同。当然，要允许别人提出

不同观点，中医各门派之间、中医与其他学科要互相尊重、互相学习，要有包容的态度，要允许百花齐放，不要把整个中医界推到一座独木桥上，这样做不好。提倡向传统学习，向古人学习，向古代一切好的东西学习，但是不等于复古，我们尊古、学古不能复古，复古的思潮不好，难道今天的中医还不如张仲景时代吗？这不是科

学发展观。至少，新中国成立后中医在走上坡路。解放前中医只能开小诊所，进不了大医院。解放后，1950 年召开第一届全国卫生会议，提出预防为主，团结中西医，面向工农兵三大方针。经过五十多年的发展，全国大型中医院有 1600 多家，中医病床几十万张，中西医结合解决了许多疑难杂症，中医的社会地位提高是有目共睹的。"

李院士对中西医结合最有发言权，他阐明的"血瘀证"科学内涵及"活血化瘀"治疗的基本规律与作用机理，曾荣获国家科技进

步奖一等奖。"中西医结合不是合二而一，也不是谁吃掉谁，而是取长补短，共同提高医疗水平。中西医结合还要走很长一段时间的路。"老人家告诉我，"十一五"期间，是新中国成立以来政府支持中医事业力度最大的时期，也是中医发展千载难逢的好时机。

李院士平时看三类书：第一类是专业学术书，"我和别人不一样，对同行的书要琢磨：别人为什么提出这种观点？为什么采用这样的方法？为什么得出这样的结果？边读边思考"。第二类是道德修养方面的书，儒家经典有许多至理名言，如"己所不欲，勿施于人"；孔孟之道中很多观点涉及社会道德、公共道德和个人道德，对建立和谐社会有帮助，不能全盘否定。第三类是常读报纸、日观新闻，可以及时了解社会动态，扩大知识领域。李院士书柜里藏书不多，只是他看完的书都转放到隔壁研究生办公室，成为公共读本，任何人都可以借阅，里外间的书柜明显大小不一样。墙上一幅范曾题字"仁者乐山"，飘逸而潇洒。

学术简历

李连达　中药药理学专家。1934 年 7 月 24 日生于辽宁沈阳，2018 年 10 月 18 日逝于北京。1956 年毕业于北京医科大学后进入中国中医科学院西苑医院，至 1974 年从事中医儿科临床工作，以后从事中药药理学研究。先后担任西苑医院基础医学研究室主任、中国中医科学院首席研究员、中国中医科学院医学实验中心主任、第六批全国老中医药专家学术经验继承工作指导老师、国家药典委员会委员等。首次建立中国中药药效学评价标准及技术规范，揭示"血瘀证"科学内涵，阐明"活血化瘀"治疗的基本规律与作用机理，首创 " 中药与自体骨髓干细胞经心导管移植治疗冠心病 " 新疗法等。数十年坚持不懈，献身于中医药事业，在中医理论、中药研究、新药研制及推动学科发展等方面作出杰出贡献。2003 年当选中国工程院院士。

李荫远
老年寂寞有诗为伴

　　"我这里是空巢家庭。"88岁的李荫远院士坦率地说。院士老伴前年去世，儿女都在国外，偌大的房子只有阿姨照料，老人并不感到孤独，因为他天天有诗为伴。

　　李院士是物理学家，中国固体物理理论研究的开拓者之一。

历任中国科学院物理研究所研究员、副所长和学术委员会主任。
80 岁后，逐渐淡出科研。但他每天依然忙碌着，不是忙科研，
而是重拾少年旧梦，研读海内外当代新诗。他阅读了大量诗集，
从历年来发表的数千首当代诗中，筛选出一百多首重新编排，并
对每首诗进行诠释和评论。前几年，老人家自费编印了《当代
（1949—2001）新诗 130 首赏析》一千册，分赠亲朋好友。其后，
该书经过反复修订，增选佳作。

2005 年，李荫远编选的《当代新诗读本》由中国文联出版
社正式出版。读本力求反映 1949 年以后至今新诗的发展轨迹，
尽可能多地选入港、澳、台地区的好诗，共收新诗 152 首，诗作

厚积薄发
淡泊明志
李荫远 〇六年七月

者 78 人（不含散文诗和叙事长诗），涵盖了 20 世纪最优秀的诗人及其作品，编选工作几乎耗费了他足足 10 年的时间。

李荫远对新诗的爱好源自其青少年时代。1936 年他在成都石室中学读书时，受老师何其芳诗人的影响，高中阶段曾经长时间迷恋文学。入国立西南联大后虽然学的是物理学，也曾选修过闻一多先生的文学课，数十年来一直忘不了两位恩师的教诲。步入老年又萌发自青少年起的诗歌旧爱，李老自嘲"重温旧梦"。

我问李院士，为什么钟情于现代诗而不是传统的格律诗？老人回答："格律诗经历千年已被历代诗人穷尽其妙，很难再有突破。现代新诗从 1917 年兴起走过了仅一个世纪，应该认真加以梳理了。"李荫远以一个物理学家的眼光，挑剔当代诗作，广闻博收，精心审阅，挑选大陆作家 46 人，诗 87 首；台湾地区作家 28 人，诗 65 首，也恰当地反映了中国台湾诗坛的成就。入选诗人中既有 20 世纪九叶派诗人，也有崭露头角的新生代。他在书中撰写的评论文字比诗的文本还要多，认为新诗在 20 世纪后半叶总的成就超过前半叶。虽是一家之言，却引起诗界、学界的广泛重视。他奉劝年轻人，爱好传统诗词时不妨读一点当代新诗；同样，爱好新诗，但对旧体诗词毫无所知，亦必欠缺欣赏新诗的能力。

　　老人家平日里阅读的多是文学艺术类书籍，书架上最多的也是诗集。他自费订阅《万象》《书屋》杂志和《中国青年报》。勤读文史，厚积薄发，对新诗的研究几乎进入痴迷状态。应该说，读诗、写诗评，成为他晚年一大兴趣。台湾作家余光中致李荫远信中称"您比我年高几近一秩，且身为卓然有成的科学名家，对新诗竟然如此深究而且关切，实为仅见之有心人，令人佩服"。看来诗人和物理学家都在追寻宇宙存在之美。原来，科学和艺术可以殊途同归！

学术简历

　　李荫远　物理学家。1919 年 6 月 20 日生于四川成都，2016 年 8 月 22 日逝于北京。1943 年毕业于国立西南联合大学，即入清华大学工作。1951 年获美国伊利诺伊州立大学物理博士学位，学位论文为《贝特 - 维斯 (Bethe-Weiss) 方法在反铁磁性理论中的应用》，毕业后留校做博士后一年。回国后任中国科学院物理研究所研究员，1980 年至 1999 年任物理所学术委员会副主任、主任。兼任《物理学报》副主编、《中国物理快报 (英文版)》主编等职。中国固体物理理论研究的开拓者之一。20 世纪 50 年代对过渡族元素氧化物的磁结构超交换作用等作了一系列研究。1964 年首先预见到非线性光学中相角不匹配的倍频辐射喇曼效应。70 年代后对激光技术晶体作了比较研究，并对有关现象作出了理论解释。科研成果获中国科学院重大科技成果奖一等奖和国家自然科学奖等多项。培养了几代物理学研究人才，其中多人成为国内外知名学者。1980 年当选中国科学院学部委员 (院士)。

李幼平

远离书架 亲近电脑

　　李幼平院士书房的陈设古香古色，全套红木制作的书橱是儿子孝敬老子专门购买配置的，可惜院士很少使用。设计精美的书橱里，藏书逐日减少，书架越来越空，他每天在书房里待的时间并不多，因为他所有的书籍都已存储在电脑里了。

　　李院士对我说的第一句话是：我的读书同别人不一样，别人买书我卖书，别人书架满得堆不下，我的书架却日趋空旷。国外有人研究一个定律叫"无尺度定律"，一个人经常读的书是他拥有书的一小部分。美国有一个统计数据，1000个网站（每个网站相当一个图书馆），只有百分之一的内容被百分之九十以上的人读过。同理，个人藏书也是这样，许多人仅读过极少部分，书架成了一个装饰物，甚至是一个虚拟的东西。"我曾经是一个买书狂，20世纪50年代在清华读研究生，一个月领21元助学金，吃饭花去8元，其余全都买了书，去充实书架。当年买了大量书，花了我不少钱去充实书架。现在，我很少再买书，充分利用网络读书，所以书架越来越空，不但家里的书不多，就是办公室里的书架也很空，只留一点必备的工具书。"

　　李院士告诉我，没有藏书并不等于不读书，少数书必须读，而且要反复地读，深入地读，最好刻在脑子里。我读书还有个习惯爱在上面加批注，什么书都被划，被随便批注，随时拿起来读，随手写下感受，不同时间读有不同的体会，上面批得乱七八糟。书只有反复读才是真正的书，平时浏览的书都可以存在电脑里，从电脑里随调随看，常用的几本书放在桌子上，唾手可读。老年人

视力不好，又不能登高取书，想读书怎么办，计算机发展迅猛，有个软件叫听网，网上的书籍、文字可以用耳朵欣赏，听书是一个好方式，对老年人的学习有帮助。李幼平说："从随身的包里掏出一个USB，一本书仅占1MB容量，这个1000MB盘可以存1000本书吧，只要打开手提电脑，我随时随地想看就看……"

信息永远不会因更多人享用而有所减少。因此，在信息领域，有可能率先实现"各尽所能，各取所需"的伟大理想。

李幼平

2001. 6. 1.

学术简历

李幼平　　通信技术专家，核武器电子学专家。1935 年 5 月 1 日生于福建泉州。1957 年毕业于南京工学院无线电系，1957 年至 1959 年在清华大学无线电系研修。1959 年至 1964 年任教成都电讯工程学院，1964 年至 2011 年先后任中国工程物理研究院科技委副主任、主任，2011 年起任东南大学未来网络研究中心主任。现任中国工程物理研究院研究员、院专家委员会成员。主持制定双频编码遥控方案，获全国科学大会奖。主持设计微波脉位调制再入遥测系统，获 1985 年国家科学技术进步奖一等奖。提出将遥测与雷达共用发射机的建议，并研制成设备，获 1985 年国家发明奖二等奖。解决了飞行内爆中子的遥测问题，等离子体"黑障"引起的数据丢失问题，以及其他涉及弹上电子系统诸多问题，分别获国防重大科技成果奖一等奖、二等奖多项。1988 年被授予国家级有突出贡献专家。获 1999 年度何梁何利基金"科学与技术奖"。1999 年当选中国工程院院士。

梁栋材
身体是读书本钱

　　2006 年 11 月 18 日，中国科学院在国家科学图书馆举办《学子之路》留苏同学历史图片、实物展览。我面前坐着的梁栋材院士就是一位老留学生。他书桌上摆放着 20 世纪 50 年代与苏联导师、同学们的合影，书架里珍藏着导师送给他的俄罗斯学童瓷像。

　　上一辈人的留学之路都有一些曲折的故事。一提起当年留苏的经历，梁院士的话匣子打开了："我读大学时是校足球队队长，曾在广州市游泳运动会上拿过铜牌。1955 年从中山大学化学系毕业，经过层层选拔，被选入北京俄语预备班学习，一年后派往苏联留学。"他原本是高教部外派的留学生，后来中国科学院从高教部要走 40 多个名额，

预备留学归来后能到科学院工作。当组织上宣布梁栋材学习的专业是 X 射线晶体学结构分析时，他当场被怔住了。梁栋材说："我马上举起手说，请老师再念一遍，我学化学的，这个专业我从来没听说过，是不是念错了？老师重读一次，还是未听懂。会后，他挤到前台，把自己的专业名称抄了下来。第二天早上跑到王府井新华书店，翻了一天才找到两本这方面专业书，掏钱买了回来。出国前夕，俄语预备班放假一个月，学员们纷纷探亲回家。别人都走了，他身上只有组织每月发的 7 元零用钱，没路费回广东老家，就在北京朝外大街科学院宿舍里，静下心来死啃这两本书。一个月时间从头到尾念了两遍，一步也没跨出过院门。这个专业同他原来学的有机化学专业相差十万八千里，读完了才刚刚弄懂什么是晶体学、什么是 X 射线晶体学、什么是晶体学结构分析三个基本概念。

　　梁院士说，到苏联科学院元素有机化合物研究所学习一年后又被告知，凡是专业改变很大的允许调回原专业。"导师不希望

我离开，仍征求我的意见。是走还是留？我毫不犹豫地回答：'既然是国家需要的专业我就不改变了。'导师高兴地笑了。"别人四年或四年半才拿到学位，梁栋材仅用了三年半就获得副博士学位。留学期间，他没有看过一场电影和戏剧，除了莫斯科第一届世界青年联欢节休息三天外，几乎没有星期日，所有的时间都泡在实验室和宿舍。读书之余，唯一的爱好就是坚持运动。他说："我从小喜欢体育运动，尤其擅长足球和游泳，在莫斯科参加了二级游泳运动员训练，练就了一副强壮的体格，才能胜任如此繁重的学习压力。要想读好书，身体很重要，只有身体好，学习才会有保障。"

梁院士多次改行，原来学化学，留苏改学晶体学，后来又到英国学习生物大分子晶体结构，现在又在中国科学院生物物理所从事结构生物学的研究，转换这么多的专业，都是边工作边自学的。他对年轻人讲，改行没什么了不起，多学一门知识无非是多迎接一次挑战，读书得靠意志，靠毅力。要坚信别人行我也一定行，知识总会掌握在自己手里。当然别忘了锻炼身体、培养意志。

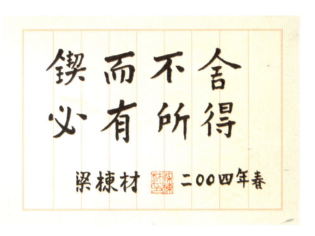

锲而不舍　必有所得

梁栋材　二〇〇四年春

学术简历

梁栋材　分子生物物理学家。1932 年 5 月 29 日生于广东广州。1955 年毕业于中山大学化学系。1960 年获苏联科学院元素有机化合物研究所副博士学位。1965 年起在英国皇家研究所及牛津大学作了两年访问学者。中国科学院生物物理所研究员。20 世纪 60 年代初测定了一批有机化合物晶体结构并与协作单位一起建立了中国第一个用于晶体结构分析的计算程序库。60 年代末作为负责人之一参加了猪胰岛素晶体结构的测定。80 年代初主持胰岛素三维结构与功能研究。90 年代从事生物酶分子以及藻类捕光系统的三维结构与功能研究。近年推动并参与中国结构基因组学研究。截至 2014 年 9 月已发表学术论文 140 余篇，出版《X 射线晶体学基础》等专著。1982 年和 1989 年获国家自然科学奖二等奖。1987 年获中国科学院自然科学奖一等奖。1995 年获何梁何利基金"科学与技术进步奖"。1980 年当选中国科学院学部委员（院士）。1985 年当选第三世界科学院院士。

梁晓天
抄书卖书以求学

梁晓天院士家在北京天坛西里，书房里的书不多，内容既博又杂，除了医学、化学专著外，书架上还有《资治通鉴》《词综》《文选》《鲁迅全集》《三希堂法帖》等。梁老坦言，做学问如同夯土，获取知识是为了构筑一个认识自然的平台，而不是仓库式的拥塞；与其让书占据空间，不如尽可能把知识储存在脑子里。

　　梁院士患有轻度帕金森病，说起话来很慢："人在一生求知过程中与课本打交道最多！"说着从书柜里小心翼翼地拿出六十多年前的手抄课本，上面密密麻麻抄满物理、化学公式。老人轻轻地翻阅着，历史仿佛被定格了。

　　梁晓天的求学生涯伴随着抗日烽火。考上河南商丘中学不久就随学校搬迁逃难，一路跋山涉水横穿豫西伏牛山脉，最后到达陕西固城，此时家乡舞阳早已沦陷。梁晓天家中有兄妹七人，他排行第五。父亲是清末秀才，在农村教书，家境并不富裕。父亲

矢志让孩子们都能接受高等教育，不惜卖粮借债。他的几位哥哥在大学读书时，轮流休学，打工攒钱，维持学业。

　　梁晓天在固城西北师范学院附中靠微薄助学金维持生活，有时连买课本的钱都挤不出来，只好从同学那里借来课本废寝忘食地抄写。那年头的作业本用农村自制的粗麻纸装订，写字笔必须轻起轻落，稍一用力纸就被戳破。几十年过去了，多次搬迁，许多值钱的衣物、书籍都弄丢了，唯独这几本薄薄的小册子珍藏至今，成为梁晓天的心爱之物。

化学工作者不要怕做重复前人的工作，真的用重复了，而且小有改进，才谈得到创新。庚信等过荡花与芝蕾同飞，揭柳共丰旗一色，左此兰陆上才产生了王勃的名句：落霞与孤鹜齐飞，秋水共长天一色。

梁晓天
1992.1月

高中毕业后，梁晓天同时被西南联大和中央大学录取，读大学不再抄书而改为买卖教科书维系。初入学时，他花钱买一年级课本，升二年级时把手上课本卖掉，再向高年级同学买二年级用的旧课本。这样循环反复直到大学毕业，最后所有课本都留给新生，知识却已装进脑袋，从此养成珍惜书本的好习惯。

"国家处于危难时期，贫穷不会被耻笑，不好好学习才是耻辱！"1948年，梁晓天有机遇赴大洋彼岸留学，1952年在美国西雅图华盛顿大学获博士学位。新中国成立后美国政府千方百计阻挠留学生回国，梁晓天参加留美中国科协，与张兴钤、师昌绪等人起草了《一封告美国总统公开信》，投给报馆广为散发。在争取回国的那段时间，他把许多书籍陆续寄回河南家乡，"足足邮来一架子车呢！"老伴插话。1954年9月终于回到了祖国。

回国后受到周总理亲切接见，总理勉励的话语记忆犹新。他被安排在中央卫生研究院药物系（现药物所），开始对药用天然产物进行系统研究，为祖国医学药学的现代化作出了贡献。

梁院士家客厅不大，有一个小柜子，上边放着首届医学科学奖与何梁何利基金"科学与技术奖"的奖牌。奖金一到手，马上找到领导，要把这 10 万元奖金全部捐出来以奖励年轻人。可领导不同意，争来争去，最后单位同意他捐出 5 万元，成立"梁晓天优秀青年科技奖"。

梁院士喜欢书法，客厅里悬挂着几幅他的书法作品，但谁也无法想到这一手好书法竟是在"文化大革命"中因抄语录、抄标语练就的。指着一幅隶书，梁院士幽默地说："隶书易遮丑，字写不好，人家看不出来。"

学术简历

梁晓天　有机化学家、药物化学家。1923 年 7 月 28 日生于河南舞阳，2009 年 9 月 29 日逝于北京。1946 年毕业于中央大学化工系，1952 年获美国华盛顿大学博士学位。1954 年回国，被分配到中央卫生研究院药物系任研究员、药物研究室主任。作为中国医学科学院药物研究所研究员，从 20 世纪 50 年代起对药用天然产物进行系统研究，是最早在中国利用核磁共振、质谱等物理手段研究有机物结构，并开展天然产物的化学修饰、药物人工合成以及反应机理的研究人员，是中国应用现代方法测定天然有机化合物分子结构的先驱者。出版了《核磁共振高分辨氢谱的解释和应用》等专著，兼任《中国化学快报》《药学学报》主编、《中国科学》《科学通报》《有机化学》和《化学学报》编委，还兼任《四面体》《四面体通讯》《四面体计算机技术》《药用植物》等杂志的顾问或编委。1980 年当选为中国科学院学部委员（院士），1993 年当选为美国纽约科学院院士。

梁应辰
温馨个性的书房

一直在寻找一个设计新颖、装修到位的书房，终于在梁应辰院士家找到了。

迈进梁院士书房，眼前顿觉一亮，虽只有 10 平方米的书房，规置得整整齐齐，南北两堵墙各打造两排上下直通的书柜，一面有玻璃门封闭，另一面是敞开式书架，统一之中有变化。书桌设计成 L 形，坐在带轮子的转椅上，身体不用挪动就可以左右伸手取书。客人来访从书桌下抽出一只方凳权充茶几，搬把椅子便可面对面聊天。除了书柜、书桌、椅子和一幅油画外，再无多余的装饰，确实既简约又紧凑。

"我只是提个思路，交给儿子去设计，装修后觉得很满意，比原来想象的还好。老年人应该有一处独处以读书和静思的空间。"

梁院士在交通部搞过港口设计、航运规划，现在是长江三峡水利工程专家组成员。同航运打交道，要跑全国各地，人随工程走，书须跟着人而转。他说："以前居住条件差，到处都堆着书，找资料实在有点困难。乔迁新居之前，我对孩子讲，书架不要一通到底，打成方格格。书架安上玻璃门可以分门别类地放书、取书。"现在他能够按不同时期的读书重点，把需要读的书放在相应的书格子。一套三峡工程泥沙和航运问题研究成果的汇编就放在最醒目的位置，可随时取用。

三峡有世界上最大的双线五级船闸，全长 6.4 千米。作为船闸技术设计审查专家组副组长，梁应辰与专家组和设计单位竭尽全力共同解决了特大规模船闸总体设计、超高水头船闸输水、与高陡边坡岩体共同作用的大型衬砌式船闸结构，以及五级船闸监控系统等重大难题。三峡工程建设工地上，经常看到梁院士忙碌的身影。

梁院士颇为得意地指着书桌上方的墙壁说，我搞工程设计常常需要看图纸，于是选了一块长 2.5 米、宽 80 厘米的软木板贴

在墙面上钉个图钉就可以挂图。细微之处的设计更体现出书房主人的独具匠心。站在书柜前，任意浏览里面的《中国大百科全书》《唐宋八大家全集》《杜少陵集》《白香山集》，还有《红楼梦》《聊斋志异》等书。梁院士认为，读优秀文学作品能陶冶情操，文理互补。

　　我的目光最后落在一幅描写战争的油画上，这幅画看上去有些年头了，画的是"二战"时期著名的敖德萨保卫战，场面十分壮观。梁院士解释道："这是我在苏联敖德萨海运工程学院留学时的纪念品，是同寝室的一位苏联同学送的。虽然不是原作，但我很珍惜，一直带在身边。"这幅油画是整个书房唯一的装饰，增添了一种怀旧气氛，简约中蕴含深刻。

在梁院士整洁的书房中，眼见挺拔身板的梁院士，聆听着他铿锵有力的语调和思维敏捷的话语，竟让我忘记了时间的存在。

学术简历

梁应辰　水道与港口工程专家。1928年8月30日生于河北保定，2016年12月18日逝于北京。1952年毕业于清华大学。1958年毕业于苏联敖德萨海运工程学院。回国后历任交通部水运规划设计院业务室主任、院长。1991年起历任交通部三峡工程航运领导小组副组长兼办公室主任、顾问，交通部技术顾问、专家委员会成员。也是国务院三峡工程质量检查专家组和国家科学技术奖励委员会的成员。兼任武汉大学、清华大学水利水电工程系教授、博士生导师。作为航运专家，在葛洲坝工程通航建筑物设计和三峡工程各个阶段有关航道工作中的技术攻关、科学论证、重大关键技术问题的解决方面都作出重大贡献。曾主持或参加过近20个大中型海港、河港的设计与审查工作。1994年当选首批中国工程院院士。

林兰英

从小说中读"历史"

　　林兰英院士家中没有专设书房，客厅也不见书架。她的书全部放在中国科学院半导体研究所的办公室。见面寒暄后，我直奔主题，老太太似有准备地说："除了专业书外，我平时不喜欢读文学作品，但是有两个阶段不得不找小说读。"

第一阶段是 20 世纪 50 年代，她在美留学，那时非常渴望了解新中国。当时，美国报纸常常诋毁共产党，在宾夕法尼亚大学的图书馆却藏有不少中文书籍。于是她借了《吕梁英雄传》《太阳照在桑干河上》两部小说，从中了解什么是革命战争和农村土地改革。在图书馆还能借到新中国出版的《人民画报》。老人回忆道："我还记得画报上介绍山东青岛的图片拍得十分美丽，心想回国后一定要去青岛看看。"阅读小说和画报加深了她对新中国的了解。1955 年夏天，林兰英成为宾夕法尼亚州立大学建校 115 年来的第一位中国博士，也是该校有史以来的第一位女博士。

第二阶段是 1957 年，那时林兰英返回祖国不久，得了急性腹膜炎住进医院，医生不让她看业务书，但可以看小说，在医院里她第一次读完了巴金的《激流三部曲》。老太太告诉我，她自己就出生在一个封建大家庭里，书中描写的许多情景与她童年相似。因为是"长女"，意味着她必须做家务，并有看护弟弟的责任，她 6 岁就能做好供全家人吃的两大锅饭。封建大家庭歧视女娃，不想让她读书，她以绝食相逼才有机会上了小学，成绩一直名列前茅。在争得读书权利的同时也塑造了她坚强不屈的性格。1936 年，林兰英以优异的成绩考入福建协和大学，当时整个莆田县，女大学生屈指可数。这次，林宅大院充满了喜庆气氛，当年"没用的东西"倒成了林家的宠儿，母亲格外高兴，为出了个女大学生而感到自豪。

回国后，林兰英和同事们拉制成功中国第一根锗单晶；1958 年国庆前夕，又研制成功中国第一根硅单晶；1962 年拉制成功砷化镓单晶；1964 年砷化镓二极管激光器问世；1987 年与同事

科学，从来就是后人对前人结论的不断修正才得以发展起来。

校蔺英

一九九二·四昌

们又异想天开，利用卫星拉制成功了两块太空砷化镓单晶，这一"国际领先"的科研成果，受到全世界科学家的关注，林兰英被戴上"太空材料之母"的桂冠。因为工作劳累，1996年夏天，林兰英又一次住院。医生交代不能考虑工作，可以看小说调节神经。她笑着补充："我总是住院才能读书！"

也就从那时起，林兰英喜欢上历史小说的阅读，尤其是二月河的作品。出院以后，从黄昆院士那里借来《雍正皇帝》，接着又读了《康熙大帝》《乾隆皇帝》。看完后两人还一起交流"康熙治乱，雍正治腐，给康乾盛世打下政治、经济基础"

的读后感。不久，林兰英孙女也买了一套二月河的著作，她又抽空仔细看了一遍。老太太幽默地说："我不是学历史的，但二月河如果在北京，我要跟他讲，雍正皇帝的结局写得不好，不如电视剧拍得精彩。"

　　谈话越来越轻松，不知不觉一个小时到了，临别时老太太说："我这一辈子没有什么后悔的地方。唯一后悔是没有练好毛笔字，现在最怕题词或签名。"她风趣地说："告诉年轻人既要读好书也要写好字啊！"

学术简历

　　林兰英　半导体材料科学家。1918 年 2 月 7 日生于福建莆田，2003 年 3 月 4 日逝于北京。1940 年从福建协和大学毕业后留校任教。1955 年获宾夕法尼亚大学博士学位，后入纽约长岛的索菲尼亚公司任高级工程师，专事半导体研究。1957 年回国后进入中国科学院物理研究所。1960 年任中国科学院半导体研究所研究员、副所长。主要从事半导体材料制备及物理性能研究。率先组织和领导了中国生长硅单晶、锑化铟、砷化镓和磷化镓单晶的研究，并首先获得了上述半导体单晶，其中砷化镓气相和液相外延单晶的纯度及电子迁移率，均达到国际先进水平。先后四次获中国科学院科技进步奖一等奖，两次获国家科学技术进步奖二、三等奖。1996 年获何梁何利基金"科学与技术进步奖"，1998 年获霍英东成就奖。先后兼任中国电子材料行业协会主任委员、第二至四届中国科学技术协会副主席、国家自然科学基金委员会委员等。1980 年当选中国科学院学部委员（院士）。

刘东生

驰骋千万里，
俯仰地天新

　　和许多院士一样，刘东生家的卧室、书房、客厅，甚至餐桌上，凡目力所及处都堆满了书籍。有的摞成高高的一堆，有的摊开散放在各处，看似毫无头绪，实际有条不紊。老伴戏称："家中书乱，说明老头子脑子清楚，不糊涂！"房里的两张书桌像两件古董，颇有来历。大桌是他父亲用过的遗物，有80多个年头，小桌是20世纪40年代南京地质调查所配置的樟木书桌，这两件"宝贝"千里辗转，几十年一直陪伴着他，在书堆中格外扎眼。

　　春天和煦的阳光射进窗内，刘院士背靠沙发，宛若一位邻居家的大爷在侃侃而谈，我坐在老人家对面聆听他讲述着陈年往事。

　　刘老今年88岁，是我国唯一去过"三极"的院士。20世纪60年代几上青藏高原，编写了《珠穆朗玛峰地区科学考察报告》，以后在74岁、80岁高龄登上南极、北极。独特的经历，造就刘院士的见多识广与博学健谈。与刘老多年交往，有机会幸运地翻阅

这部传奇的鸿篇巨制，其中的故事不时引起笔者惊叹。

聊及藏书，刘老历数一生四次扔书丢篓的经历，成了 20 世纪读书人的写照。1937 年，刘东生从南开中学毕业，回家那天恰逢卢沟桥"七七事变"，国难家仇铭刻于心。因日军占领北平不得不把家中藏书遗弃。1942 年，他从西南联大毕业，到重庆的中央地质调查所工作，离开昆明时又只能忍痛卖书。解放初期，应新中国建设需要从南京调往北京，由原来从事的古脊椎动物研究，改行搞矿产勘探及坝基工程地质，又割舍了不少珍贵的典籍。"文化大革命"期间，举家迁往贵阳，往返一折腾，又扔了许多书……历经这四次弃书之痛，现今家里的几千册藏书都是 1979 年后陆续购得的。"书丢了可以再买，不在乎有多少书，而在乎为我所用。"老人家明智地说道，"1950 年侯德封先生到东北普查矿藏，随身带了本《矿藏学》教科书，时常翻阅，给我留下了深刻的印象。看来，吃透一本书，熟悉运用其基本概念与精髓，任何时候都有益处。"

刘东生院士最重要的贡献是透彻研究了中国黄土高原，提出关于黄土 250 万年来古气候多旋回学说，开辟了地球上大陆与海洋沉积环境的对比，为全球变化提供了依据，被誉为"黄土之父"。

老人说话朴实、直率："我们对黄土区的老百姓无愧。我们吃了他们的馒头，我们给他们做了工作。有人问我，你几十年来坚持黄土研究的动力是什么？我说，国家的需求是支持我们研究的最大的动力，我不需要外国人来承认，只要我们能对祖国的建设作出贡献就好。"

刘院士的读书座右铭是："无一事而不学，无一时而不学，无一处而不学。"

除了博览群书，更是主动向大自然学习，用脚去丈量地球。刘院士每次外出考察总会带上摄像机，走一路摄一路。由此，书架上又多出《长江三峡截流》《雅鲁藏布大峡谷》《阿拉斯加冰川》等一排排丰厚的录像资料，也丰富了藏书品种。

刘老知识面相当广，难怪他的 97 岁高龄的中学老师会评价刘东生："华年趋八十，粟粟话平生。囊囊何丰原，非关玉帛金。宝山未空入，穷极问暖冷。驰骋千万里，俯仰地天新。"

学术简历

刘东生　第四纪地质学、古脊椎动物学、环境地质学家。1917 年 11 月 22 日生于辽宁沈阳，籍贯天津。2008 年 3 月 6 日逝于北京。1942 年毕业于国立西南联合大学。1987 年获澳大利亚国立大学名誉科学博士学位。作为中国科学院地质研究所研究员，毕生从事地球科学研究，平息 170 多年来的黄土成因之争，建立了 250 万年来最完整的陆相古气候记录。近 60 年地学研究中，在中国古脊椎动物学、第四纪地质学、环境科学和环境地质学、青藏高原与极地考察等科研领域中，特别是黄土研究方面取得丰硕成果，创立了黄土学，带领中国第四纪研究和古全球变化研究跻身于世界领先行列。被誉为"黄土之父"。1980 年当选中国科学院学部委员（院士）。1991 年当选第三世界科学院院士。1996 年当选欧亚科学院院士。荣获 2003 年度国家最高科学技术奖。

刘光鼎

文理兼通，视野乃大

案头摆着两本书，一本武术专著《太极拳术》，另一本诗词选集《渔樵之歌》，文武行当，图文并茂，便是刘光鼎院士专业之外的著作。作为地球物理与海洋地质学家，刘光鼎已经出版专著、译著15部，兼任两本学术杂志的主编，他主编的《中国海

区及邻域地质地球物理系列图》在世界地质大会上展出，好评如潮。

在千头万绪的科研工作之余，科学家又是怎样"兼学别样"的？我饶有兴趣地采访了这位77岁的老人。

"我的武术是跟习武的大哥学的，后又拜堂兄刘晚苍习太极推手，深感太极拳术博大精深，于击技、健康、情志均有裨益，因而才有《太极拳术》的问世。我在中学时是铅球纪录的保持者，校垒球队的家垒、篮球队的前锋，而我们那所中学的垒球、篮球也是在全市拿冠、亚军的。体育可以强健体魄，为后来从事海洋地质工作打下基础。如今，我的学生有些都已老态龙钟了，我还能到野外考察。至于诗词、书法，那是从母亲那儿得到的启蒙，母亲在油灯下背诵诗词、讲解典籍给我们听，并从小规定练习书法，诗词歌赋是一种心灵的熏陶。"

其实，对国学的偏爱，是老一辈科学家的共性，许多院士都是文理兼备、集才情于一身的。刘光鼎1948年考入北京大学物理系，开始学物理，毕业后分配到北京地质学院参加建院工作，改行从事地质研究，讲授地震勘探和物探。有关大地的构造、地

史演化、油气资源等知识都是靠自己学习钻研。刘光鼎说："学生在学校期间，要学会自己学，自己看，不要全靠老师'填鸭'。即使看武侠小说，也不是光学点侠义之气，还有很多对人性的描写和深刻的见解。我在北大上学的时候，老师都不会把课填满，留给学生不少自学的时间。而学生读书则有三种读法，一种是读真正有用的精品，要反复地读上一遍、两遍、十遍，甚至倒背如流；第二种是浏览，对自己专业以外的要看懂，知道就行；第三种就是在实际生活中、在与人打交道中学知识，也学做人。我们都有这样的经验，有些课上特别费解的东西，到实践中一体验马上恍然大悟。比如，地质学常用的'背斜构造'，在课堂上怎么翻来覆去讲，不如到实地去看一眼。联系实际学，会事半功倍、一通百通。"

我与老人相识多年，他旧屋新居的书房都曾探访过，眼前的新书房更加宽敞、亮堂。无论在家里还是办公室，他宽大的书桌上都摆放着文房四宝，供闲时尽情泼墨挥毫。刘光鼎书法、诗词常用"石樵"笔名，取意研究地球科学之樵夫也。20世纪80年代，他在同济大学带的研究生完成答辩之后，学生们把几年来精心保存的老师写的60首诗词作为礼物回赠给老师，在此基础上有了"诗词百首"遂成诗集《渔樵之歌》。老人戏称，这是我在荒野、大海中从事渔樵生活的足迹。

学术简历

刘光鼎　海洋地质地球物理学家。1929年12月29日生于北京，籍贯山东蓬莱。2018年8月7日逝于北京。1952年北京大学物理系毕业后在北京地质学院任教12年，1958年组建中国第一支海洋物探队，任队长。中国科学院地球物理研究所研究员。领导完成"中国海地质构造及含油气性研究"，主持编制《中国海地质地球物理系列图》(1:200万)及说明书《中国海地质地球物理特征》，运用岩石圈板块大地构造理论，分析中国海的地球物理场、地质构造及其演化历史。作为第一位讲授地震勘探和海洋地球物理勘探的学者，倡导综合地质地球物理研究，推动油储地球物理与浅层地球物理工程。1992年获竺可桢野外科学工作奖，1993年获地质矿产科技奖一等奖及李四光地质科学荣誉奖，1997年获何梁何利基金"科学技术进步奖"。还曾获得多项国家自然科学奖和科学技术进步奖。截至2017年已发表论文68篇、译著14部及讲义、报告、科普10册。1980年当选中国科学院学部委员(院士)。

刘广志

小书斋里做大文章

刘广志院士拄着拐杖在他的书房门口迎接来访者，较两年前采访时略显苍老。进门右侧一个老式屉桌，旁边立了两个书架，迎面一对小沙发把小屋挤得满满的。唯一醒目的是墙上镶在镜框里的一方拓片，上书"小书斋"三个字。刘老介绍，这是郑板桥手迹，特意从曲阜孔庙市场觅来挂在墙上，老人觉得挺恰当。书斋虽小，功能俱全，在这方小天地里构思文章、策划工程，一样能大展身手。

刘院士从事地质钻探、石油钻探已有五十多个春秋，长年累月野外奔波，从白云鄂博到长江三峡，许许多多重要矿藏的开采工地都留下他的足迹。最近不慎腰扭伤，在家养护却也闲不住。老人家除了读书，还喜欢剪报，并把各种剪报分门别类编上序号，上面写明纳米材料、粉煤灰技术、西气东输……可谓一目了然。刘院士说，科学技术发展到今天，各种新技术新材料层出不穷，要及时捕捉信息。剪下的报刊资料都是活资料，尤其是报纸信息比杂志、书籍来得快，充分利用这些活资料，对科研大有益处。"我

现在一直考虑钻探行业未来的发展如何推广定向钻探技术，避免开膛破肚式的铺设管道给城市交通、环境带来的影响。"

"您身在小书斋心想天下大事呀！"我叹道。刘老笑着回复："小书斋还可以做大文章嘛。"

刘院士参与编撰《中国钻探科学技术史》，曾查阅了 300 卷古代典籍，从史料中证实：我们老祖宗在两千年前就发明了钻井工艺。说着刘老抽出一册赠我，我连声道谢，他却幽默地说："您千万别叫我刘老，我怕叫老，还想多工作几年呢！我的老师潘承孝教授，今年 104 岁，他才能称老。抗战时期，我在西北工学院读书，他是我们工学院院长兼教授，培养的学生许多都成了院士。与老师相比，我还年轻呢！"

我问刘院士业余时间爱读什么书，他脱口说道："我挺喜欢看描写抗日战争的书籍，像邓贤的《大国之魂》、方军的《我认识的鬼子兵》，还有《陈纳德回忆录》，凡这类书我都买，读完后再送人。我们这代人有国破家亡的经历，我生在北京，家在东皇城根附近。卢沟桥事变后，日本鬼子耀武扬威地开进北大操场，我爬在墙头看，心里恨极了。"1942 年，他离开北京，踏上流亡求学之路。在河南洛阳参加了"全国大学联考"，考取了国立西南联合大学机械系，入学后不久即因参加反对孔祥熙的学潮而被捕。1943年被营救后，为躲避国民党特务的迫害，转学到陕西汉中的国立西北工学院航空系就读，后又转学矿冶工程系采矿专业。1947年从天津北洋大学毕业，获采矿工程学学士学位。

1949年7月，刘广志受华北人民政府企业部指派，在北京门头沟区耿王坟工地竖起了地质部门解放后的第一座钻塔，完成了钻孔500米的计划工作目标，并以此向中华人民共和国开国大典献礼。

刘院士是新中国地质部门探矿工程的奠基人，是涉足石油、地质、水文地质、工程地质等钻探、掘进工程的专家，被誉为中国探矿工程界的一面旗帜。

"现在日本还有人不承认当年侵略的罪行，要教育青年人读史明志，爱国主义精神不能丢啊！"刘老最后叮嘱。

学术简历

刘广志　探矿工程专家。1923年3月11日生于北京，籍贯广东番禺（今广州市）。2014年11月19日逝于北京。1947年从国立西北工学院采矿系毕业后到玉门油田当工程师。1949年负责筹建新中国地质钻探部门，在白云鄂博、白银厂、攀枝花、铜官山等大型矿区组织多工种综合勘探工作，推广快速钻进规范。1953年至1969年任地质部探矿工程司主任工程师，组织制定中国第一部《岩心钻探规程》。1972年起任探矿工程装备工业公司总工程师，领导研究推广受控定向钻探高新技术，加速了中条山、铜官山等一大批重要矿区急需的深部后备资源勘探，并将全方位受控定向钻探高新技术用于水溶对接井采卤等工程。1985年受聘中国地质大学兼职教授。1986年任地质矿产部、国土资源部高资中心与咨询研究中心顾问。作为我国石油地质、水文地质、工程地质等钻探、掘进工程的专家，曾出版了《科学钻探文集》（共8集3卷），以及《刘广志论科学钻探》等著作。1995年当选中国工程院院士。

刘济舟
"瘦身"的书架

　　闻迅刘济舟院士乔迁新居，打去电话，话筒那边传出的声音洪亮震耳。"我刚刚才安顿好，拍摄书房啊？唉！搬家时我处理掉五分之四的书，现在可没有你想象的那么多书了。咱们好几年没有见了，欢迎你来！"

　　在北京和平里交通部住宅新区，我摁下门铃，老人亲自开门迎我进去。几年未见，80岁的老院士明显地瘦了一圈，但依然嗓门洪亮，中气十足。老人指着书房书架，说："我过去的书比现在多几倍，每搬一次家就处理掉一批书，现在剩下不到五分之一了，书架越来越'瘦身'了，哈哈！"说罢，老人把我引入书房，亲手拉开新书橱上的一扇扇玻璃门，逐一介绍里面的藏书。"这些都是我反复筛选后剩下来的'精华'。"

　　最上一层是港口航道工程资料。刘济舟院士是交通部航道码头设计专家，几乎参与了共和国海岸线所有大型港口、航道的建

在我心中深深铭记的马克思的一段话：

"如果我们选择了最能为人类服务的职业，我们就不会为任何沉重担负所压倒……我们的事业虽然并不显赫一时，但将永远发挥作用，当我们离开人世后，高尚的人们将在我们的骨灰上洒下热泪。"

刘济舟
98.1.23

设，还援外工作 20 年，跑了十几个国家。他干了一辈子工程，经手的工程资金达 52 亿元，对每项工程建设的资料都下大功夫整理、保存，这些资料中有的已是"孤本"了！中间一层是《中国工程院年鉴》《工程科技前沿》《院士通讯》等系列丛书。下面一层是相册，刘院士喜欢用自己手中的照相机，记录下海港、码头、航道工程的建设过程，最宝贵的是他参加援助亚洲、非洲等十几个国家海港码头建设的工程设计资料和技术图纸，包括援建马耳他港口防波堤、毛里塔尼亚 10 万吨级码头的工程照片，都是自己动手洗印的，现今成了"珍贵史料"。仿佛是为了见证院士的足迹，书橱的最底层放着一部用了近四十年的老式德国照相机，旁边还有一套显影罐、洗印盘，让人感觉见到了"古董"。

老人接着打开第二个书柜门，里面盛满地图册，有中国历史地图集、世界历史地图集、中国分省地图册以及美国、俄罗斯等几十个国家地图。他托人捎回我国台湾旅游图册，在上面标明台湾东海岸沿线的城市、港口。"我对地图有特别的爱好，收集地图研究海岸线及港口城市，早就成了职业习惯。"书橱里还有他主编完成的《水运工程四十年》。这本书汇集了500多位工程技术人员的总结，是新中国成立以来水运工程技术集大成者。还有全国各个港口的港口建设史、各省的航运史；每五年出一本全国新建港口码头的画册。

最后一个书柜里，则摆放着《易经》《论语》《三国演义》等古典文学作品。"老来喜欢看看祖宗写的经典。该扔掉的都扔了，剩下的都是割舍不掉的，伴随我一辈子的技术资料，决不会扔掉的。"

我目睹了刘院士书籍由多到少的沉浮，大概也是当下阅读的另一种必然趋势！院士书房里有一架钢琴，书桌旁摆了一把小提琴。"老伴弹钢琴，我拉小提琴，自娱自乐呀！"

学术简历

刘济舟 土木和水运工程专家。1926年7月20日生于北京，原籍河北滦县。2011年8月25日逝于北京。1947年毕业于天津工商学院。交通部高级工程师、技术顾问。主持建设厦门海堤工程，领导援助越南海防造船厂滑道、造船台和修船码头水工工程。主持日照港一期工程（10万吨级煤码头）建设，采用了开敞式（无防波堤）方案和3300吨沉箱座底浮坞下水新工艺。组织协调秦皇岛港煤码头三期工程设备制造、安装与调试工作，均获国家优质工程银质奖。主持了连云港散粮码头7万吨筒仓设备的安装与调试。组织领导"六五""七五"技术攻关中的真空预压软基加固、预应力钢筋混凝土大管桩和爆炸法施工等，成果达到国内先进水平，并被广泛应用，取得了重大的经济效益和社会效益。主编《水运工程技术四十年》。参加了长江口深水舰道整治工程咨询与审查工作。1995年当选中国工程院院士。

刘源张
我的房间

　　刘源张院士的书房门上挂着一块做工精致的装饰木牌，上面刻着英文 my room（我的房间），这是他女儿从美国捎来的，在国外一般挂在儿童房间，示作"独立空间"。如今挂在 82 岁老人的书房门上，别有一番意味，也显得十分温馨。

　　刘院士的书房面积仅为 12 平方米，兼有读书、写作、办公、电脑屋等多种功能。里面的书架顶天立地，连暖气罩上也搭块木板，窗台、地上到处都堆着书籍，门后面则是一捆捆扎好的杂志。粗略估量，至少有上千册藏书。我仔细瞧了瞧书架上的书籍分类，除了中文、数理、经济、历史、文化类典籍外，还有相当数量的日文著述，成套的日本文库、日文武侠小说、日文经济、日文文化类著述，估计日文著述占到全部藏书的三分之一，按册数算几近一半，都是老人 20 世纪购买的或日本友人赠送的。书房南墙上挂着一小幅方字，上面写道"一生一回"，下面是几个日本友人签名。刘源张讲，这是佛家语录，人和书也同理，一生一回啊！

　　回顾自己的读书生涯，刘院士讲，不同年龄读书的重点不同，随着年龄增长读书的兴趣也在变化。上小学时，老师帮他把张姓改为刘姓（过继到外婆家），两个姓合在一起，意为"刘源张"，并告诉他历史上有一个大人物叫林则徐，也是两个姓。他记住了林则徐，从此对历史感兴趣。四大名

著最喜欢《三国演义》，不喜欢《红楼梦》。20岁以后读专业书，从数学到系统工程、从质量学到管理科学，最后当上国际质量科学院院士、中国工程院院士。在20世纪60年代的"文化大革命"期间，刘源张被关进秦城监狱八年零八个月。在狱中只能读马恩列斯毛的著作，囚室里没有桌子，他常年坐在床板上弯腰低头看书，致使腰脊椎骨质钙化，双手不能提重物。"读书也要有个正确姿势啊！"刘老深有感慨地说。70年代刚从监狱出来时，老伴给他买了本《七剑下天山》，一读上梁羽生著的武侠小说就爱不释手，80年代流行金庸和琼瑶的书，在家中老伴读琼

瑶，他读金庸，两人互不干扰，各得其乐。现在金庸全集和琼瑶小说还放在卧室的书柜里。70岁以后兴趣转向哲学，其他历史、文化书也无所不读。

刘院士的阅读面非常广，书也读得很杂。他从小嗜好围棋，当然少不了围棋书籍，早年他从日本带回一套十卷本线装的《吴清源全集》，当宝贝一样珍藏，没想到"文革"中抄家时被抄走，从此下落不明，如今提及还是一个劲地叹息！90年代他的书房里配了电脑，主要用来下围棋、发邮件，在网上阅读外国报纸，刘老笑着说，网上读报不花钱，除了围棋对游戏一窍不通。

听了刘源张院士不同时期的读书故事，让我感慨万分。刘老曾自嘲地说："我学孔子'述而不作'，说的比写的多。20世纪初，北京大学流传一个对子，'孙行者'对'胡适之'。写到此，我也出一个题目，读者不用猜就明白了，'刘源张'对'林则徐'。

学术简历

刘源张　管理科学和管理工程专家。1925年1月1日生于山东青岛，2014年4月3日逝于北京。1949年毕业于日本京都大学。1954年毕业于美国加利福尼亚大学，获博士学位。1956年回国工作，先后任中国科学院数学与系统科学研究院研究员、学术委员会委员，中国科学院大学管理学院教授，上海大学国际工商与管理学院名誉院长等职。长期致力于质量工程和管理的研究与应用，是中国全面质量管理领域的开创者和奠基人。将全面质量管理理论引入设计、施工、建材的协调处理，并从管理学上开创劳动生产率的新研究。先后获得国家科技进步奖二等奖，全国劳动模范，中国科学院重大科研成果一等奖，中国工程院光华工程科技奖，上海市政府白玉兰质量奖，全国总工会、中国质协授予的中国质量领域最高荣誉奖等30余个奖项。2001年当选中国工程院院士。

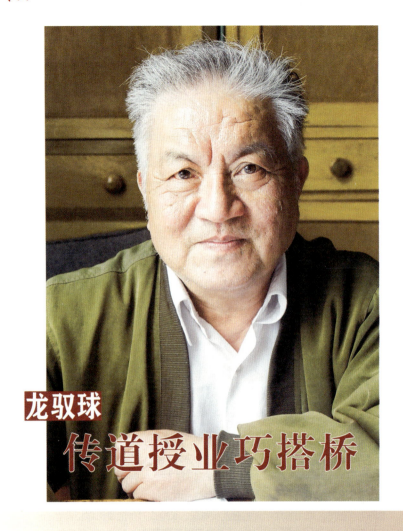

龙驭球
传道授业巧搭桥

推门而至，龙驭球院士正在翻阅清华大学土木系房零班毕业40周年纪念画册，上面有他写的一首诗："跨进清华正年轻，班号房零学造房。萌生奇梦数不清，四十大庆成老兵。为了房林忘年龄，谈起工程嘴不行。"这首诗刚好道出了他的专业和毕生的追求。

聊起读书，龙院士递给我写好的两页杂谈。寥寥数语，提炼得极富哲理："我最欣赏华罗庚院士的比喻，读书要由薄到厚，再由厚到薄。其实《老子》也表述过这种意思：'为学日益，为道日损。'就是讲辩证地读书。"他进一步把读书方法归结为"加、减、问、用、创"五字。"加"，广采厚积，织网生根；"减"，去粗取精，弃形取神；"问"，勤思善问，开启迷宫；"用"，实践检验，多用巧生；"创"，求实创新，乐在其中。觅真理立巨人肩上，出新意于法度之中。

除了学习方法，还要有一个好的"学习心态"，龙院士继续写道：读书要"敬"，潜心敬业，不浮不躁；"精"，精益求精，锲而不舍；"韵"，富有韵味，乐此不倦；"瘾"，百思解不开，

加—广采厚积　织网生根
减—去粗取精　弃形取神
问—勤思善问　开启迷宫
用—实践检验　多用巧生
创—求实创新　乐在其中

龙驭球　言年
青

吃饭也同味，担待不寻思，刚眠梦见之。

　　龙院士还说："这些年我一直在想，怎样把教材编活。专业书往往写得干巴巴，讲起来也枯燥。为什么诗歌小说可以讲得引人入胜，听起来津津有味呢？其实，这里除了语言表述外，还有哲学抽象与通俗的问题，讲科学术语能不能有形象思维，有比喻？教材能否提高到艺术角度来讲述？我试着在专业词汇中引进诗词意境，讲课不是就事论事，而是就事论理，把力学中的具体算法提高到方法论角度认识，用形象语言来讲抽象的理论，力求活泼而有韵味。"说着，他打开新版的《结构力学》，教材中用诗词的对偶来讲述对称概念："目无全牛善解剖，小姑先尝巧搭桥。"上联引用庄子庖丁解牛典故讲述在关节缝隙处下刀，学习才能"游刃有余"；下联则借唐诗《新嫁词》里"未谙姑食性，先遣小姑尝"的诗句。所以，龙驭球在《结构力学》中新添一章——《结构力学之道》，把"道"归结为三点——分、比、渡。"分"，由表及里；"比"，由此及彼；"渡"，由故及新。

从 20 岁求学来到清华大学，由助教、讲师、教授、博士生导师一路走来，龙院士心怀"科教兴国"之念，"手执教鞭迎岁月，笔摇灯影伴星辰"，已经度过了 70 多个春秋。他编撰各类教材专著二十多本，《结构力学》一书曾荣获国家科学技术进步奖。

龙院士在书房临时搭了一张床，部分书籍被挪到了凉台上，凉台上摆了一把破藤椅，平时他习惯坐在这把藤椅上读书，思考……

学术简历

龙驭球　土木工程和结构力学专家。1926 年 1 月 15 日生于湖南安化，2022 年 12 月 22 日逝于北京。1944 年考入交通大学贵州分校，1945 年转学至西南联合大学，1948 年从清华大学毕业后留校任教，先后任土木工程系讲师、教授。1990 年至 2000 年担任《工程力学报》主编。长期从事结构力学、有限元法、能量原理、壳体结构的教学科研工作。在有限元与变分原理方面，取得多项成果，包括：分区和分项能量原理，分区混合有限元，样条有限元，含可选参数变分原理，广义协调元，四边形面积坐标理论，厚板层合板无闭锁理性元和解析式函数有限元。在壳体计算理论方面，创立柱壳和折板的力法，薄壳应力集中的摄动法和新型薄壳有限元。1963 年研究潜艇薄壳发射孔应力集中问题，创立薄壳大孔口分析方法。1995 年当选中国工程院院士。1999 年任结构工程国际学术会议主席。

陆启铿

像保尔那样
奏响生命乐章

　　长长的一排书架前，靠着一副发亮的拐杖，陆启铿院士坐在书桌旁与我轻松地交谈着。谁也不会想到，他竟是一位靠双拐在陡峭的科学高峰上奋力攀登的大数学家。

　　我们的话题就从刚刚播放完的电视连续剧《钢铁是怎样炼成

的》聊起。陆院士告诉我，他最早读这本书是在 1950 年广州中山大学的图书馆阅览室中，几乎是一口气把它读完的。保尔·柯察金的精神深深打动了他。读后做的第一件事就是申请加入新民主主义青年团，并很快成为解放初期中山大学第一批团员。其实，陆启铿早年求学经历就是与命运顽强抗争的历程。幼年时一场骨髓灰质炎大病使他下肢瘫痪了。日寇占领广州后，他全家逃难到澳门。他 11 岁那年失学了，在澳门借堂姐的课本，自学了从小学到初中的所有课程。从此，走上艰苦的自学道路。1946 年夏，陆启铿考入中山大学数学天文学系。拖着病残之躯，每周他必须在佛山和广州之间奔波，当家教以维持生活、补贴家用。由于品学兼优，毕业后他留校当了助教。

1950 年，华罗庚到中山大学做学术报告，慧眼识珠发现了陆启铿。华罗庚亲自协调，把他调入中国科学院数学研究所，从而迈进数学王国并痴迷至今。陆启铿极具数学天赋，从不以身残而自卑。早在 20 世纪 50 年代他已做出了举世瞩目的成绩。此外，陈景润院士在数学所工作期间的很多工作也是在

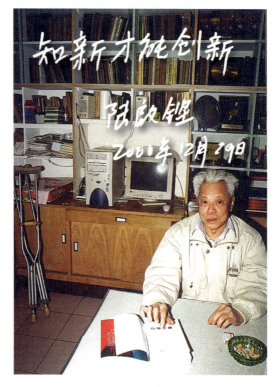

他指导下完成的。1966 年，陆启铿发表论文《关于常曲率的卡勒流形》，随即在国际上引起广泛关注，该成果后被称为"陆启铿定理"，其中提到的问题被称为"陆启铿猜想"。这一猜想也成了数学界的著名命题，代表了我国在多复变函数论领域研究的高水平。从 1969 年起，国外一直有人在研究它。

研究数学需要高度集中精力，对智力体力都是极大的考验。因为陆启铿行动不便，很多运动不能参加，但他克服困难学会了游泳，并长期坚持锻炼。他说："我不是天才，做出一些成绩完全是下苦功的结果。"平时在思考数学问题时，最好不要打扰他，那时他几乎不接受除数学问题以外的任何信息，就连家人喊他也

一概不回答。然而一旦课题完成，他会让自己放松一下，听一段音乐，或读一本喜欢的文学作品。

几十年的阅读积累，使他对各类作家均有独到的见解。陆启铿认为金庸的武侠小说受法国大仲马作品的影响很大，相比之下，他更欣赏大仲马笔下的人物情节。前不久中央电视台第一频道播出《钢铁是怎样炼成的》，他成了忠实的观众，每天按时坐在电视机前一集不落地看完全剧。从 50 年前读原著到今天看影视作品，我请教陆院士有何感想。"人生无论遭受多大的打击，不要灰心，不要丧失信心，即使断了根琴弦，也要用其他的弦把生命之曲奏完。"

陆院士一贯淡泊名利，以超乎常人的毅力和勤奋，一生献身于数学研究，为中国数学科研的发展作出卓越的贡献，真正奏出了生命的最强音。

学术简历

陆启铿　数学家。1927 年 5 月 17 日生于广东佛山，2015 年 8 月 31 日逝于北京。1950 年毕业于中山大学。中国科学院数学与系统科学研究院研究员。是华罗庚先生归国后的第一批亲传弟子，也是新中国培养的国际一流数学家，在多复变和数学物理领域中做出了大量奠基性和开创性工作，取得了国际瞩目的成就。主要从事多复变函数论、数学物理学等方面的研究并取得多项重要成果，先后获得"国家自然科学奖"、首届"华罗庚数学奖"、何梁何利基金"科学与技术进步奖"等多项奖项。培养起国内第一支多复变领域的研究队伍，多名学生当选为院士并获得国家自然科学奖。除发表论文，还出版了《十年来的中国科学——数学——多复变函数部分》并由美国数学会出版的 Notice 转载，以及《多复变函数引理》《典型流形与典型域》《微分几何学及其在物理学中的应用》等专著。1980 年当选中国科学院学部委员（院士）。

马大猷

书到用时方恨少

声学家马大猷院士今年已 88 岁，气色不错，花白的头发，微驼的背，缓缓的声调，透出一种智者的儒雅之气。马老住在中关村一栋老式建筑里，四室一厅，除了厨房其余每间必置书架，随便走到哪里，坐、卧都可以读书。家里的藏书少说也有几千册，中文书籍与外文书籍对半，仅一套《美国声学学会月刊》就塞满一个大书柜。马大猷自 1940 年加入美国声学学会后，自费订购了该学会自创刊号（1929 年学会成立时出的）到今天的月刊，一期不少。马院士告诉我，这还不是他的全部藏书。"文化大革命"期间，造反派抄家时一次就拉走上千本所谓"四旧"的书。最令他心疼的是早年购得的一套《三希堂法帖》，全套六大部，抄走后被当成"文革"战利品展览，从此无影无踪，再也找不回来了。

老人叹息罢，话题一转："我喜欢买书，但很多书不是从头到尾地看，也没那个必要。了解书的基本内容，碰到问题知道去哪本书找答案。书架上那么多书我能做到一找一个准。书为我用而存在，知识需要储备，不要被书本束缚了手脚。有的书不必看得那么细，否则会读进去出不来，变成书的奴隶。我的态度是把书中有用的知识变成自己的，能把知识应用在解决工程实际上才算真正读懂了。"

1959 年北京建设人民大会堂，碰到声学难

多读书
不断创新
马大猷
2000.12

题，体积为 9 万立方米的万人大礼堂，要让最后一排的人都能听
清楚主席台上嘉宾的每一个词的发音，这里面包含建筑学和电声
学一系列复杂课题。马大猷根据过去研究积累的经验，参考一些
书籍，提出分散声源的基本思路。不是靠几个大喇叭扩音，而是
在每两个听众座位前安置一个小型扬声器，讲台上讲话就像对面
传来一样。当时还考虑大礼堂经常要举办音乐会，演出声音要有
一定的保真度，又搞了一个半分散式声源，在左右两个声道传播
中间再加一个扬声器，使一个声音叠加另一个声音，并逐渐递增，
听起来是连续的，使坐在最后一排的听众既听得清楚也没有回声
干扰。当年他率领的团队从提出概念到设计模型，最后完成音响
设备安装调试，仅用了九个月的时间。如果没有以往知识的储备

和集思广益，几个月的时间恐怕连方案都设计不出来。

除了声学研究工作外，马院士还十分关注环保问题。在许多城市的交通要道上，人们常常会看到一些矗立的表牌，上面显示着交通噪声的强度，这也与马院士研究范畴有着很大的关系。早在 20 世纪 50 年代，他就提出了环境噪声管理的概念，认为环境噪声与人类生活品质息息相关。在 1973 年召开第一次全国环境保护会议上，马院士就提出了噪声应与废水、废气、废渣并列，列为环境污染的"四害"之一，并在 1982 年组织制订了《城市区域环境噪声标准》。

后来陆续颁发的《中华人民共和国环境噪声污染防治条例》《中华人民共和国环境保护法》，以及我国首部《环境噪声污染防治法》，这一系列法规、条例都饱含着马院士的心血。

学术简历

马大猷　声学家、物理学家和教育家。1915 年 3 月 1 日生于北京，籍贯广东潮阳。2012 年 7 月 17 日逝于北京。1936 年获北京大学理学士学位，同年考上了清华大学招考的留美公费生。1937 年赴美国洛杉矶加州大学物理系学习，1939 年获哈佛大学硕士学位、1940 年获哲学博士学位。同年回国，在昆明国立西南联合大学电机系任教。曾兼任全国声学标准化技术委员会主任、国际声与振动学会荣誉会士、中国声学学会名誉理事长等。作为中国科学院声学研究所研究员，毕生致力于声学应用基础研究，作出了两项开创性贡献：创立了声学中的简正波理论，并将其发展到实用阶段，在建筑声学和电磁理论方面取得重要成果；提出微穿孔板理论并应用于建筑声学和噪声控制领域，在气流噪声研究中取得独创性成果。发表研究性论文 160 多篇，出版了《马大猷科学论文选》《现代声学理论基础》《声学手册》《语言声学和语言信息》等专著 10 余部，撰写科普文章百余篇。1955 年被选聘为中国科学院学部委员（院士）。

裴荣富

捧读两种书

从野外勘查回来，裴荣富院士喜欢把时间消磨在书籍里。他拥有明窗一扇、图书三壁的书房。每当走进书房，浑身劳累和旅途疲倦一扫而光，顿感充实和富有。

"其实，人的一生都在捧读两种书：一种是铅字印出来的书；

另一种是脚步蹬出来的书，又叫人生之书。读前者易，读后者难!"

从这种角度论读书，我觉得裴院士是真正把这两种书都读好了。他致力于矿藏勘查和成矿学研究已逾 50 年，先后主持 5 项国内外重大矿产勘探工程，30 多个矿床地质勘探与矿山开采工程验证对比。还曾援外担任过苏丹国家矿产部顾问，足迹遍及 25 个国家。他已带出 15 名硕士、7 名博士、3 名博士后，迄今整个地质科学院数他带出的学生最多。这位 1948 届清华大学毕业生现在仍然担任国际矿床成因协会主席、世界地质图类委员会大型矿床成矿图首席科学家。

裴院士对读书确有独到见解。他反复强调，读书重要，实践更重要。想要有学问，就要学会问。向上、向下、向专家、向群众广泛地问，于广大处、细微处、关键处都很详尽地问。问而又思，必长学问。

中华人民共和国建立之初，百废待兴，年轻的裴荣富跟着老专家踏遍青山寻矿藏。一到野外，书本知识就不够用了，每当遇到困难时，有丰富实战经验的专家总能指点迷津找到矿脉。他从程浴淇、王曰伦等地质学前辈身上

学到许多书本上根本没有的知识，其中包括治学方法，而老前辈们实事求是的品格更是只能感悟而无法言传的。

前不久，我随裴院士到河北遵化金矿井采访。一到矿山，他就很兴奋，在采矿点攀上爬下，年近八旬的他，脚力比我们年轻人还强。老人边走边说："只有当脚踏踏实实地踩在地上的时候，才能有种归属感。"裴院士也要求身边的学生踏踏实实跑野外，认认真真做学问，宁可少做"曲线文章"，也要做好"野外素描"，坚决不能"放羊"！

我们在书桌兼办公桌前面对面坐着，聊着，他随手从一叠地质地层剖面图中抽出一张自绘漫画，乍看像瞎子摸象。裴荣富解释："地质勘探工作就是一个认识地球的过程，有太多的未知。找矿就像瞎子摸象，从头到脚逐渐摸索，由地表到地层不断深入。在野外调查又要靠团体通力合作，有的摸到象鼻，有的摸到象尾，有的摸到象腿，靠集体智慧，集思广益，顺藤摸瓜，才能找到矿藏所在。"

1972 年，裴荣富担任地质部援苏丹地质队总工程师，带队在苏丹地区考察铬铁矿，他们用 3 年时间，为苏丹找到了储量百万吨的铬铁矿。援助结束后，苏丹再一次聘请裴荣富担任苏丹能源矿业部地质科学技术顾问。这次，裴荣富带领当地工作人员在红海山区发现了富铁矿。经勘测储存量达到了两千万吨，经济效益巨大。为此，苏丹共和国授予裴荣富一面锦旗，以表彰他在援助苏丹期间所做的工作。

在清华大学 90 华诞时，作为一名老清华人，裴荣富清楚地记着母校大礼堂前的碑刻——行胜于言。

读书是一种经历，实践是更丰富的经历，这段人生之语早已镌刻在一代代清华学子的心中。

学术简历

裴荣富　矿床地质与矿产勘查学家。1924 年 8 月 24 日生于河北秦皇岛，籍贯山东聊城。1943 年在北京师范大学地学系学习，1945 年肄业即入清华大学地学系，1952 年毕业后入北京地质调查所工作。先后在地质部中南地质局 429 队、地质部地矿司黑色金属处、中国地质科学院矿物原料研究所工作。1973 年至 1977 年任地质部援苏丹地质队总工程师。1978 年起任中国地质科学院矿产资源研究所研究员、副所长、所长。已出版专著和矿产勘查报告 15 部，发表科技论文 130 余篇，在生产第一线主持"大 - 超大型矿床全球成矿""中生代大规模成矿"和"大型矿集区深部精细结构与含矿信息"等研究项目。培养了大批优秀地矿杰才，曾获国家级和部级科学技术进步奖和"李四光地质科学研究最高奖"等多项。被意大利国际矿床成因协会授予协会终身荣誉称号。1999 年当选中国工程院院士。2020 年设立"李四光地质科学奖裴荣富勘探奖"专项基金。

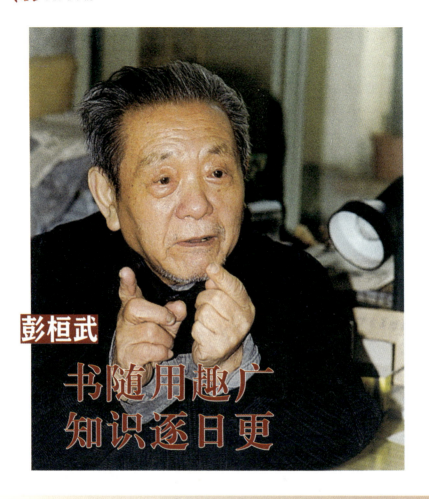

彭桓武

书随用趣广
知识逐日更

　　年逾八旬的彭桓武院士，家中的藏书并不多。照片上那一排排书架是 50 年前定做的，因为急于装书，还没油漆就拉回来，干脆自己当了一回"漆工"。书架上摆放的均是原版外文著作和物理专业书，老人直率地说："我现在不买书，而是卖书，经常处理些旧书。"

　　彭桓武 1931 年考上清华大学，读大学之前已经浏览过达尔文的《物种起源》、汤姆逊的《科学大纲》等。大学一年级时把四年的选修课都学完了，常常泡在图书馆，或者挑选要借的书，把书带回寝室。那时他十六七岁，正是追求知识、认识世界的关键时期，诸子百家、中外名著无所不读。此外，他还读了英译本康德的《纯粹理性批判》《实践理性批判》；读过罗素的散文集和逻辑著作；浏览过弗洛伊德有关释梦的著作，连英文版的《家庭医生》也手不释卷。读书的内容与上课基本无关，曾经有一段时间对荀子感兴趣，因为比较认同荀子的唯物观，曾专门借《荀子》精读，并得出"自然规律深奥，人们去认识捉摸时，要在'具体细致的个别'和'连贯统一的一般'两者之间，好好抓住其中的关系"的学习心得。他还对"道心惟微，人心惟危。惟精惟一，允执厥中"16 个字作长期思考，若干年后他才体会到其中包含着中西方文化的根本差异。彭院士说，他之所以选择求学物理系就是更强调科学地认识世界。

　　1938 年彭桓武赴英国爱丁堡和都柏林攻读博士学位，这几年他几乎读遍当时出版的英国名家诗人选集和萧伯纳的剧本。彭先生告诉我，他最喜欢诗歌，其次

是剧本,不喜欢小说。中国古典文学中最爱《楚辞》,因为诗歌言简意赅,有抽象意味。博览群书的好处是能打下扎实的学识基础,以后从事专业可以触类旁通。他告诫学生要趁年轻多读点书,但不要迷信权威,迷信书评,书只有自己读后才能品出好坏,并吟诵了"书随用趣广,知识逐日更"的诗句。随即老人坐在电脑旁,把这首1984年写成的诗从内存中调出:"就把这两句诗告诉读者吧!"

"彭桓武院士是我国核物理理论、中子物理理论以及核爆炸理论等多种理论的奠基人,差不多所有这方面的后来工作者,都是他直接或者间接的学生。"中国科学院原院长周光召院士说:"彭先生是新中国理论物理发展的第一人,是这个方面没有争议的创始人或领导者。"

"据说您还在做 60 年前的作业，对吗？"我饶有兴趣地询问。

彭院士不假思索地回答："当年在清华读书时，周培源先生曾经给我出了一道广义相对论的题目，因为战乱没有做成，现在有空闲，该完成老师布置的作业了，这是在还债！"

以后，我有机会几次去他家，总能看到彭院士伏案工作，旁边摆着一大摞写满公式的算稿，甚至生病住院时也带着它们，以便随时进行推演。3 年后，彭院士发表了题为"光发射和传播中的引力效应"的研究论文，并把基本结果写进了《理论物理基础》一书中，献给自己的老师周培源，交了一份沉甸甸的"作业"，也实现了"还债"的诺言。春节期间我又去拜访了老人家，他神秘地告诉我"作业完成了，可以向老师交差了"。说完，顽皮地笑了起来。

学术简历

彭桓武　物理学家。1915 年 10 月 6 日生于吉林长春，籍贯湖北麻城。2007 年 2 月 28 日逝于北京。1935 年毕业于清华大学。1940 年获英国爱丁堡大学哲学博士学位。1948 年当选爱尔兰皇家科学院院士。长期从事理论物理基础与应用研究，曾任中国科学院理论物理研究所第一任所长。先后开展了关于原子核、钢锭快速加热工艺、反应堆理论和工程设计以及临界安全等多方面研究。对中国原子能科学事业做了许多开创性工作。对中国第一颗原子弹和氢弹的研究和理论设计作出了重要贡献。1982 年获国家自然科学奖一等奖，1985 年获国家科学技术进步奖特等奖，1995 年获何梁何利基金"科学与技术成就奖"。1999 年被授予"两弹一星"功勋奖章。2006 年 6 月 13 日，经国际天文学联合会小天体命名委员会批准，将中国科学家发现的、国际永久编号为第 48798 号小行星，正式命名为"彭桓武星"。1955 年被选聘为中国科学院学部委员（院士）。

秦伯益

坐拥书城不寂寞

秦伯益院士是药理学家，军事医学科学院研究员。他多才多艺，文武兼备，爱京剧，能指挥，又喜爱藏书。他说："科技工作者一般不刻意收藏专业书，专业书更新得太快，信息时代追踪科技前沿主要靠图书馆、靠网络、靠学术交流，而不是靠藏书。

专业上我仅保留工具书和少量经典著作，非专业的文学、历史典籍，反倒经久耐看，值得收藏。"

走进秦院士的客厅，五个书柜顶天立地一字

排开，每一格都码放两层甚至三层书，后面一层垫高 5 厘米，仅露出书脊，便于查找，这样一来存书量至少相当于 10 个柜子。政治、管理、社会科学、中国历史、纪实文学、外国小说、中国小说……分得清清楚楚，摆得整整齐齐。

书房里，满满一柜线装书，四书五经、诸子百家、春秋左传。他随手拿出一册毛边纸的《资治通鉴》，边翻边说："'文革'一开始，我的藏书在抄家时都被没收，这是 1972 年从五七干校回北京后买的第一本书。"他的历史类书，除了《二十四史》不全外，其余编年体、纪事本末体的史书都完整齐备，收藏这些书花了 30 年！我抽出一本打开扉页，不但盖有藏书章，还有私章，闲章等多枚，刀法古朴遒劲的"伯益藏书""读书乐"等方圆印红，更给藏书增色不少。

书房里还悬挂一副秦伯益自撰的对联："花间坐消无事福，灯下补写未完书。"对面客厅里也有副对联："容易青春岁月过，

最难风雨故人来。"秦伯益认为读书、交友乃人生两大乐事。

我手执照相机从客厅、书房一直拍到卧室，秦伯益的藏书之多，内容之丰富果然名不虚传，让人大开眼界。"从20世纪70年代开始，只要有空总爱逛书店或旧书摊。目前的藏书光家里就有5000多册吧！"

秦伯益藏书之癖得益于家传，他出身名门望族无锡秦氏，世代书香，诗礼传家，家谱记载自秦少游到秦伯益已传36代。秦院士笑道："虽有祖上庇荫，但读书藏书还是靠自己，靠毅力。人的差别主要在8小时之外，8小时之外的兴趣爱好决定这个人的基本素质。我是学药理的，读书做学问本就是习惯了的生活。喜欢藏书和戏剧则是兴趣使然。现在不为稻粱谋，不为名利求，老来坐拥书城一点也不寂寞。"

秦伯益院士是第一位提出退休的院士，并身体力行辞去所有的兼职。实现真正退休后，他每年都要花时间自费外出旅游，计划"十年游历全国"。他喜欢无拘无束地独游，至今游历了30处世界文化遗产、世界自然遗产；20处"天下第一"的山川、楼寺、关隘、桥洞、泉瀑；游历了众多的历史古迹和革命遗址，包括大部分长征路，摄下万余张照片。见到好的风景，他会长时间地静坐观赏。"寂然凝虑，思接千载；悄焉动容，视通万里"，真是别有一种境界。

前不久，笔者收到他寄来的新著《美兮 九州景：秦伯益游记》，图文并茂，美不胜收。

学术简历

秦伯益　药理学家。1932年11月6日生于江苏无锡。1949年高中没毕业考入上海东南医学院，1950年转考入上海第一医学院。曾任军事医学科学院研究员、院长、院学术委员会主任，兼任中国医学基金会副会长、中国药理学会副理事长、国家科技进步奖评审委员会委员兼医药组副组长、国家发明奖评审委员会医药组副组长、全军药品审评委员会主任等，以及《中国药理学报》《中国药理学与毒理学杂志》编委等。早期从事国防工业毒物的毒理及防治研究。长期从事神经精神系统新药评价工作。主持研究成功神经性毒剂85号复方预防片，所含三个新药均为中国创新药物，效价高于国外同类药物。发现福定碱对真性胆碱酯酶的可逆性抑制作用。主持研制成功并批准生产的第一个麻醉性镇痛药盐酸二氢埃托啡。20世纪90年代后从事戒毒药物盐酸纳曲酮等研究。主编《新药评价概论》，著有《漫说科教》等。1994年被聘为中国工程院医药卫生学部首批院士，并任该学部第一、第二届副主任委员，后任中国工程院主席团成员。

饶芳权

音乐伴着书香

　　上海交通大学饶芳权院士的书房与其他院士相比，依旧是那么局促，依旧那么狭窄。除了满屋子书以外，他收集的各种音乐唱片几乎与书籍数量一样多。在不足 12 平方米的书房里，所有的书享受摆进四壁书橱的待遇，而音乐唱片则见缝插针地塞在书丛的狭缝之间，甚至委屈地躺在纸盒里、堆在墙角里。饶院士讲，每一个喜欢书的人也同样会爱护书，他自己的书都拾掇得整整齐齐。以前，每买一本新书还要包上书皮，后来从四川搬家到上海，重新上架时，为了分类方便，不得不把书皮撕掉。

饶院士的藏书有一定规模，专业书都安顿在办公室，家里只存中外历史、文学艺术类作品。造水轮发电机的专家，书架上却陈列着陈寅恪、钱锺书的著作，吴宓的日记，沈从文全集、汪曾祺全集，张中行文集、冯亦代文集，连王世襄新出《锦灰堆》的"三堆"也都收入囊中。他说："我喜欢的作家会从单行本买到文集，最后没准儿会把全集抱回家。而不喜欢的作家，我一本也不会买。"他钟爱的《人物》《译林》等杂志，从期刊创刊号起会一期不落地购买或订阅。他还利用出差北京的机会，专门到人民出版社补齐缺少的几期"人物"杂志。

饶芳权坦言："我虽然没有统计过自己的藏书数，但所购的书都是自己真正喜欢的书。"

饶芳权对音乐的喜好可以追溯到青年时期，上中学时就迷上了古典音乐。20世纪50年代在哈工大读书时，除了偶尔听听"老柴科夫斯基"外，就只能一心只读圣贤书了。改革开放不久，他曾到香港工作一段时间。闭塞了几十年，突然间看到香港有那么多好唱片，就拼命买，一批一批带回来。女婿从德国也捎回一大箱老唱片，圆了他几十年的梦。他不但收集老唱片，还喜欢老电

影。于是，家里原本是书的海洋现在又变成唱片、光碟的海洋。饶院士得意地告诉我，他还花了 356 元淘来一台老唱机，摆在书桌最醒目的地方。欣赏音乐也同读书一样，要追求高格调、高品位，尽情体会名曲、名著带来的愉悦。工作累了，一杯茶、一本书或一曲美妙的音乐，那真是一种享受。他说："我这个人热爱什么，追求什么都很执着，搞了一辈子电机制造，当了一辈子工程师，还是应该有点业余爱好，不仅丰富生活，而且也是对自己文化修养的提升。"

20 世纪饶芳权当选第一批工程院院士，1995 年写出《关于三峡电机国产化》的意见报告，中国工程院将其作为 001 号咨询报告向国务院提交。现在，工程院每年向国务院提交各类咨询报告已成惯例。但是这个"第一"是不容易的。

学术简历

饶芳权　电机工程专家。1934 年 9 月 27 日生于广东汕头，籍贯广东大埔。1958 年毕业于哈尔滨工业大学电机专业，被分配到刚筹建的哈尔滨大电机研究所工作，后转到哈尔滨电机厂设计科。1966 年至 1978 年在四川德阳东方电机厂设计科工作。1985 年被授予国家有突出贡献专家。1999 年起在上海交通大学电力学院电器工程系任教授。长期从事水轮发电机的设计和技术管理工作，曾参与或负责设计中国国内许多大水电站。如云峰、刘家峡、龚嘴、丹江口、龙羊峡等大型电站水轮发电机设计工作，担任中国首次成套出口欧洲的五套 50MW 水电机组和四套 125MW 水电机组的发电机主任设计，解决水轮发电机很多关键技术问题。组织研制东方型 300MW 汽轮发电机的新型冷却水轮发电机，并为中国发电设备打入国际市场作出贡献。曾获国家科技进步奖一等奖、二等奖多项。1995 年当选中国工程院院士。

沙庆林

行者无疆

　　沙庆林是 20 世纪 90 年代我国公路交通领域唯一的院士，整日在纵横交错的高速公路网建设工地上，难得有闲暇的时间。他刚风尘仆仆地从工地回来，就乐意地接受了我的采访。

　　他说："我常常是拖着疲倦的身子回到书房的，一坐下来心

情就自然平静了。置身其间，荣辱皆忘。我从小就喜欢看古典小说，上中学时就已经读过五十多部，到现在依然爱看历史剧和《百家讲坛》。1949年我考上上海交通大学时上海刚解放，凭着一腔热情，希望早日投身新中国建设，我选择了公路专业。当年只有四个人报名，很多人认为公路没有什么学问，无非是'泥巴加石头'。直到20世纪70年代，不少年轻人还有这种想法。其实，一个国家的工业化，没有公路不行。一个国家的现代化，没有高速公路更不行！"他在大学期间父亲去世了，姊妹年纪还很小，家庭生活困难。大学二年级开始每周四个晚上要做家庭教师，挣钱补贴家用。做家教不但没影响学习，他还提前毕了业，分配到同济大学当助教。后来留学苏联，在莫斯科公路学院获得博士学位。在国外读书期间，他常常省下生活津贴用于买书，回国时带回整整两大箱书。

1957年回国后，沙庆林被分配到交通部公路研究所，从事公路路面学研究和工程设计。从此，他的足迹就遍布全国各地不同的公路建设现场。从砂石路面到沥青路面再到现在高速公路沥青混凝土路面，中国的公路建设一步一步走向世界先进行列。现在我国高速公路平均一年要修5000多千米。高速公路的里程数

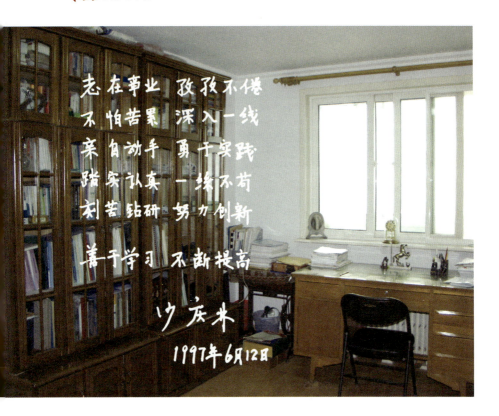

志在事业 孜孜不倦
不怕苦累 深入一线
亲自动手 勇于实践
踏实认真 一丝不苟
刻苦钻研 努力创新

善于学习 不断提高

沙庆林
1997年6月12日

已经达到世界第二。沙庆林参加了 20 多条高速公路路面的设计与施工技术指导。他提出的路面设计理论、重型压实标准、半刚性路面等重要成果，运用到工程实践，为国家创造了巨大的经济效益。眼下，沙庆林又把目光投向延长高速公路路面寿命的课题上。至今高速公路路面的设计寿命为 15 年，他要实现路面既能承受重载，又力争 40 年不产生结构性破坏。其实，早在 20 世纪 60 年代他就提出"强基、薄面、稳土基"的路面设计原则。于是，已年过七旬的沙庆林又申请了一个个新课题。

在沙院士的书房里，没有富丽堂皇的陈设，两排老式简陋的书架略显寒酸。他在走廊上也布置了一个小书桌。家中任何地方，都可以让他随遇而安地读书。他说："我们这一代人，想的就是为国家作贡献。现在有些人想的是怎样多挣钱。我不反对挣钱，但至少要树立起事业心，干好工作再追求报酬。"沙庆林每年都要穿破几双皮鞋，他买新皮鞋时，鞋底都要钉一个厚厚的掌，因为

在施工现场进行技术指导的时候，行走在新铺的热沥青混合料上，很快就会感到烫脚。他说："我的许多创新的想法都是从行走的实践中产生的。"

学术简历

沙庆林　道路工程专家。1930 年 5 月 7 日生于江苏宜兴，2020 年 2 月 23 日逝于北京。1952 年毕业于上海交通大学，1957 年毕业于苏联莫斯科公路学院，获副博士学位。1957 年至 2000 年任职于交通部公路科学研究所。1968 年至 1978 年先后在亚非六国从事援外公路工程设计施工和科研。作为交通部公路科学研究所研究员，长期从事公路路面学、工程设计与施工研究。1980 年后主持"六五"至"八五"国家重点攻关项目：在重型压实标准、路面设计理论、典型结构和可靠度设计等重要成果中有大量创新和经济效益，成果应用已形成中国高等级公路修建模式。先后出版《观测试验资料的数学加工法》《公路压实和压实标准》《高等级公路半刚性基层沥青路面》《高速公路沥青路面早期破坏现象及预防》《多碎石沥青混凝土 SAC 系列的设计与施工》5 部专著；论文 100 多篇。1995 年当选中国工程院院士。

如遇良友
如见故人

"读未见书，如得良友，见已读书，如逢故人。"沈韫芬院士画龙点睛地道出了读书的乐趣。

"人生的步履总匆匆，但只要走近书架就会流连止步，心情自然而然地变得宁静安详。读书人之所以珍惜自己的书房，就是因为有了书就有了一份独立自得，有了一种寻求知识的渴望。"

　　面对占一整面墙的大书柜，女院士如数家珍地介绍："这排是原生动物学、遗传学著作；这排是生态环境类著作；这是最新的学术期刊……"我也不失时机地频频按动快门。

　　沈韫芬5岁上学，20岁大学毕业，小时候读书并不自觉，考试为了应付家长。那时功课不重，学习没有压力，放学后常到弄堂口书店看课外书。念中学时接触了地下党组织，偷偷翻看《西行漫记》《钢铁是怎样炼成的》。上海刚解放，沈韫芬就加入共青团。她说："父母希望我当个医生，结果考入金陵大学后我改学生物学。想起当年团中央书记胡耀邦'青年的任务是学习、学习、再学习'的话，读书的劲头可足了。第一个五年计划刚刚开

读未见书，如得良友，
见已读书，如逢故人。

沈韫芬
二〇〇一年3月

始，国家急需人才，我们提前毕业分到中国科学院水生生物所。
我觉得读书的目的还是很重要的，为父母而学有动力，为国家而
学更持久。"

1956年，沈韫芬被派往苏联留学。考一门无脊椎动物学，
导师一下子抱来16本参考书，堆起来有一尺多高，都是俄文原
版书，她当时惊呆了。于是，只好在每本书的重点处先用笔译出
大意，再抄到笔记本上，16本书变成几本笔记本，最后浓缩成
十几页的核心知识，顺利通过了考试，四年后获得了副博士学位。
她说："我尝到读书由厚到薄的甜头，笔记本要薄，但知识要厚，
知识面要宽，才能随时拓展，触类旁通。"沈韫芬强调，要做一
名开拓性读书人，读书不是为了重复别人的工作，而是要努力开
辟新的研究领域，做人家没有做过的工作。

"现在各种各样的书出得很多，我们要学会选择，要阅读，更要思考。读书后的思考是一种沉淀，一种积累，一种无形的力量，可以让我们活得厚重、大气、睿智、不俗。"

沈韫芬的研究特色是创造性地把原生动物分类学和生态学紧密结合，使之更好地为国民经济服务。几十年来，她系统研究原生动物分类区系，调查了我国22个省区系分布，已鉴定近2000种，新种35种，论著10余部。代表作《西藏高原的原生动物》被国外同行评价为"原生动物领域的经典"。她开辟了我国从南到北不同温度带土壤原生动物调查，获得种类组成特点和季节变动规律。她建立《水质—微型生物群落监测——PFU法》国家标准。该标准系国际首创，美国、韩国、英国、德国同行表示赞赏，誉为"世界领导者之一"。

学术简历

沈韫芬　原生动物学家。1933年1月29日生于上海，2006年10月31日逝于武汉。1953年毕业于南京大学生物系。1960年获苏联科学院动物研究所副博士学位，回国后在中国科学院水生生物研究所任研究员。1981年至1982年作高级访问学者赴美国弗吉尼亚工程大学。回国后任华中科技大学环境科学研究所所长、校环境学院院长。先后当选为中国动物学会副理事长、中国原生动物学会理事长、国际原生动物学会理事。作为我国原生动物研究领域的开拓者，曾主持我国22个省、自治区的原生动物分类和区系研究，已鉴定2000种，35个新种。经30余年长期观察，揭示东湖富营养化过程中原生动物群落结构与功能的演变过程。对微型生物群落监测方法不断改进和推广，使之成为一种准确、经济、快速的水质评价方法，并能预测水利工程对水环境的影响。在国内外发表论文100多篇，出版专著6本。有5项研究成果获奖。1997年在第十届国际原生动物大会上获Corliss奖。1995年当选中国科学院院士。

宋家树

删繁就简足为"识"

对读书这个古老而又新鲜的话题，宋家树院士的理解显得更为冷静和深邃。宋院士读书注意用心去体会，如同搞科研，养成细细品味、提炼精髓的习惯。与他交谈，寥寥数语即道出一个浅显但得之不易的心得：古代中国人著书都很短，老子著《道德经》

不过五千余字，可能与当时竹简刻字太难有关。据说文字扯长起于宋代，从朱子起，作文及奏疏动辄数万字。今人则本领更大，写小说数十万字是起码的。其实，一篇短文重点突出，给人的印象更深刻。美国总统林肯的葛底斯堡演讲仅十来句话，却提出了一个著名的理论——民有、民治、民享。

记得 1988 年参加"863 计划"的研讨，一位老先生发言，我辈此时为"先知先觉"；待计划形成了，我们变为"后知后觉"；等到下任务分经费时，乃变成"不知不觉"者了。闻者大笑。可见，话不用多，说得简洁，效果更好。

读书也同理。宋院士接着说："凡事都是由简而繁，繁极而怠，然后复归于简。科学的革命与创造都起于简单的观念变革。所以，新观念很重要，但是革命性观念如果没有后继的证实也是没有用的。故科学革命起因于观念的更新，完成于切实的实验、归纳与演绎，最后形成理论。在物理学史上，牛顿、麦克斯韦、爱因斯坦、海森伯等，都是提炼了许多前人的实验与理论之精华，以极度简洁的数学语言导出了物理世界的基本规律。杨振宁认为这就是物理学极美之处，可以说是'造物主的诗篇'。"

宋院士读书并不限于科学类，走进他的书房你会惊讶地发现

于境知足
于学不知足

宋家树
2000. 12.

里面有大量艺术史、艺术画册，他对从文艺复兴到现代的欧洲绘画史都很感兴趣，对各种流派画家如数家珍。他常常从电脑上下载一些世界名画，装订起来慢慢欣赏。正因为具有如此广博的知识面，加上独特的审美情趣，他的业余生活有了一道靓丽的色彩。

宋院士闲暇时很喜欢逛书摊，前不久在北太平庄地摊上买到了几本书，其中有李政道称之为"一本坏书"的《科学的终结》，但他从来就相信"开卷有益"，要读过了再作结论。书中谈到"星球大战"的事有点意思。当时，美国物理学家用计算机模拟就已得出结论：导弹防御只会导致核大战，打破了美苏间战略平衡。其他关于许多大科学家的采访也很有可读之处，只是结论不好，科学界无人同意。

宋院士是金属物理学家，还喜欢读文史哲书，与他从事的专业形成鲜明反差。1964年，他奔赴青海参加"草原大会战"，攻坚克难解决核武器关键部件加工装配技术难关，为第一颗原子弹爆炸成功立下汗马功劳。20世纪80年代，他开始负责核军控及核裁军研究。宋院士曾经概括自己人生各阶段不同研究领域间的反差关系："参加核武器攻关时，我们信奉的首先是保卫国家安全，但更长远的目标就是永远不要使用和最终消灭它，现在搞核裁军，从制造核武器到消灭核武器的转变还是有一点呼应的。"从核武器科研一线到核裁军国际舞台，他的角色转换是如此顺畅，既是人类追求和平愿望的迫切体现，也是对人生境界的不断超越。1994年，宋院士出任"中国人民争取和平裁军协会中国科学家军控研究小组（CSGAC）"主席，曾组织全国相关单位的20余名专家和学者（包括自然科学和社会科学学者）参与的军控研究队伍，取得了一批具有开拓性的研究成果。他深有感慨地说："只有如此选择，才会让人生充实丰盈，也才会在回首往事时无怨无悔。"

学术简历

　　宋家树　金属物理学家，材料科学家。1932年3月21日生于湖南长沙，祖籍安徽舒城。1954年从东北人民大学物理系毕业后留校任教；1958年在该校研究生毕业。1960年调第二机械工业部第九研究院，历任厂副总工程师、总工程师。1986年在核工业部军工局任总工程师，兼任中国核学会核材料分会副理事长。作为中国工程物理研究院研究员，主要研究合金相图、耐热强度、氧化及防护、扩散、耐磨研究等方面课题，取得一系列有应用价值的科技成果。曾参加中国第一颗原子弹、氢弹核部件关键技术攻关，在裂变材料成分控制、核材料工艺、同位素交换方法等方面，进行了开创性研究，解决了大型核部件加工成型工艺技术问题。获得国家科技进步奖特等奖(1987)，国防科工委重大科技成果奖三等奖(1980)，国家发明奖三等奖两项(1987，1988)。1993年当选中国科学院学部委员（院士）。

苏义脑

无书胜有书

　　"我没有书房。"苏义脑院士开门见山地说，仿佛猜到了我的惊讶，又补充道，"其实我没有你想象中的书房，因为家里实在拥挤，三间房，三代同堂，建筑面积仅有 75 平方米。我的书大多堆在办公室里。十几年了，我也深感没有书房的苦恼。不过，

现在好了，新房正在装修，面积约有 150 平方米，我专门腾出一间作书房，打了很多书架，最操心的就是书房的设计，遗憾的是你拍不了照片。"

　　我们不得不在堆满各种书籍的办公室里聊了起来。没有书架做背景，没有书籍作陪衬，苏义脑对读书和做学问却有一番独到的见解。他思维缜密、条理清晰地把自己读书范围分为四类：一是专业书，二是科普书，三是传记，四为哲学。专业领域当然需要不断学习，而且光靠现有的知识显然不够。看科普书能开阔视野，了解其他学科。读传记知道别人怎样成功，能提高自身素质。"我一直有个看法，搞工程技术的人，要在专业上做得深，更要向技术科学靠拢；做科学研究到了一定程度就要向哲学靠拢。知识的最高境界是掌握世界观

敢于创新，
做前人未做之事；
善于总结，
著古今待著之书。

蒋毅臻

二〇〇六年六月

和方法论，科学家走到最后成为哲学家几乎成为一种规律。人们常说'隔行如隔山'，也有另一种说法叫'隔山不隔理'或者叫'隔山不隔律'。有些人看闲书为了换换脑筋，其实文学艺术和科学在更高的层面上是相通的。自然科学与社会科学之间有通和不通之处，哲学则可以把它们融会贯通起来。我从事找油的工作，地层下面，存在千变万化的复杂地质情况，我们研究出一种钻头地质导向钻井系统，就是给钻头装上'眼睛'，让钻头闻着油味自动寻找油层。这套'钻地导弹'控制系统涉及钻井、地质、油藏、测井工程，涉及机械、力学、电子计算机、信息处理、通信、控制学等十几门学科，装备油田后会产生很大的经济效益。能开拓这一研究方向完全得益于我历年的阅读。"

这些年来，苏院士取得了几十项发明专利，除了刻苦钻研以外，有时候确实需要灵感。对待灵感问题，苏院士是这么认为的："灵感是九十九分汗水，是长期积累和思考的结果，这不错。但是我们不能依赖灵感、期待灵感。能不能把倏忽而来的灵感变成有规律可循的思路呢？去寻找灵感后面的客观规律，把灵感变成科学的思维方法，让没有灵感的人也能靠这些规律做出创新性工作。"苏院士带领他的团队正在努力实现这个设想。

采访结束时，苏义脑院士送我两句话"敢于创新做前人未做之事，善于总结著古今待著之书"。院士虽无名义上的书房，但我也见到院士藏有万卷之书。

学术简历

苏义脑　油气钻井工程专家。1949 年 7 月 9 日生于河南偃师。1976 年毕业于武汉钢铁学院。1982 年、1988 年先后获硕士、博士学位。1990 年从北京航空航天大学博士后流动站出站。1997 年至 2006 年担任石油勘探开发科学研究院钻井工艺研究所副所长、实验室主任。作为中国石油勘探开发研究院高级工程师、钻井所副所长，长期从事油气钻井工程研究，在钻井力学、轨道控制和井下工具研究中获多项创新成果，形成体系用于生产，效益显著。把工程控制论和航天制导技术引入钻井工程，提出"井下控制工程学"新领域，从事基础性研究并组织攻关。获发明专利 3 项，实用新型专利 17 项。出版专著 11 部，发表论文 150 余篇。获国家科技进步奖一等奖 2 项、二等奖 1 项，省部级一等奖 1 项、二等奖 4 项。2003 年当选中国工程院院士。

有本不穷
无我为大
唐有祺
一九九二年一月十四日

唐有祺

有本不穷 无我为大

　　肆虐的沙尘暴刚刚过去，阴霾的天空终于绽开了灿烂的阳光。在北京中关村蓝旗营，我叩开唐有祺院士的家门。唐老从沙发上起身，带我转悠这140多平方米的家居布局，从客厅到书房，边走边聊。

客厅里南北两堵墙的书柜纵贯到底,暖暖的阳光从阳台洒进来。另一间朝南的房间是老人家自己的书房,朝北的房间则是老伴张丽珠教授的书房。最大的一间是全家公共活动的地方,里面没有书架却有架投影仪,墙壁垂下一块白色屏幕,既能放幻灯也能开讲座,还能播放视频、音频,师生常常围坐在一起谈天说地。

今年86岁的唐有祺是位物理化学家,从1952年起担任北京大学化学系教授,至今已执教50余年,培养了大批化学人才。抗战初期,唐有祺考入同济大学,入学时在金华,毕业时已在四川宜宾。大学时期从上海辗转至四川,行程逾万里,足迹踏遍九省,他经历了前所未见之山川和人文,接受了终生难忘的国情教育。抗战胜利后,赴美国考入加州理工学院,获得博士学位。20世纪50年代初,唐有祺从美国转道欧洲,历尽艰辛才回到祖国。

这位有着中西方文化背景的老院士,家中书房的陈设自然也

是新旧兼容、中西合璧，既有大量外文书籍，也有不少线装图书，客厅书架上有一套《资治通鉴》和一套《名人书画集》，用紫檀木匣子盛装，古香古色。唐老告诉我，这套《资治通鉴》是化学界前辈黄子卿院士去世后，他夫人转赠给他的，《名人书画集》则是岳父张耀曾留给女儿的，两匣子线装书摆在书架上像老古董。门厅里清代的红木条案上挂有名家撰写的条幅，餐桌旁悬挂着一幅梁漱溟老人的题词，书房里还挂有梁漱溟和冯友兰的其他条幅，散发出浓郁的中国传统文化气息。原来梁漱溟与唐有祺岳父张耀曾两家是世交，梁家与唐家也有姻亲，唐有祺称梁为二哥。在北大，两家走动很勤。晚年的梁漱溟几乎每年都给唐有祺夫妇写一幅字。我随手拍了下来，只见书法条幅上写道，"三人有我师，四海皆兄弟""有本不穷，无我为大"。唐老指着题词，说："我们既要学习西方现代文明的公心、公正、公平的民主核心，也要继承中国传统文化的精髓,两者不可偏废。"家里虽然有不少古董、字画,对待"新科技"老院士也不比年轻人"落伍"。譬如,数码相机刚问世时价格不菲,他就买了一部。如今,已经更换了五部数码相机。说着,他从兜里掏出香烟盒大小的卡片照相机,说:"相机越来越薄,越来越轻便!"他用数码相机和电脑自己动手编辑完成《八秩华诞志庆集》,由河北教育出版社出版。书中收入了 711 张照片,刚好与他 1920 年 7 月 11 日的生日巧合,翻阅起来令人感慨不止。

学术简历

　　唐有祺　物理化学家、化学教育家。1920 年 7 月 11 日生于江苏南汇(今属上海),2022 年 11 月 8 日逝于北京。1942 年毕业于同济大学,1950 年从美国加州理工学院研究生院毕业,获博士学位。1951 年任清华大学副教授。1952 年任教于北京大学化学系,作为中国晶体化学的主要奠基人、化学生物学倡导者、分子工程学开创者,相继任北京大学物理化学研究所所长、分子动态和稳态结构化学国家重点实验室主任。主要从事晶体相结构和晶体化学,生物大分子晶体结构和生命过程化学问题,功能体系的表面、结构和分子工程学等领域的研究。至 2022 年已发表论文 400 余篇,代表作有《结晶学》《统计力学及其在物理化学中的应用》《化学动力学和反应器原理》《对称图像的群论原理》《有限对称群的表象及其群论原理》《相平衡,化学平衡和热力学》《催化体系的分子工程学》等。1980 年当选中国科学院学部委员(院士)。

田在艺

刻苦学习为救国

　　"我是陕西黄土塬上的人。"一口浓浓的陕西话迎面扑来。
"你听出来了？走了大半个中国还是没有改掉乡音，哈哈。"88
岁的田在艺告诉我，"这一辈子就是刻苦求学，努力求知。"
　　青年时代，国难当头，求学经历坎坷。他老家在陕西渭南，秦岭北麓塬上。初小在村里念，高小到县城读，初中在省城西安。在西安读中学时，地理课老师白超然讲了许多地理、地质知识，启蒙了他。也让他对地质科学产生了浓厚的兴趣。又赶上"西安事变"，他和许多热血青年一起上街游行，呼吁停止内战，对外抗日。为了救国，他选择了地质学，那时从沦陷区流亡到西北的北京师范大学、北平大学、交通大学、天津北洋大学等，在西安和陕南城固县成立西北联合大学。他报考西北联大理学院地质地理系，在秦岭一带野外实习。由于系里只有几位地理教授，僧多粥少，读了一年，田在艺和同班六人一行集体离校，又报考重庆中央大学理学院地质系，继续求学，同班六人有四人考上。当时祖国半壁河山已落入日寇铁蹄之下，田在艺怀着为收复疆土，为民族振兴的决心而努力读书。

人才为科学之本
创新乃科学之魂
中科院院士 田在艺
二〇〇三年八月

1945 年毕业后，他就来到十分艰苦的玉门油矿，上祁连，走酒泉，入六盘，赴青海，骑骆驼，住茅庐或徒步……在戈壁沙漠和黄土高原上，为祖国探寻宝藏。说着，老人拿出一张当年拍摄的老照片，上面是 60 位勘探处全体同仁合影，如今剩下不足 10 人了。如果说，前面是刻苦学习，那么，后面就是努力求知。田在艺花了 60 年的时间来填写这份答卷。从 20 世纪 50 年代开始，他先后去鄂尔多斯盆地、河西走廊盆地徒步考察，又到新疆石油管理局地调处，参加克拉玛依第一批深井的部署研究，参与发现了新中国第一个大油田——克拉玛依油田。1960 年奉调参加大庆油田会战，运用陆相盆地找油原理，整体解剖松辽盆地，查明大庆长垣的巨型含油构造。后又相继参加大港石油会战，江汉石油会战和吉林油田勘探开发。年近六旬时才调入北京石油勘探开发研究院，从事科研和人才培养工作。

眼前的老人是一位真正的"老石油"，只要有石油的地方就能看到他的身影，他用灼热的情怀去拥抱壮丽山河，用双足去解读祖国这部大书，撰写的论文可以说在地图上画出了一道浓重的笔墨。老人自豪地说，除了西藏和台湾，全国的山山水水角角落落都走遍了。

实践出真知。田在艺不吝笔墨，把所思所想凝结成的文字，发表130余篇论文、3部专著、5部编著文集。新出版的《田在艺石油地质文集》中既有"论"——论含油气盆地的理论和技术，又有"谈"——漫谈地质科学的研究和发展。正如他在前言中所写的：此时此刻，我仿佛又回到了稚嫩的童年，坐观秦岭的一抹晚霞。我深感，夕阳无限好，还想作贡献。

学术简历

田在艺　石油地质学家，石油勘探家。1919年12月5日生于陕西渭南，2015年3月3日逝于北京。1945年毕业于中央大学理学院地质系。中国石油天然气集团公司石油勘探开发科学研究院教授级高级工程师。长期从事石油勘探和开发研究工作。20世纪50年代对陆相生油研究总结了一套规律：构造是主导、沉积是基础、生油是关键、保存是条件，用这些规律指导找油起了很大作用。60年代指出生、储、盖、运、圈、保有机匹配成油地质条件是寻找油气田的基本地质因素。80年代组织领导全国第一次油气资源评价，运用地质理论、方法和技术，系统定量评价，为国家制定油气勘探规划提供依据。90年代论述含油气盆地分析原理和方法，首次将成油气系统理论引入盆地分析。先后获国家自然科学奖一等奖、部级科技进步奖一、二等奖5项。1997年当选中国科学院院士。

王鸿祯

影响一辈子的书

　　初秋的北京，刚刚有些凉意，上午 11 时，我准时赶到中国地质大学教授寓所王鸿祯院士家。落座后，他拿出事先准备好的一张打印书单。书单上的几本书都是他几十年前读过的，有三本是具有世界声誉的地质学家的著作。王鸿祯指着他们的名字深情地说："这些都是我的老师。"

　　1936 年，王鸿祯在北京大学地质系读书，是著名地质学家葛利普教授教的最后一届学生。作为 20 世纪知名学者的葛利普后半生在北大任教，对中国地质教育及科研事业作出巨大贡献，死后就葬于北京大学校园内。当年他编撰《地史学教程》，讲授地史学课程非常吸引学生，千奇百怪的地球奥秘，把一个个青年人引进地质大门。1938 年抗日烽火燃烧，王鸿祯参加了"湘黔滇步行团"，行程 1600 千米。在清华大学地学系原主任袁复礼教授指导下，沿途观察地质现象和地层剖面，学习做记录、采标本等。并陆续在《地质论评》上撰写探讨大地构造的书评，较早地接触了地球构造的学术内容。1939 年，他从国立西南联合大学地质系毕业后留校任教，曾担任普通地质学、地史学、古生物

学、地层学和地形测量等多门课程的助教。同年，加入中国地质学会。

1947 年，王鸿祯在英国剑桥大学获得博士学位，导师斯提尔斯教授写了一本《不稳定的地球》。20 世纪 40 年代地学界倾向大陆固定论，排斥大陆漂移学说，

读有益之书
做有同之人
王鸿祯 2000.10

斥大陆漂移学说，这本书兼顾不同学派的声音，写得十分流畅，读来引人入胜。由此，他得出一个结论：一本好书如果说理透彻、文笔优美、深入浅出并能形象地讲明观点，一定能给读者留下深刻的印象。

第三本书是英国人盖基写的关于科学人物的著作——《地质学的奠基者》。当年，阅读这本书只是为了拓宽视野，增加知识面。没有想到几十年后，王鸿祯本人对学术思想史产生了浓厚兴趣，也开始关注地质学各个学科的形成及发展历程。

王鸿祯院士转身从书架上抽了几本自己的著作递给我，说："这几本书代表我不同阶段的研究体会。"

　　1985 年，王鸿祯主编了关于地层与古地理的著作《中国古地理图集》。1989 年出版的《古地理珊瑚分类演化及生物古地理》作为科研成果荣获 1991 年国家自然科学奖二等奖；1999 年主编了地质史学著作《中国地质科学五十年》。

　　20 世纪 30 年代葛利普编撰了《地史学教程》，30 年后王鸿祯也编著了《地史学教程》。他在中国地质大学长年讲授古生物学、地史学、标准化石、中国地质、世界地质等多门专业课，不难看出这些课程同几十年前读过的书有着千丝万缕的联系。半个世纪过去了，师生的学术生涯竟如此一脉相承，薪尽火传。王鸿祯感慨地说："早年不经意读的书，结果影响了一辈子，有些书只有等到老了以后才品味出其中真正的含义！所以，我认为读书是一辈子的事，有些书读了一辈子忘不掉。"

　　王鸿祯院士以追求完美的境界读书和教学，也在不断地提示学术传承的重要性。

学术简历

　　王鸿祯　地质学家。1916 年 11 月 17 日生于山东苍山，2010 年 7 月 17 日逝于北京。1939 年毕业于北京大学地质系。1947 年获英国剑桥大学博士学位。中国地质大学教授，研究领域为古生物学、地层学、古地理学、前寒武纪地质、大地构造学和地质学史。是中国地层古生物事业的开创者之一、新中国地层古生物教育事业的开拓者之一、历史大地构造学的奠基人之一。20 世纪 90 年代研究层序地层与古大陆再造，提出地球节律的普遍性和全球大陆基底构造单元划分与泛大陆聚散周期，形成了全球构造的活动论与历史发展的点断前进阶段论相结合的地球史观。曾任《古生物学报》《地层学杂志》副主编，《中国大百科全书·地质学卷》编委会副主任等。代表作有《中国古地理图集》《中国古生代珊瑚分类演化及生物古地理》等。1980 年当选中国科学院学部委员（院士）。

王守觉

新居读旧书

　　久闻王守觉院士要乔迁新居，先睹为快的心情驱使我登门造访。不看不知道，一看真叫妙。客、卧、厨、卫加书房，间间功能不同风格各异的居室，装饰得美观实用。其实，整个新家装潢设计，甚至部分家具样式都出自王院士之手。这位从事半导体研究的科学大家确有拿起画笔能设计，搞起装潢也有不俗的艺术品位，他说："别人视装修为苦差事，我倒觉得是一种乐趣。"就拿眼前这间不足 13 平方米的客厅来说吧，王院士在东北两面墙上镶嵌了七块大镜子，让眼睛产生错觉，把小客厅装出大感觉。

他很专业地说："空间是为视觉而存在的，制造错觉是对设计师能力的检验。尽管视觉空间有时并不真实，但心理感觉客厅大了不少。"王守觉把这套房子中面积最大的一间作为卧室自有其道理的，他说："年纪越来越大，

读书思考 创新赶超
人生百味 数此独高
王守觉
2001年2月

活动范围越来越小，别人大客厅小卧室，我反其道小客厅大卧室，让卧室具有客厅、餐厅、书房的多种功能，将来不出屋也能读书、待客。"

卧室对面的书房，除了打造一面墙的书柜外，他还自己动手设计了长 1.4 米、宽 1.2 米，四面都有抽屉的大写字台。借用人体工程学将书桌设计得比通常高一点，站立写字无须弯腰，铺上宣纸可以挥毫泼墨。

王守觉很小就学会用台虎钳、锉刀、手锯、錾子，以及电动台钻，在家里自行修锁、配钥匙。中学时代他当过测量员，修过钟表，曾自制门锁出售，到了晚年他依旧以开锁为乐趣，这都得益于他的人生格言："躬行出真知。"

让人奇怪的是，偌大的书柜里没有一本专业书，却摆满医书和其他人文学科类书籍，一问才晓得，王院士将专业书都放在办公室里，家里藏的都是自己喜欢的"闲书"。他喜欢钻研医书，一般小病自己开方对症买药。平时注意养身健体，十几年没进过医院。闲暇时间，王守觉爱看 19 至 20 世纪外国人描写中国状况的人文著作，并藏有许多有百年历史的原版书，如 1840 年版英国人写的《中国》，该书称赞中国是亚洲最大、最富的国家；1911 年辛亥革命后，美国人又著《改变中的中国》，预示中国将要发生的变化……翻阅书中大量插图和照片，百年中国历历在目。王守觉感慨地说："以外国人的眼光做参照对比，从一个侧面反映了中国天翻地覆的变化。科学技术只是社会的某个方面，你对社会一无所知，你反过来也不认识科学技术。"

谈到当前的教育，王守觉不无担忧地说："现在的大学教育适合培养一个合格的公民，但不容易出创新型人才，科学创新是创造新的知识，而我们一般大学里的教学只是掌握前人的知识、现成的知识，而不知道知识从何而来。我们需要学习，更需要知道知识从何而来，这样有一天我们才会创造出新的知识。应试教育出不了创新型人才，不能把书当作《圣经》来读，需要批判地来读。"

书房的主人阅历丰富，知识渊博。王院士的客厅里还挂着民盟主席楚图南先生"探索真理，服务人民"的题词。

学术简历

王守觉　半导体电子学家。1925年6月27日生于上海，籍贯江苏苏州。2016年6月3日逝于苏州。1942年肄业于国立西南联合大学，后毕业于上海同济大学。1957年被派往苏联科学院列宁格勒列别捷夫研究所进修。回国后任中国科学院半导体研究所研究员。长期从事半导体与信息科学研究工作。1958年在国内首次研制成功锗合金扩散高频晶体管并进行小批量生产。1959年至1963年负责研究成功全部硅平面工艺技术，并研制成功五种硅平面型晶体管。1974年成功地用自制的图形发生器自动制版技术制成了大规模集成电路掩模版。1976年起从事新电路的探讨，提出了一种新的多值与连续逻辑高速电路——多元逻辑电路，并试用于整机。1979年后主要从事多值与连续逻辑电路系统的研究，并应用于生产实际中。1980年当选中国科学院学部委员（院士）。2001年获何梁何利基金"科学与技术进步奖"，2002年获中国台湾潘文渊文教基金"杰出科研奖"。

王一德

钢化人生

  王一德院士的书房紧连着室内阳台，宽敞的阳台窗户下面，打造了一排贯通整个阳台的书橱，其中的藏书量甚至超过书房内书柜里的书，藏书空间得到了巧妙的利用，读书也平添了一份闲散的心情。

在王院士办公室里，他的书柜一尘不染，各种资料归纳整理得一清二楚。王院士曾经有过一次"与死神擦肩而过"的历险，即被误诊为肝癌后期。在送往医院的途中，他要求司机先回办公室，打开书柜，告诉同事们，我积累的技术资料都在这里，你们需要的话可以拿走。可见，他对图书资料的重视，看得比自己的生命还重要！同事们被感动得流下了热泪。

王一德就读的中学是浙江杭州二中，前身是浙大附中。1956年他以优异的成绩考入北京钢铁学院金属压力加工专业。现在回忆当年填报志愿的情景仍觉可笑，他说："父母要我考浙江大学，老师希望我考清华大学，但我第一志愿选择北京钢铁学院，第二志愿才是清华大学。这听起来很幼稚可笑，但说明我当时献身钢铁工业的志向。"20世纪60年代初，北京钢铁学院专业教师奇缺，学校竟把还未读完大四的王一德抽出来补入教师队伍中，既

要配合老师带学生做毕业论文,又要求他继续学完大学剩下的全部课程。"自己没有学过的东西要教人家,大四生要教大一生,压力可想而知啊。"那是他读书最艰苦的时期,白天边辅导边听课,晚上10点后才有空静下心来自习。每天凌晨5点起床,困了累了用冷水冲脑袋提神,熬到毕业才正式留校任教。学校要求青年教师必须有研究生培养经历,1963年在北京钢铁学院只招9名研究生的情况下,他又开始了新一轮拼搏。研究生要考英语,他学的是俄语,难度实在太高了,一切须从头开始。经过一年的艰苦努力,终于考上了金属压力加工专业研究生。

勤奋是成功的关键,两次奋斗磨炼了意志,也养成了攻关的习惯,还逐渐演变成一个事业上的"工作狂"。王一德学的是冷轧硅钢片,当时全国只有太原钢铁厂有冷轧硅钢试验车间。为此,1968年他来到山西太原,一干就是40年。

人生经历往往是曲折坎坷的,王一德经受过两次挫折,曾被撤销一切职务，只能从底层重新做起。技术工作不让干了，他就潜心读书，先后翻译了 200 多万字的文献资料，为重新工作积蓄了能量。他也曾"死"过两次，突然休克摔倒，把整个脸都摔变形了。后又被医院误诊为肝癌晚期，说只能再活三个月了，结果肝脏被切除了三分之一。无论遇到什么挫折和打击，王一德都没

有颓废、没有消沉。他深有感慨："挫折多的人就必须加倍努力，比别人付出更多，并把这些经历看作是对自己意志的锻炼和毅力的培养，这也是人生历程中另一种财富的积累。"

学术简历

王一德　压力加工专家。1938 年 12 月 31 日生于浙江杭州。1968 年毕业于北京钢铁学院。太原钢铁 (集团) 有限公司董事会规划委员会副主任。长期工作在工程技术第一线，为我国不锈钢、电工钢事业和轧钢技术的发展作出贡献。主持不锈钢攻关、"高质量不锈钢板材技术开发"国家课题和不锈钢改造，形成一整套不锈钢生产工艺技术；自主集成铁水为主原料 K-OBM-S 三步法冶炼不锈钢新流程。采用强力粗轧机、大功率精轧机和世界最新 TDC 技术改造热连轧。创新集成多项冷轧新技术。主持建成国内第二个冷轧硅钢厂，自主开发一整套冷轧无取向硅钢生产工艺技术。多次主持纯铁新材料研制，解决多项技术难题，满足了国防军工和北京正负电子对撞机等重点工程需要。获国家科技进步奖特等奖、国家科技进步奖二等奖、全国科学大会奖、国防科工委和冶金部联合奖以及省部级一等奖 5 项、二等奖 6 项等。出版译著 3 部，发表论文 40 多篇。2005 年当选中国工程院院士。

王志均

不可小知 然后人侮

　　我对王志均院士书房里的一副对联印象极深——"不可小知
然后人侮"。凭着当年的记忆再访王院士，得知老人刚过九十岁
生日。贺喜之后，他拉着我的手坐在书桌旁，聊着自己一向喜欢
读古诗词，在清华大学理学院读书时曾选修闻一多先生开的两门

课，这副对联就是从他的文集中选摘出来的，其意是不能满足于小知而要求大知、真知，然后才能不被人侮。

环顾这间普通的书房兼卧室，书桌、书柜和床都是旧的，真皮沙发的扶手早已磨得发白。我好奇地问道："您老为什么不换大一点的房子？"

"人老了，做不了什么工作，两间房够住了。女儿在隔壁也是两间，我们打通了可互相照顾。"老人坦然地回复。我明白，对科学家而言，陋室一样可以求知，求大知。"我不是一个思维型的人，但不止一次尝到读书时多思考的甜头。古人曾劝人从无字句处读书，要'读句能识其正面、背面'，从书的字里行间探索其新意倒是我毕生的追求。"

1950 年，王志钧在美国伊利诺伊大学医学院获哲学博士学位后，与其他中国留学生一道，冲破美国政府对留美中国理工科学生回国的重重阻挠。回到朝思暮想的祖国后，就一直执教于北京医学院（现北京大学医学院）。

王志均执教鞭已 50 多年，培养了数千名学生，弟子们都已在中国生理学界很有建树。王老在教学中一贯主张启发式，反对照本宣科，这样才能引导学生主动去思维、探索，养成独立思考的能力和批判性思维的习惯。王老还强调把智能培养放在第一位，把传授知识放在第二位。他曾胸有成竹地撰文阐述了自己对生理教育的系统见地：《关于高等学校的智能培养问题》《关于培养研究生的几个问题》《关于培养科学道德问题》《治学之道》等，说理精到，振聋发聩。

晚年的王志均院士常常自省，生理学是从西方引进来的，国内生理学领域的奠基者与前辈已陆续谢世了，我辈要抓紧时间记下生理学发展的历程。1993 年，他主编了《中国生理学史》，1998 年又出版了《生命科学今昔谈》，都旨在积累生理学文化的脚印。特别值得一提的是，在几十年教学科研生涯中，王老还撰写了数十篇科学发现的故事，诸如胰岛素的发现，从神经、内分泌发现到胃酸、血型、维生素 C 的发现等一系列饶有趣味的科学史的普及文章，引导学生去探索奥秘无穷的生命世界。他甚至把故事带上讲台，把枯燥的生理学演进课讲得生动活泼。王老欣慰地说："我为国家培养的人才，其实就是我的论文，是一篇篇活的论文。他们成长得好，为医学服务得好，说明这些论文质量高。"

王老递给我一篇从《科学时报》复印的《呼唤名师》的文章："我很喜欢这个题目。名师要带出高徒，诺贝尔奖获得者也不一定都是名师。英国科学家戴维曾说：'我对科学的最大贡献是发现了法拉第。'我的老师叶企孙教授培养出 11 位共和国表彰的'两弹一星'元勋，叶师才配得上名师。"这些年，王老一直想写生理学领域的几位名师，考虑很久已选定了五位，题目叫"名师风范"。我按捺不住激动的心情从王老尚未发表的第一篇手稿上抄录了题记："要多给人们留下一些不能忘却，也不应该忘却的美好人物形象，研究他们以什么样的精神品质形成推动历史前进的伟大动力。"

学术简历

王志均　生理学家。1910 年 8 月 3 日生于山西昔阳，2000 年 12 月 4 日逝于北京。1936 年毕业于清华大学生物系。1946 年赴美国芝加哥伊利诺伊大学医学院进修，师从著名消化生理学家艾维教授，1950 年获该校哲学博士学位。回国后任北京医科大学生理学教授。曾利用具有移植胰的狗观察各种食物在小肠中引起促胰液素和促胰酶素 (即胆囊收缩素) 释放的情况，被认为是食物引起胃肠激素释放的定量研究的开端；阐明迷走 - 胰岛素系统，发现交感神经对胰高血糖素的释放作用，处于当时世界领先水平；证实了迷走 - 胃泌素机制在胃液分泌神经反射期中的重要意义；发现了有些胃肠激素具有细胞保护作用；提出了细胞保护可能是胃肠激素的生理功能之一的假说，已获得不少证据支持。对教学和人才培养有自己的见解，培养了众多生理学研究人才。1980 年当选中国科学院学部委员 (院士)。

王梓坤

只讲功能
不求外表

北京师范大学校园内，由启功先生手书楼名的"乐育楼"是一栋20世纪50年代的老建筑。曾经担任北京师范大学校长的王梓坤院士就住在楼上一个普普通通的单元里。王院士家是普通的三室一厅，没有专门的书房，却有上万册藏书，连老伴都埋怨"家里书实在太多，我只好尽量少买一点，不与他抢书架"。趁王院士接电话的空隙，我各处转悠，三个房间摆满王院士的书，只剩一间房中有教外国文学的老伴谭得伶教授的藏书，典型的"重男轻女"！各个房间里的书架式样也是五花八门，既有 20 世纪的古董书柜，也有现代流行的款式，不同年代的书架高高低低错落有致地挤在一起。待王院士放下电话，随手拉开一扇书柜，里面居然存有不少字画，仅宋代张择端的"清明上河图"就有好几个版本。他说："我不追求真迹，而重欣赏，就像这书柜只讲功能，不求外表一样。"

别看这些年代久远的老书架，可都是上一辈人留下的遗物。王院士的岳父谭丕模教授是我国著名文学史家、北师大中文系教授，1958 年作为中国文化代表团成员，随同郑振铎出访中亚，

不幸飞机失事。岳父谢世后，女儿谭得伶与女婿王梓坤则把他生前花毕生积蓄买的全套《四部丛刊》捐给北师大图书馆，家里仅剩下 16 个木制书箱和一个个老古董式的书架。如今，里面都盛满了王梓坤院士的书。

王梓坤从小喜欢文学，并没有影响他成为一名大数学家。他上中学时，一有时间便光顾图书馆。好书借了实在舍不得还，可又买不起，他便下决心动手抄书。先后抄过《孙子兵法》、林语堂写的《高级英文法》。王梓坤认为，人们只知抄书之苦，未知抄书之益，抄完毫末俱见，一览无余，胜读十遍。后来，王梓坤却弃文从理，转学数学，成为我国概率论研究的先驱者之一。

王院士还是一位出色的教育家。1984 年 5 月，王梓坤开始担任北师大校长，同年 12 月，他致电《北京晚报》记者，建议在全国范围内开展"尊师重教月"活动，首次提出"尊师重教"并倡议设立教师节。

王院士最喜欢庄子的飞扬文采和活跃思维，也十分重视科学普及与治学方法的研究。"文化大革命"期间仍不停地撰写科普文章，发表于 1978 年"科学春天"的《科学发现纵横谈》曾激励了一代青年学子走上探索科学的道路。这本小册子于 1981 年获"全国新长征优秀科普作品奖"，并被"希望工程"选中，向10000所农村学校赠书。到2002年又以《莺啼梦晓》之书名，将内容大大拓展后，由上海教育出版社出版了一部普及科研方法与成才之路的读本，一时洛阳纸贵。一本在"文革"期间写就的小册子竟有如此强大的生命力，正好说明王院士人文关怀精神能跨越时代的局限性，具有前瞻性的思考，配以飞扬的文采，方能吸引一代代读者争相传阅。

王梓坤院士曾说："没有科学的人文，是残缺的人文；没有人文的科学，是残缺的科学。"他谆谆告诫读者："读书使人有识。学文的要知道一点理，以便适应科学技术的高速发展；学理的应该学一点文史哲，可以帮助我们审时度势，认清形势；陶冶情操、触发灵感；纵观全局，端正方向。"

学术简历

王梓坤　数学家、教育家、科普作家。1929年4月30日生于湖南零陵，籍贯江西吉安。1952年武汉大学数学系毕业后分配到南开大学任教。1958年获苏联莫斯科大学数学力学系副博士学位。1988年获澳大利亚麦克里大学荣誉博士学位。1984年至1989年任北京师范大学校长，1998年任汕头大学数学研究所所长。兼任中国高等师范教育研究会理事长、科学方法论研究会主任、数学哲学研究会主任及《数学教育学报》主编等。长期从事概率论研究，在随机过程研究中彻底解决生灭过程构造问题，创造了极限过渡的概率构造方法。求出了生灭过程泛函的分布。在国际上最先研究多指标OU过程，求出了布朗运动与对称稳定过程的若干分布，获得马尔科夫过程的常返性、零一律等成立的条件。在国内最早研究随机泛函分析，得到广义函数空间中随机元的极限定理。创造了多种统计预报方法及供导航之用的数学方法。对科学工作者素养要求强调"德、识、才、学"四者不可或缺，1991年当选中国科学院学部委员（院士）。

魏寿昆

教了一辈子书的教授

让人难以置信的是 99 岁的魏寿昆院士，仍在读书和思考。他说："我眼睛不行，字看不清，只能听孩子们念，但是我还能走动，还能思考！"老人家读了一辈子书，教了一辈子书，为眼睛不能看书而发出了一声叹息！

魏老是土生土长的天津人，他清晰记得自己出生在天津东马路南斜街："我是家族中第一个读书人，从小学、中学、大学直至出国，是天津父老乡亲把我养育成人。"一口浓浓的乡音倾吐着对故乡的眷恋。当年，16岁的魏寿昆以第一名成绩考入北洋大学，又几乎以第一名的成绩从北洋大学毕业。一份泛黄的毕业成绩单上清晰地记载着"民国十八年（1929年）魏寿昆各科成绩平均分数94.25分"。翌年他参加天津市唯一的一次公费留学考试，英、美、德国各取一人，他考取德国柏林工业大学，攻读色染化学专业，后在德累斯顿工业大学色染纺机研究所获得了工学博士学位。

"七七事变"爆发前一年，魏寿昆回国担任北洋工学院矿冶系教授。没有安静地教上一年书，战火便燃烧到天津，只能随着母校迁徙到大后方，辗转陕西、四川、贵州、重庆等地，先后担任七八所大学的教职。抗战期间颠沛流离，但他始终没有放下教

人一生中能亲握的知识，只不过沧海一粟。 魏寿昆 一九九二、十、六

鞭。抗战胜利后，又回到母校教授物理化学。新中国成立前夕，他拒绝南迁，迎接解放。1952年院系调整，魏寿昆被任命为北京钢铁学院第一任教务长，聘为一级教授，日后为新中国冶金工业发展培养了无数人才。

教了一辈子书，老人对育人太有感情了。老伴去世后，他的书房和卧室合并成一间，书柜环绕四周，既有20世纪40年代的老书架，也有按新居定做的长达6米的新书柜。紧挨着床，还放置了一张漆皮已斑驳的老书桌。他66岁的儿子在一旁插话，说："这桌子比我年龄还大呢！"老人拍着桌沿说："这是20世纪

20年代在天津买的，逃亡时扔在亲戚家，以后又抬了回来，有80年历史了……"

魏寿昆对读书的感悟与别人不一样，他归纳为：上学读书，工作查书，工作后查资料反而成了读书的日常形态。年轻时读书是打基础，工作时查书是找方法，在浩如烟海的文献资料中找出真正有用的东西是一种本领；运用资料、融会贯通做出成果也是一种创新。魏老教了一辈子书，也查了一辈子资料，他称自己出版的五部专著是靠查资料撰写的。他说："写书当然要写点新东西，没有新东西情愿不写；出书当然要有价值，可出可不出，就不出。"本着这个原则，曾经写就的3部文稿被自己"枪毙了"！

常人都会感到读书有时很枯燥，魏寿昆却始终乐在其中。三尺讲台，老人一站就是76年，他执教鞭讲授过28门基础课和专业课，教龄之长、树人之丰，在中国教育史上也是为数不多的。

学术简历

魏寿昆　冶金物理化学家和冶金学教育家。1907年9月16日生于天津，2014年6月30日逝于北京。1929年获北洋大学学士学位。1935年获德国德累斯顿工业大学博士学位。北京科技大学教授。在冶金热力学理论及其应用中获得多项重大成果，首次提出"转化温度"概念及运用活度理论，为红土矿脱铬、金川矿提镍、包头矿提铌、攀枝花钒钛磁铁矿提钒、华南铁矿脱砷、贫锰矿脱磷等多反应中金属的提取和分离工艺，奠定了理论基础，并在国内率先开拓固体电池直接快速定氧技术。从事高等教学70年，培养了大量冶金人才。曾任《中国大百科全书·矿冶》卷冶金编委会副主任及全国自然科学名词冶金学名词审定委员会主任。中国金属学会冶金物理化学学会第一、第二届理事长，中国有色金属学会第一届常务理事。1980年当选中国科学院学部委员（院士）。

吴传钧

生态书房

　　年逾八旬的吴传钧院士每天清晨起来，先要伺候书房里的几棵巴西木、一丛丛宝塔竹，让绿油油的蔓萝爬上房顶，而白里透红的蝴蝶兰又娇艳喜人。置身吴院士的书房，仿佛置身于微型植物园，满目绿色，一室芳香。"我是南方人，喜欢绿色植物，蓬蓬勃勃春意盎然，这叫不叫绿色书房、生态书房啊？"老人俏皮地发问。

我们在绿叶婆娑的巴西木下，一边品着香茗，一边聊着往事。

吴传钧从小就对地理有特别的兴趣。在读中学时，中央大学地理系主任胡焕庸曾经兼任了他们中学的校长，所以学校图书馆里的地理类藏书特别多，这就引起了青年吴传钧对地理学的兴趣。

"从年轻到年老，除了埋头读书就是迈开双腿去野外考察。地理专业是脚踏实地的专业，我常常告诉我的学生，地理学'是一门天地广阔大有作为的伟大学问，要行万里路，读万卷书'。搞地理学非要实地普查，掌握第一手材料不可。所以，行路和读书均不可或缺。"

20世纪50年代，吴传钧和几位同事自己掏腰包集资创办《地理知识》杂志，深受中学地理老师的欢迎，成为颇有影响的科普刊物。1978年后又和兄弟单位合作，创办了《经济地理》和《人文地理》两种专业期刊。后来，吴院士又主编了《地理学报》，还曾荣获过中国科学院、中国科协、国家学术期刊评选

东书不观
游谈无根
吴传钧

的三个"一等奖"。科普刊物和学术刊物在吴传钧手中均办得有声有色。尤其是主编的《中国农业地理总论》《1:1000000 中国土地利用图集》《国土开发整治与规划》等专著，均为中国农业区划和国土研究，以及协调人地关系提出了系统的理论和方法。

老人家指着身后的书架，戏言："买得多读得少，古人讲书非借不能读也！借人家书抓紧看，借图书馆书有期限。过去书少每书必读，现在书多了，不慌不忙摆上书架反而不一定读了。"

吴院士还告诉我，家里有 20 个书架，3000 多册藏书，明年要搬新房，已经拟好了一个三分法处理：先挑部分受益最多的书，加上科研工作离不了的著作留在身边，大约占 1/4；另外 1/4 的书当废纸处理；剩下 1/2 都是地理专业书，要捐出去，送到真正需要这些书的高校图书馆，以发挥余热。他曾兼任首都师范大学、天津师范大学教授，知道两校的地理系规模较小，存书不多，心里早就有了主意，这叫"雪中送炭"。

吴传钧是苏州望族之后，家学渊博，父亲吴曾善曾是东吴大学法学院教授，兼职律师，著名书法家。抗战时期，吴传钧在大后方重庆读书，父亲在上海孤岛坚守，父子三年未谋面。大学毕业前夕，他写信求字，远在千里的父亲亲笔书写"谦卦六爻皆吉，恕字终身可行"的对联，落款处又用蝇头小楷写道："此格方旧句也，立身处世之首尽于是矣，钧儿千里外索书小联，灯下作此寄付，可当座右铭补斋壁。"这副笔力遒劲的对联伴随院士辗转六十多年，激励他做人做事。

1984 年在巴黎召开的国际地理大会上，吴传钧院士以极强的爱国热情和外交家的风度周旋于各国代表团之间。通过协商和斗争，恢复了我国在国际地理联合会中的席位。他感慨地说："为了中国地理学总算了却了一桩心愿。"

学术简历

吴传钧　人文地理与经济地理学家。1918 年 4 月 2 日生于江苏苏州，2009 年 3 月 13 日逝于北京。1943 年获中央大学硕士学位，1948 年获英国利物浦大学博士学位。中国科学院地理研究所研究员。长期从事综合经济地理(含国土开发整治)和人文地理研究。提出经济地理学是具有自然 - 技术 - 经济三结合特点的"边缘科学"地理学，研究的核心是人地关系地域系统的发展过程、机理和结构特征、发展趋向和优化调控，这些学术见解推进了地理学的基础理论研究。代表作有《中国农业地理总论》《1:1000000 中国土地利用图集》《国土发展整治与规划》《现代经济地理学》和《中国经济地理》。曾获国家科技进步奖一等奖 2 项，中国科学院科技进步奖一等奖 3 项，中国科协"周培源国际科技交流大奖"等。1991 年当选中国科学院学部委员(院士)。

吴良镛

书中构筑万家居

吴良镛院士刚忙完梁思成诞辰百年及全集出版与展览，又马不停蹄地投入清华九十校庆活动。连日来，我紧紧盯住院士行踪，终于从电话里听到了久违的声音。

步入北京蓝旗营新建的教师楼群，六层高的院士楼安装了电

梯，住户上下十分方便。整栋楼清华、北大教授各居一半，确实改善了教师住房拥挤的窘况。拜访吴良镛院士时，他家中客人还在，师母便带我逐个房间看了一遍，我用外行的眼光对新居结构功能、设计装修细细打量：舒适而不豪华，得体而不夸张。与大众化装修截然不同，确实体现出建筑学家的审美特色。

吴良镛书架的书有三多：精美画册多、艺术丛书多、建筑设计图册多。所以，书房、客厅、卧室都有一面通体书墙，每层搁板能自由调节以适合不同尺寸的画册。书桌、茶几设计得线条流畅，简洁明快，让人能心无旁骛地享受读书的乐趣。他把五尺画案挪到阳台上，迎着阳光挥毫泼墨。40年前，吴良镛的建筑水彩画就在美术界声誉鹊起，有很多优秀的画作相继问世，至今已经举办了七次个人画展。画室墙上悬挂的座右铭是："读万卷书，行万里路，拜万人师，谋万家居。"

送走客人后，吴院士便坐下与我聊起读书。他说："读书首先跟个人专业有关，搞建筑设计，从结构到工程，从整座楼到整个小区环境，应形成一套系统规划，相应地所读的书也应既有工程技术类，又有环境艺术类，还有人文科学类，是多学科的交叉相容。知识只有融会贯通，读书才能开卷有益！""我买书是买必需的书，使自己某一方面的知识更系统，藏书更完善。不同时期读书的兴趣会不一样，要勤于淘汰一些书，才有空间容纳新知识。"这几年，吴院士一直研究着不同区域的城市建筑，视野

从本土扩展到世界各国。这项研究亚洲没人做过，资料缺乏。到英国访问时，在伦敦书店看到刚出版的《全球城市地区》，定价64英镑，价格不菲，他还是毫不犹豫地买了下来。"买书有必然性和偶然性，必然性是一直有这方面的需求，偶然性是刚巧到英国。只要心中有求，就不会错过有价值的好书。单据我还保留着呢。"老人眼神中闪烁着儿童般的单纯。

吴良镛院士已出版了八部专著，手头还有《人居环境科学导论》《建筑·城市·人居环境》两本书稿正在审读清样。他主持设计的北京菊儿胡同改造规划，将中国传统建筑风格、北京人生活与现代建筑有机地结合起来，创造了老城区改造的新模式。此项规划还在 1992 年荣获了联合国颁发的"世界人居奖"，这也是近代中国建筑作品首次在国际上获得的最高荣誉，开创了在北京城中心进行城市更新的新途径。改造后的菊儿胡同由二至三层的小楼房围合而成，每平方米造价仅 500 元，连钱学森院士都极为赞赏，称其为"楼房四合院"。

　　一般人对建筑学的理解，可简单表述为"盖房子"的学问，而吴良镛院士经过几十年的实践与思考已认识到，必须吸收古今中外建筑理论的精华，打破以往对建筑学认识的窠臼，创建新的"广义建筑学"理论体系。1989年清华大学出版社出版了他的《广义建筑学》，以"聚居论、地区论、文化论、科技论、政法论、业务论、教育论、艺术论、方法论"搭建了一个建筑理论的系统框架，以此"九论"最终完成《广义建筑学》的构想，解决了中国建设高速发展遇到的实际问题。这本只有20万字的"小书"，凝结了吴院士几十年的感悟，归结成"建筑学必须要走科学道路"的升华。

　　2011年，吴良镛90高龄时迎来了"高光时刻"，2月14日，在人民大会堂，胡锦涛总书记亲自给他颁发2011年度国家最高科学技术奖。

学术简历

　　吴良镛　建筑学家、城乡规划学家和教育家，人居环境科学的创建者。1922年5月生于江苏南京。1944年毕业于重庆中央大学。1946年协助梁思成创建清华大学建筑系。1948年入美国匡溪艺术学院建筑与城市设计系，师从沙里宁读研究生，获硕士学位。清华大学教授、建筑与城市研究所所长。长期从事建筑教育及城市规划、建筑理论研究与设计实践。多年来参与北京市及各省市的规划：天安门广场改建工作，北京图书馆新馆设计，唐山地震改建规划，北京市亚运会建设研究，北京市危旧房改造等。先后获得"世界人居奖"、国际建筑师协会"屈米奖"、亚洲建筑师协会金奖、陈嘉庚科学奖、何梁何利基金"科学与技术进步奖"、首届梁思成建筑奖，以及美、法、俄等国授予的多项荣誉。1980年当选中国科学院学部委员（院士）。1995年当选中国工程院院士。荣获2011年度"国家最高科学技术奖"。2018年被党中央、国务院授予"改革先锋"称号。

祖国是发展，
科技的主战场
吴文俊
一九九二月二日

吴文俊

藏书为"史"

元旦前，陆启铿院士对我说："你应该去采访吴文俊老师，他读书多，兴趣广。"元旦后，我在中关村黄庄敲开了吴文俊院士的家门，一头银发的吴老正坐在藤椅上看书。墙上挂着一副苏步青贺吴文俊七十寿联："名闻东西南北国，寿比珠穆朗玛峰。"

老人说，他最爱下联，珠穆朗玛峰有上亿年龄，比南山高寿多了。

吴老家里满壁满地都是书卷飘香，典籍多到已无处堆放的境地，书多了也令人平添不少烦恼。最近，研究所办公条件有所改善，分给他一间大办公室，他把暂时不用的书陆续转移到办公室。那天，只见黄、蓝、黑三个颜色的大书包，正躺在地上，都已被书装得满满当当。家里留下的都是常用书籍和一些珍本。吴老告诉我，他藏了不少20世纪30年代的德文版数学书。20世纪上半叶，德国是世界数学中心之一，从高斯到柯朗出了几代数学大师，柯朗著的《微积分》通俗易懂，这些经典恐怕连图书馆都已没有了。许多德文版本就是在那个年代买到的。

1951年，吴文俊从法国留学回国，先后在北京大学和中国科学院担任教授、研究员。原来住五间一套的房子，"文化大革命"开始后，家里房子被占，五间缩成了两间，这下非得要处理掉书，当然还要处理掉家具。收废品的不愿意要精装大部头著作，嫌太重压秤，吴文俊只好在家心疼地把硬壳封面一本本撕下，剩

下书芯八分钱一斤卖掉。那些德文著作却一直舍不得卖，放在箱底保存下来，现在研究数学史正好派上用场。吴老调侃道："那个荒唐的年代，知识分子卖书不稀罕，家家都一样。幸好真正有用的书还是被我留了下来，没有伤筋动骨！"即使在"文革"最乱的时候，吴文俊仍爱逛书店，只是书店里除了《鲁迅选集》和《艳阳天》《金光大道》等几部小说外，空空如也。

　　吴文俊从小喜欢读书，也爱玩、爱运动，老年以后爱看历史书籍，他说自己对历史了解全凭章回小说、演义故事。他也喜欢看近代历史书籍，读了不少关于解放战争的书籍，而且一边读一边评判。

　　读史多了，晚年吴老开始潜心研究数学发展史，收集了大量科学史类著作。他所撰写的有关数学史的文章还分别收入《吴文俊文集》《吴文俊论数学机械论》中。除了看书，老人家还喜欢下围棋，看围棋比赛："别看小小棋子，每个棋子走到哪里都至关重要，所谓'一着不慎，全盘皆输'。其实，搞科研也是这样，要有发展眼光、战略眼光和全局观念，这样才能出大成果。"

我注意到书房墙上挂着一白一黑两块黑板，想必吴院士还常常在家里给研究生上课解题。吴老补充道："小黑板还是1979年从美国带回来的，一直用到现在，舍不得丢掉。我是踩着许多老师、朋友、整个社会的肩膀上才上升了一截，现在该让学生踩在我的肩膀再上去一截了。"与老人告别时，师母操着上海话道一声"谢谢侬"，真让人感动。2001年2月，吴文俊荣获2000年度国家最高科学技术奖。陈省身先生对吴文俊的学术成就评价："独出蹊径，不袭前人，富创造性"，并盛赞"他是一位十分杰出的数学家"。

2017年5月，吴文俊去世，丘成桐先生写了挽联："同苏公高寿，受荣名于国家，福难比矣；继陈氏之后，扬拓扑于中土，功莫大焉！"

学术简历

吴文俊　数学家。1919年5月12日生于上海，籍贯浙江嘉兴。2017年5月7日逝于北京。1936年被保送进交通大学数学系。1949年获法国国家科学博士学位。1951年回国后，先在北京大学数学系任教授，后到中国科学院数学研究所任研究员。作为中国科学院数学与系统科学研究院研究员、名誉所长，主要成就在拓扑学和数学机械化两个领域。为拓扑学做了奠基性工作，示性类和示嵌类研究被国际数学界称为"吴公式""吴示性类""吴示嵌类"，至今仍被国际同行广泛引用。创立的定理机器所证明的"吴方法"影响巨大，成了中国数学机械化研究的创始人。在数学史方面也作出重要贡献。1956年获首届国家自然科学奖一等奖，1979年获中国科学院自然科学奖一等奖等多项大奖。1957年当选中国科学院学部委员（院士），1992年至1996年任中国科学院数理学部主任。1991年当选第三世界科学院院士。荣获2000年度国家最高科学技术奖。2019年被授予"人民科学家"的国家荣誉。

吴咸中

科学追"新" 文化倡"老"

　　"难啃的稿子都压在主编手里。"81岁仍担任《中西医疗外科杂志》主编的吴咸中院士，面对案头一摞稿件轻声地发出一声叹息。记者登门造访使老人暂时放下手中的毛笔，似乎早有准备回答记者的提问。他说："我还没有到无事读闲书的时候。有需要才读书，现在阅读的范围比较固定，第一是科研需要，读专业著作；第二是教学需要，带学生完成论文；第三是医疗需要，遇到疑难杂症查书、查资料、查病历，尤其利用计算机检索效率高。现在读书与过去不一样，以前手不释卷，现在轻点键盘，把需要的资料调出来，或下载，或打印，更加快捷简便。我年纪大了，思想大体还跟得上形势，就是靠不断地读书，不断改变读书方法，用最快的速度获取知识！"

　　我问："看您刚才仍用传统的毛笔批改文章，怎么不用电脑修改？"他说："是啊，计算机的普及是好事，但传统的书写形式也不能丢，年轻人用键盘代替手写，毛笔、钢笔已没人练，以后会觉得是一种遗憾。我小时候，暑假作业都要练习写大字、写小字，以后又练习钢笔字。现在小学生功课压得太重，没有时间

练字，读到大学毕业，字能写得漂亮的不多。原来门诊都是手写病历，现在改成打印，好像不必练字了。其实，还是要鼓励孩子学习写字，继承我们民族的书法传统。老一辈医学家开的方子、写的稿子，如今都成了珍贵文献，书写方块字的传统如果丢失了，对中国文化乃至世界文化都是损失。科学要追求新，文化要提倡老。所以，改稿子我仍习惯用毛笔，但对电脑一点也不外行。"

吴老起身来到客厅，打开桌上的笔记本电脑，调出页面内容，有个人学术报告集，有同行学术报告集，还有网上下载文章，杂事小记，分门别类，条清缕晰。他还专门设立了便笺一栏，把过去随手记在纸上的习惯改成存进电脑，"要把笔记本电脑真正变成笔记本"。老人随即用键盘输入"今天记者来访"，轻轻一点便输进便笺。有时电脑卡壳"闹罢工"，我让小孙女帮忙解决，说完露出顽皮的笑容。

　　吴咸中告诉我，天津医科大学重点学科急腹症研究所有一个小型图书室，里面的书籍、杂志基本上是他捐赠的。他把奖金和讲课费拿出来，每年都托学生从国外购回一批最新的学术著作，10 年下来，已经累积了一定数量的藏书。

　　正值立秋，津门酷热难熬，吴老家中没开空调却让人感觉丝丝凉意，墙上范曾先生书赠《荷静莲生》几个飘逸的大字颇能代表书房的意境。书柜的一角新添了几十个古香古色的檀木匣子，里面盛满了从各个国家收集来的钥匙链，老人颇为得意地随手抽出一抽屉，但见里面琳琅满目，美不胜收。

学术简历

　　吴咸中　中西医结合专家。1925 年 8 月 28 日生于辽宁新民。1948 年毕业于沈阳医学院获学士学位。天津市中西医结合急腹症研究所所长。1984 年任天津医学院院长。1989 年当选中华医学会副会长、中国中西医结合研究会理事长、中华医学会天津分会会长、天津市科学技术协会副主席。早年从事普通外科临床，20 世纪 60 年代初投身于中西医结合治疗急腹症的临床与研究，长期实践形成和完善了规范的诊治原则与方法，建立了中西医结合治疗急腹症的新体系。20 世纪 80 年代后期提出了"在高层次上开展中西医结合"的战略思想，将研究重点转向危重急腹症的治疗及相关基础理论的研究，明显提高了急性重症胰腺炎及重型胆管炎的疗效，从不同层次上阐明了通里攻下、清热解毒及活血化瘀等治则的作用机理。培养博士生 20 多名、硕士生 30 名。发表学术论文 100 余篇，主编专著 11 部。1996 年当选中国工程院院士。

席泽宗

认识一位好老师

　　我的突然登门采访，令席泽宗院士有点措手不及，好在我礼貌地说明只谈读书的话题，他便欣然接受。

　　谈到怎样引导年轻人读书，读什么书时，席院士说："读科普著作，是引导青年人热爱科学的一条捷径。"他自己在青年时代就是被科普吸引而走上科学道路的。席院士追溯了一段往事："20世纪40年代，我在兰州读高中，看到一本由著名天文学家张钰哲写的《宇宙丛谈》，这是一本有关天文学的科普文集，32开本，薄薄的小册子却把我的渴求知识的冲动导入了一个神奇的世界。当年我真的对这本小册子爱不释手，连着读了好几遍，像是为我打开了一扇窗户，似乎认识一位好老师。至今，我还清晰地记着书中内容。"席院士动情地补充："虽然《宇宙丛谈》已被我丢

失了，但至今我还保存着张钰哲先生写的更早的一本书。"说着，他起身走近书架，弯腰翻捡起来。一本已泛黄的小册子摆在我面前，封面繁体字印着《天文论丛》，是民国22年（1933年）由商务印书馆出版的。他轻轻地翻着："这本书已出版快70年了，它伴随我一生，我确实是靠它走上研究天文学和科学史研究道路的。"

正是张钰哲先生的著述使席泽宗对天文学产生了兴趣。于是，他在上海考取了广州中山大学天文

系。1948 年元旦，席泽宗在广州《越华报》发表了他的第一篇科普文章《预告今年日月食》。此后，他一面学习，一面在广州《建国日报》《南方日报》，香港《大公报》《文汇报》上发表了几十篇关于天文学的文章。1951 年，商务印书馆出版了席泽宗的第一本著作《恒星》，那时候他刚从大学毕业。

1965 年，在席泽宗还是助理研究员时，英国科学史家李约瑟即致函中国科学院竺可桢院长，建议推荐席泽宗为国际科学史研究院通讯院士。1984 年，席泽宗成为中国天文学史专业的第一位博士生导师。

席泽宗的科普文章叙事清晰，推理严密，科学与人文相融，学术性与可读性俱佳，这是他文理兼通、科研与科普俱佳的必然成果。从他的《古新星新表与科学史探索》著述中可以发现，科学文稿写得明晰确实比写得华丽更加困难。也就是说，达意朴实、不加修饰的作品，往往更能体现科学家的学术素养，这也是席泽宗一直追求的文风。

　　我趁热打铁地追问："既然科普著作如此吸引人，您能给读者介绍几本好书吗？"席泽宗沉思片刻："现在好的科普书不多，我可以推荐湖南教育出版社出版的"中国科普佳作精选"丛书，这套书精选了建国 50 年来所出版的，在读者中有广泛影响的科普著作计 33 种。其中《"北京人"的故事》《蛇岛的秘密》《小灵通漫游未来》等书已多次重印，影响了几代人。"说着，他递给我一本刚出版的《打开原子的大门》，并嘱我将此书带回家，给在读初中二年级的孩子看。儿子果然读得津津有味，瞅着他专注的神情，我想起席院士的话："一本好的科普著作等于一位好老师。"

　　从此，我对席院士的印象又从治学严谨的科学家，变成一位和蔼可亲的敦厚长者。

学术简历

　　席泽宗　天文学家和天文学史学家。1927 年 6 月 9 日生于山西垣曲，2008 年 12 月 27 日逝于北京。1951 年毕业于中山大学天文系。1957 年任中国科学院自然科学史研究室天文、工艺、化学、物理史组长。1978 年任自然科学史研究所古代史研究室主任，并负责筹建该所近现代史研究室。1983 年至 1988 年任所长。作为我国第一位科学史研究机构创建者之一，提出从史书中鉴别新星的 7 条标准和区别新星与超新星的 2 条标准，探讨了超新星爆发的频率。1955 年发表《古新星新表》。从中、朝、日三国的历史文献中找出 90 颗疑似新星，其中 12 颗可能属于超新星，并探讨了这 12 颗超新星与当今观测到的超新星遗迹以及射电源的关系。在为中国科学史研究作贡献的同时，还撰写了大量有价值、有影响力的论文及科普文章。1991 年当选中国科学院学部委员（院士），1993 年当选国际科学史研究院院士。1995 年当选国际欧亚科学院院士。2007 年经国际天文学联合会小天体命名委员会批准，将编号为第 85472 号小行星正式命名为"席泽宗星"。

肖纪美

学海拾贝

肖纪美院士刚过八十华诞，又迎来新世纪曙光。恰逢新春佳节，满屋子鲜花和贺卡争奇斗艳。肖老有四间屋，其中三间是书房，大大小小十六个书架。老人动情地说："人上了年纪，就变成一个有思想的废物，教了一辈子书，编书、写书断不了与书的感情。"每天仍在电脑前或书房里工作数小时。

　　他没谈往事，却给我念了一首诗："飞腾十年有几何？'文革'十年有坎坷！追忆十年重起步，留美十年是南柯。再加十年恨日寇，少习十年归长河。展望十年如朝露，愿随飞天作十兜！"这首以十年为一期的诗，浓缩了肖院士八十年的人生历程。

　　他操着一口略带湘音的普通话，话题涉及各领域．他形象地把读书、写作、出版均比作产业："拾贝"为一产，"贝雕"为二产，"出版"为三产。在浩瀚的材料科学海洋中漫游沉浮，谨慎挑选，组装成十五个贝雕——出版了十五部专著，可谓硕果累累。对过去的成就肖老并不满足："人间正道是沧桑，专家落后正茫茫。环境巨变需通才，新园异花分外香。"他给专家下定义：

"对愈来愈少的事物知道得越来越多。"现在时代变化，信息爆炸，培养适应新世纪的通才是当务之急。他说："通才具有广阔的视野，科技工作者尤其该懂自然辩证法和形式逻辑，尽可能博览群书。"现在治学趋向以简驭繁，学术新意可借此类比。为此，肖老深情地

作了一首诗："支离破碎曾满意，壮年反复审纠纷。继续深疑无路走，却交类比又一村。"

肖院士对司空见惯的文山会海也有其独到的见解。他每年参加上百次工作会、学术会、茶话会、评审会、发奖会，为此专门写了一首"会议颂"：会议内外情意深，交流交锋又提神。何必独行万里程，万次会议关人生。

他以科学家的人生体验和独特感悟，撰写了一部科技方法类的书籍——《梳理人、事、物的纠纷》，被收入"院士科普书系"第一辑，在北京图书大厦卖得火爆。人到老年，整理自己的学术思想也是一项任务和一件快事。前不久，他又从自己多年来写的近千首诗词中挑选出 300 首，编成《士心集》出版，书名取自"士

心为志，诗以言志"。老人笑着说："不敢妄称诗集，权作晚年自述，只有一句话：老得太快，知得太晚，做得太少。"

肖院士已年过八旬，除了听力下降外，身体十分硬朗。成为资深院士后，他可以不再参加各种鉴定会和出席开幕式活动，但依然眷恋三尺讲台，坚持为高校学子开讲座。只要有空，外地学校的邀请也不会被拒绝，做学术报告不收取任何费用。在百余场讲座中，肖老将自己的人生智慧归纳为简单的规律——将"物"理外延到"人"理和"事"理，进而上升到"哲"理。从科学到人文，道理都是互相通融的！

肖老归纳自己的人生："少喜诗文，壮耕科技，老崇类比交叉……"可见，老人家谈锋正健，古今中外，旁征博引，俨然像一位文史方面的专家。

学术简历

肖纪美　金属材料学家、金属学专家和冶金教育家。1920 年 12 月 7 日生于湖南凤凰，2014 年 4 月 23 日逝于北京。1943 年获交通大学唐山工学院学士学位。1948 年赴美国密苏里大学矿冶学院学习，先后获得冶金学硕士、博士学位。1957 年回国后相继任北京钢铁学院教授、金属物理教研室主任、材料失效研究所所长、副校长。长期从事钢铁冶金、金属材料和金属物理的教学和科研工作。提出合金设计新方法，开创节镍不锈钢的研究；开展断裂分析，发展断裂学科；1985 年创建北京科技大学材料失效研究所，1986 年成立"环境断裂开放实验室"；相继开设金属材料学、合金相理论、金属物理、腐蚀金属学、金属的韧性与韧化、断裂力学、合金能量学和材料学及方法论等课程。兼任国际刊物《冶金学报》与《冶金快报》中国编辑。出版专著 10 部，其中 3 部获优秀图书奖。1980 年当选中国科学院学部委员（院士）。

谢家麟

把书装进口袋

　　谢家麟院士20世纪50年代从美国回来，在中关村住宅区有一间不错的书房。随着儿女成家，第三代长大成人，书房变成孙女的寝室。

　　去年，谢院士搬家到黄庄，80岁时总算又有了自己的书房，我慕名前去拜访。书房里陈设的仍是从旧居迁移过去的老式书柜，里面藏书并不多，尽是些活页夹和牛皮纸袋。谢院士说，现在信息爆炸，知识更新很快，有限的空间和日益增多的书籍总是一对矛盾。对此，许国志院士曾写诗感叹：屋小书多无可奈何！谢家麟院士也有同感。过去书多得堆在地上，摞到房顶，查起资料来实在困难。现在，谢院士提出明确的藏书原则——由多到少，由厚到薄。他手指一排排文件夹和编了号的纸袋，说："这一个活页等于好几部著述。现在会议多，新书多，仅国际加速器会议一年就要开好几次，文章如山，论文集厚厚几大本，专著就更多了，根本看不完。"谢院士不得不采取缩小阅读范围，保持阅读深度的办法，把目标锁定在追踪加速器最新研究成果上。其实，一本论文集中最好的文章只有几篇，复印下来，一本厚书变成薄薄几页纸了，查找起来也十分方便，可大大节省书柜的有限空间。

谢老还得意地向我勾画出未来的书房："把一屋子书压缩在一张光盘里，最终实现个人拥有图书馆的梦想……"

谢老说："人应该有广泛的兴

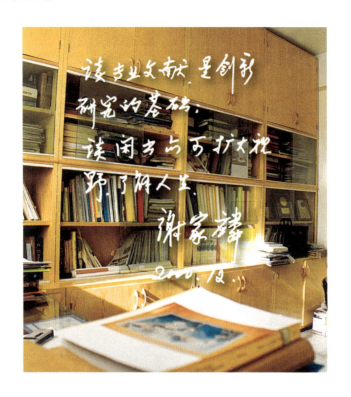

趣，世界上有那么多美好的东西，你一点不知道是很遗憾的。我现在读小说，听音乐，浏览诗词，连好看的电视剧也不放过。不管多么忙，读些闲书扩大视野总是人生需要的。借助小说了解社会，了解我无法接触的各个阶层。最近刚读完蒋子龙写的《人气》、王跃文写的《画皮》。我也常到书店翻翻流行书籍，通过畅销书可了解青年人的想法和追求。每天临睡前读点英文小说，也成了我多年养成的习惯。到了我们这个年龄，没有人要求你做什么，但对自己应有点压力。人的精力随着年龄的增长而递减，要学会慢慢放弃一些东西，甚至多年培养起来的兴趣，集中到真正关心的研究领域，才能勉强跟上时代前行的潮流。"

　　有谁能想到，面前这个不起眼的老头竟是世界第一台医用电子直线加速器、中国第一台可向高能发展电子直线加速器、中国第一台高能正负电子对撞机、亚洲第一台自由电子激光装置、世界第一台紧凑型新型加速器的研制者！这些"填补空白"的尖端技术装置与谢家麟的名字紧紧连在一起。他在漫长而曲折的科技人生中，以 2 项世界原创、3 项填补中国空白的科研成果，创造了一个又一个奇迹，为我国高能粒子加速器从无到有并跻身世界科技前沿，作出了杰出贡献。

　　2012 年 2 月 14 日，谢家麟获得 2011 年度国家最高科技奖。上台领奖时他说："我只是很一般的平常人，既不聪明也不能干，我能获奖，说明一个人不管资质怎样，只要不断努力就能取得成就。"

学术简历

　　谢家麟　加速器物理学家。1920 年 8 月 8 日生于黑龙江哈尔滨，原籍河北武清。2016 年 2 月 20 日逝于北京。1943 年毕业于燕京大学。1951 年获美国斯坦福大学博士学位。中国科学院高能物理研究所研究员。在美国期间领导研制成功世界上能量最高的医用电子直线加速器。1964 年领导建成中国最早的可向高能发展的电子直线加速器。20 世纪 80 年代领导北京正负电子对撞机工程的设计、研制和建造。90 年代初领导建成了北京自由电子激光装置。通过数十年在加速器领域的研究、建造和人才培养，为中国实验物理和加速器物理及技术的发展起了重要推进作用。截至 2010 年 6 月已先后发表科学论文数十篇，代表作有《速调管群聚理论》(与赵永翔合作) 和《北京正负电子对撞机与北京谱仪》。先后获国家科学技术进步奖特等奖、二等奖以及全国科学大会奖等多项，1995 年获第四届胡刚复物理奖，1995 年获何梁何利基金"科学与技术进步奖"，还荣获 2011 年度国家最高科学技术奖。1980 年当选中国科学院学部委员 (院士)。

许国志　蒋丽金
伉俪院士聊读书

　　许国志、蒋丽金院士夫妇的家朴素得难以想象，没见一件像样的家具，门厅、客厅、卧室随处零乱摆放着的都是书架、书柜、书籍。他俩的专业不同，读书兴趣自然也不同，书架彼此分工，蒋丽金的杂志、文稿堆满卧室，许国志的书籍、论文占据客厅。蒋丽金老人开口便说："我读书不多，天资也不高，上小学时同班好多女同学都比我聪明，但读到毕业后，其他同学的家长就不让她们继续念书了。毕竟旧社会普遍重男轻女，女孩子能念中学的已很少。我却比较幸运，因为父亲只有两个女儿，所以一直读到高中。我喜欢学医，考上北平协和医学院读了才三个月，太平洋战争爆发，1941年12月8日协和医学院被迫关门，我又不想到日本人控制的北平医学院继续读书，便转到辅仁大学改学化学。我很庆幸能随著名药物学家萨本铁先生学了四年。他常常启发学生除了专业知识外要多涉及物理学、生物学等学科；做实验前让

我们查有关书籍，了解前人失败的经历，然后才动手，实验可少走弯路……"老人实实在在地阐述了她的学习方法：第一，视野要宽，知识面要广；第二，不要怕失败，只有经得起失败才会成功。

1946年，蒋丽金考取自费出国留学生，担心没钱出国。她节衣缩食，在大学当了整整两年助教。为了不让钱贬值，每次发工资后她都精明地把薪水全部买了面粉，等到有换外币的机会，再把面粉卖出去，立刻把钱换成外币。蒋丽金在美国明尼苏达大

学获得博士学位后到堪萨斯大学去工作，遇到年龄与经历相似的许国志，1954 年 8 月 15 日两人结婚。

许国志也是 1946 年考取自费出国的留学生，也要筹措经费读书。他兴趣广泛，对音乐、文学十分喜爱，在北平廉价收集了不少日本人投降后处理的旧唱片，带到上海卖了，凑齐了出国费用还绰绰有余。1953 年，他获得堪萨斯大学哲学博士学位。与蒋丽金结成伉俪时，他已 35 岁。

1955 年 9 月 15 日，蒋丽金、许国志夫妇搭乘美国总统轮船公司的克利夫兰总统号轮船从美国直接到达香港。在总统号轮船上他们认识了钱学森夫妇，"回中国后准备做什么工作呀？"钱学森问道。蒋丽金专攻化学，回中国后必定要干老本行。而许国志还没拿准自己是从事机械还是钻研数学，于是征求钱学森的意见。钱学森建议许国志从事运筹学的研究。当时，运筹学在美国也是一门新兴学科，它需要一批具有相当素质和洞察力的科学家。听从钱学森提的建议，许国志回国后筹建了中国第一个运筹学研究室，开始从事系统工程科学研究。他以一名科学家的眼光，积极倡导遵守互补原则、易位原则、三多原则、一盘棋原则等四大原则，为运筹学的发展奠定了良好的基础。

那么，许国志院士读书有什么特点呢？

工作之余，许院士喜欢填词自娱，一问方知，他正在系统研究"词令"，已经做了不少案头工作。许老讲，现在写诗的人多，写词的人少，会作曲调的几乎没有。他想在词曲方面做点普及工作。与已出版的按朝代编的唐宋名家词选不同，他准备编一本以调为主的词选，书名叫《古今词五十调》。选词作者并不仅限于唐宋元明清，连近现代词人王国维、柳亚子、毛泽东的词都选入。

我问道："小令好写，长调难填，长短调词牌林林总总怎么挑选？""以长短句中的词曲为主体，方便初学者背诵。"许老说，"我编这本书的目的是让人欣赏吟诵，在吟诵过程中获得愉悦，像《念奴娇》词，当你反复背诵几首就会产生兴趣，自己去试着填词了。

不得不佩服老科学家的独到见解，祝愿《古今词五十调》早日出版。临别时，老人赠我一首他写的绝句："不信儒冠曾误我，恨无慧语可惊人。他生倘得从吾愿，甘为诗书再献身。"

先读小占
托读雅者
许国志
2000年12月

学术简历

许国志 系统工程、运筹学专家。1919 年 4 月 20 日生于江苏扬州，2001 年 12 月 15 日逝于北京。1943 年毕业于上海交通大学。1947 年赴美留学，1949 年获堪萨斯大学理学硕士学位，1953 年获哲学博士学位，同年任芝加哥大学气象学系研究人员，1954 年任马里兰大学流体力学及应用数学研究所研究人员。回国后任中国科学院系统科学研究所研究员，长期从事运筹学、系统工程和系统科学等研究。20 世纪 50 年代筹建并领导第一个运筹学研究室，组织开发第一批运筹学在运输、铁道运营和钢铁工业中的应用课题，写出了第一批有关运筹学的专著和文章。80 年代开展系统工程在我国的研究，参与筹建中国科学院系统科学研究所和国防科技大学系统工程与数学系；创建了中国系统工程学会及第一个系统工程的刊物《系统工程的理论和实践》。1985 年起兼任中国系统工程学会理事长。1995 年当选中国工程院院士。

读好书
求老师

蒋丽金

2000.12

学术简历

　　蒋丽金　有机化学家。1919 年 4 月 15 日生于北平，籍贯浙江杭州。2008 年 6 月 9 日逝于北京。1944 年毕业于辅仁大学化学系。1951 年获美国明尼苏达大学博士学位。50 年代在美国从事可的松衍生物的合成以及维生素 D 合成的部分工作。回国后从事中国大漆漆酚的研究，硼氮化合物的合成等工作。作为中国科学院化学研究所研究员与中国光化学研究的主要奠基人和开拓者之一，1978 年后专注生物光化学，特别是在中草药竹红菌素的光疗机制、藻类天线系统的结构与功能等方面做了系统研究，取得一系列重要成果。分别于 1990 年、1993 年、1996 年三次获中国科学院自然科学奖二等奖。先后兼任美国 *Organic Preparations and Procedures International*、中国科学院海洋研究所 *Chinese Journal of Oceanology and Limnology*、《中国科学》《科学通报》编委及顾问等。1980 年当选中国科学院学部委员（院士）。

杨叔子

唯书方可智育人生

　　进门，递上我的名片，杨叔子院士指着名片上的漫画头像说："漫画也有科学，漫画家懂得现代数学中的拓扑学，能用寥寥几笔就惟妙惟肖地把人的形象特征勾勒出来，那几笔就是拓扑中的特征不变量。只有抓住事物本质特征，才能达到高度凝练。"

　　杨院士快人快语，总能古今中外旁征博引，也总有精辟独到的见解，这得益于老人家深厚的人文学养。他在担任华中理工大学校长时，在全国高校中率先对新生进行语文水平考试，规定理工科学生每年要拿到人文学科的两个学分。他主编的《中国大学人文启思录》已出版了四卷，获各界广泛好评。杨院士和他的同事为改变高等教育重理工轻人文、重专业轻综合素养的偏向，欲重塑中国大学的人文精神作了许多艰辛的努力。在杨院士的理念里，科学与人文本是"同源共生"，都是文化整体中不可或缺的组分，因而彼此交融、相互关联且不可分割。他每年都会应邀赴全国各所高校举办几十场人文与科学的讲座，使数以万计的学生受到心灵震撼。他倡议理工科学生每星期至少读一本文、史、哲

书卷多情似故人，
晨昏忧乐每相亲。
杨叔子
2001.3.

方面的书籍或一部中外文学作品。书目一开出，图书馆名著被借空。如今，华中科技大学已经构建起"讲座、交流、读书"三位一体的人文工程。

"学习人文起码有两个好处：一是渊博知识，开阔视野；二是树立对国家民族的高度责任感。人文管灵魂，管塑造人格。现在提倡科学的原创性，原创性的突破没有人文基础不行，人文恰恰是开放性思维。"他一字一顿地说道，"逻辑思维是正确的基础，形象思维是创新的源泉。"进一步阐明："寻找人文精神要追溯原点，到中华民族经典著作中去找。我赞成年轻人该读《老子》《论语》。"为此，从1998年开始，他让自己带的硕士生、博士生背老子的《道德经》；1999年又要求加背孔子《论语》前七篇，否则不能参加论文答辩。学生为难啊，背不下来。他固执地表示，背不下来不给学位。并振振有词："我63岁开始背《老子》，既当校长又搞科研，事情那么多，我能背下来，你们为什么不行？"

说着，杨院士当着学生的面，随手翻开《老子》，上面密密麻麻记载着自己的学习体会，在书旁的空白处还写着：1996年3

月 6 日，咏三遍背一遍。"只要下功夫，一个月就能背得滚瓜烂熟！""传统经典里面有许多至理名言，不修身无法调动人的主观能动性；不讲德育，科学技术不会自动转化为精神文明。"杨院士不但教育他人，更是身体力行，难怪他主编的"中国大学人文启思录"丛书，被《人民日报》称为"重塑大学人文精神的力作"。

杨院士认为，兴趣是做好科研最重要的前提："兴趣有两大因素，一是个人的天资，二是后天的成长环境。对现在的研究生和科学工作者而言，有两点很重要：一个是兴趣；另一个是责任心。"

他最喜欢的名言是："世界是'傻瓜'建成的，不是'聪明人'建成的。"身处眼前这间小小的书房中，我确确实实地感受到了这股不断射出的科学与人文的光彩。

临别时，杨院士赠言："唯诚方可优育天下，唯书方可智育人生。"

学术简历

杨叔子　机械工程专家。1933 年 9 月 5 日生于江西湖口，2022 年 11 月 4 日逝于武汉。1956 年从华中工学院机械工程系毕业后留校任教。1981 年赴美国威斯康星大学麦迪逊分校做访问学者。后任华中理工大学教授、校长。立足于机械工程，致力于机械工程与有关新兴学科的交叉，着重于机械工程中的信息技术与智能技术，拓宽了机械工程学科的研究领域。主要研究方向为先进制造技术、设备诊断、信号处理、无损检测新技术、人工智能与神经网络的应用。截至 2013 年，已在国内外发表学术论文 500 余篇，出版专著、教材 12 种，获得国家级、省部级教学、图书重要奖励 13 项。任高校人文讲座精品"中国大学人文启思录"的编委会主任，发表有关教育方面的论文 50 余篇。获国家自然科学奖、国家发明奖、省部级科技奖 20 多项，专利 5 项。1991 年当选中国科学院学部委员（院士）。

杨遵仪

读书剪报伴终身

  杨遵仪院士的书房满坑满谷都是书，让人几乎插不进脚。除了窗户，三面墙都是满满的书柜，凡放不进去的书，只能摞在书柜上，一直摞到天花板。剩余的空间还用书架隔成一条人形胡同，变成狭窄的书墙，室内仅能容下一桌两椅。为了拍下书房全景，

我只能退到墙角。

杨老爽直地说："书房太挤了，咱们到客厅里聊吧！"

落座后，他紧扣主题："我每天起床第一件事是读报看杂志，《光明日报》《科学时报》《深圳特区报》《深圳商报》，这几份报纸天天送来，总得翻一翻。还要看地质方面的国内外杂志，每天总要花上三小时的阅读时间，重要文章还得剪下来留存。"

我随手翻了翻堆在桌面上的剪报，有江泽民在院士大会上的讲话、中国名楼介绍、防癌七招等，还有时政新闻、养生常识……真是兴趣广泛，童心未泯。杨老告诉我，还是在上学时已养成了读书剪报的习惯。1929 年考入清华大学地学系时，因为家贫，课余时间到图书馆兼职，一个钟点挣两毛钱，一个月下来有近 10 元收入，刚好够吃饭。从大学二年级一直干到毕业，对图书馆情有独钟。除了读报，更喜欢买书读书。他老伴在一旁插话："只顾买书，书房早堆不下了，见到辞典还往家里搬。"老人笑呵呵地说："这倒是实话！"他起身带我走进书房，指着书架上林林总总的各类辞典，"因为每再版一次，都会增加新的词条，当然需要不断补充！"我环顾一圈，仅英汉辞典就有七八种之多。杨老从桌上抱起新出版的宛若城墙砖块般厚重的《中国历史大辞典》对我说："每本 490 元，上下册近千元，这是刚刚打折，我

就买下的。"老伴补充道:"平时买根冰棍都不舍得,买起书来一点也不心疼。5月份劳动人民文化宫举办书市,我陪他逛书市,花10元买本《中国山水资源大辞典》,还连声说'便宜'。早年在清华园,他与梁思成、林徽因一家住前后院,也常见徐志摩。于是,还顺便买了几本徐志摩的书。逛完书市又到西单图书大厦转了四个小时,连瓶矿泉水都舍不得喝。我说咱们在外面吃顿饭,他只肯花五元钱买碗面条。"

杨遵仪倚在书桌旁,一边听夫人数落,一边宽厚地笑着。回到客厅落座,他拿出刚刚闭幕的院士大会上中央领导接见两院院士合影照片给我看。有趣的是,与总书记、委员长、总理一起坐在前排的不是各级领导而是资深院士,杨遵仪与魏寿昆两位老人分别坐在党和国家领导人江泽民、李鹏旁边。

　　杨院士是我国地层学研究的开拓者和领导者，也是著名的地质教育家。他执教鞭 50 多年，先后讲授过地质学、古生物学、地史学、地层学、生物地层学、古生物学原理等各类专业课程；参与主编《古生物学》《古生物地史学》《古生物学教程》《生物地层学教程》等教材。1960 年，他还与郝诒纯教授一起创办了我国第一个地层古生物学专业，为国家培养了几百名地层古生物学专业的本科毕业生，被国家教委授予"全国优秀教师"称号。他的学生殷鸿福院士这样评价他："从古生物学来讲，他见识最广；从地层学来讲，他学问最博。他是中国古生物学和地层学的一部'活字典'。"

学术简历

　　杨遵仪　中国地层古生物学家。1908 年 10 月 7 日生于广东揭阳，2009 年 9 月 17 日逝于北京。1933 年毕业于清华大学地学系，1939 年获美国耶鲁大学哲学博士学位。回国后，先后担任两广地质调查所所长，中山大学、北京地质学院教授、系主任，清华大学和武汉地质学院教授。作为中国古生物学和地层学的奠基人、新中国地层古生物事业开创者之一和地层古生物教育事业的开拓者，曾兼任中国古生物学会副理事长，中国地质学会常务理事，中国地质学会地层古生物专业委员会主任，以及《中国科学》《科学通报》《地质学报》《古生物学报》等专业学术期刊的主编或编委及一些国际地质学术组织的负责人。长期从事古生物学和地层学的教学和研究工作，对无脊椎古生物的门类有深入研究，曾组织领导了对古生代与中生代之间生物绝灭事件的成因、二叠系与三叠系界线及其上下矿产形成规律的研究。在古生物学、地层学、古生态学及古生物地理学的各个方面都做过比较深入的研究。先后发表了 60 余篇论文，出版了 7 部专著。1980 年当选中国科学院学部委员（院士）。

叶笃正

尽信书不如无书

叶笃正院士搞了一辈子气象研究，也和书打了一辈子交道。从中学开始读课外书，一直到大学到国外搞研究总离不开书。他讲了一个故事："抗战时期我在西南联大读书，开始国民政府对大学生不征兵，但有很多同学自愿参军参加抗战。1938年我读大学二年级时，也和同学们一起报名参了军，在军队做抗日宣传与鼓动工作。参军时我背包里放了两本书——一本气象学，另一本物理学。当时，每个军人平均负重几十斤，加上书，我比别人还多了几斤。在行军途中抽空看书，虽然看不了几页，但心里总惦念着书里的内容，关心地质、河流、气候等自然要素。别人讥笑说：'打仗连命都顾不上，还背着书，真是书呆子！'我却一直舍不得丢掉它们，宁愿做'书呆子'。我们身上除了武器干粮外，每人发两套单衣，一套棉衣，行军打仗一直背在身上。从冬天背到夏天，天气越来越热，身上的汗也越来越多，干脆把棉大衣换成鸡蛋，边走边吃，减轻身上重量，后来又陆续扔掉其他行李。别的东西少一点没有关系，但书不能丢。一年后，我把这两

本书完整地带回学校。"

叶笃正讲的这个故事说明：读书人对书有一种割舍不掉的感情。

叶笃正平时常对自己的学生讲，尽信书不如无书。尤其是科研工作者一定要带着挑剔与批判的眼光去读书、看问题，对书本中的观点不能全盘接受，要有自己的判断眼光——既信又不信。如果全盘接受反而不知其所云，还不如不去读它。书中的内容你全相信了，自己的主见就全没有了，一定要找出其中不可信的地方。最好能把两篇文章、两种观点对照起来读，千万不要人云亦云。很多时候，不要过多受书本的影响，要坚持自己的观点。当然，首先得找到书中的核心观点，才能用自己的观点作细致的分析，搞清楚后才算真正读懂了。

"尽信书不如无书，这是我中学老师告知的一句古人的话。几十年过去了，现在由衷地体会到这句古话真是讲到点子上了。从这句话中，我学到了很多东西，也影响了我一辈子科研生涯。现在，我也给学生强调这一读书的理念，读书的方法有千千万，但离不开一个基本道理——不要被书牵着鼻子走。"

武侠小说有玄机

叶院士虽搞了几十年科研工作，却还是很喜欢看武侠小说，尤其是金庸、古龙的作品，都读了很多遍，真有点百读不厌的感觉。他已把读书当成人生的消遣，白天搞科研，晚上读小说，逻辑思维和形象思维相互调剂。叶院士读武侠小说还真看出了门道，他说："武侠小说给了我不少启发。里面常常有这样的情节，小说里的侠客总能绝处逢生，山穷水尽时突然柳暗花明。这个启发很

知行合一

不为无益

萧军

2000.12

重要，就是不要把什么问题看死了，搞科研碰到难关，就要去想怎么才能绝处逢生。工作时一条路走不通，左拐右拐地找出路，甚至换个思路，往往就可能突破。这种情况同武侠小说讲的绝处逢生是一个道理。常常是看起来没希望时，只要改变一下思路就柳暗花明又一村。稍微拐个弯，本以为的死路却

呈现坦途。我常在想：为什么会绝处逢生呢？这是因为写书人的想象力，在时间和空间上有回旋余地，他们的空间感、时间感很强。做学问也同理，需要海阔天空，思想高远，在不通处求通达。要想办法绝处逢生，找到柳暗花明才是真本事。我自己写文章时也常常会钻进'死胡同'，我就干脆放下手中的工作，读读武侠小说，换几个角度去思考。我的好几篇论文就是夜里躺在床上构思的，经过长时间的思考、长时间的积累，夜深人静时会突发灵感。灵感一来，就赶紧从床上爬起来提笔撰文。听说，写小说的作家也有寻找灵感的故事。看来，这确是做学问的不法二门。我在20世纪末曾组织一个研究小组，开始攻关21世纪全球气候演变的规律。正是从武侠小说中学到了怎样把握时间和空间尺度，视野也就开阔多了。"

科学家也写科普书

1978 年"科学的春天"来临后，叶笃正担任了重新恢复的气象学会的理事长，在学会内成立了科普委员会，出版《气象知识》刊物及举办全国青少年气象夏令营。《气象知识》成为发行量最大的气象刊物，气象夏令营也受到全国科协的表扬和支持。叶笃正亲自带头撰写科普书，经过前后 8 次修改，2004 年完成《需要精心呵护的气候》一书，还获得 2005 年国家科学技术进步奖二等奖，中央电视台 10 频道做了专题介绍。2009 年，又完成《气象预报怎么做如何用》一书，很有特色的是书中每一小节标题均为 7 个字，押韵合辙就像一首七言诗，内容丰富、文笔优美、言之有物，传播以用户需求来考量预报服务的思想。因此，貌似科普，也适合气象专业人员阅读。

学术简历

叶笃正　气象学家。1916 年 2 月 21 日生于天津，祖籍安徽安庆。2013 年 10 月 16 日逝于北京。1940 年毕业于国立西南联合大学。1948 年获美国芝加哥大学博士学位。回国后相继任中国科学院大气物理研究所研究员、名誉所长，中国科学院副院长等。长期从事大气环流和长波动力学研究，开创了青藏高原气象学，创立了大气长波能量频散理论，创立了东亚大气环流和季节突变理论，还创立了大气运动的适应尺度理论，开拓了全球变化科学新领域，对我国现代气象事业发展作出卓越贡献。发表了论文 145 篇，专著有《大气环流的若干基本问题》《大气中适应问题》《青藏高原气象学》等 12 部。培养了一大批气象学家，包括中国科学院院士曾庆存、周秀骥、巢纪平、黄荣辉、吴国雄、李崇银等。1980 年当选中国科学院学部委员 (院士)。也是芬兰科学院外籍院士、美国气象学会和英国皇家气象学会荣誉会员。2005 年获国家最高科学技术奖。2010 年经国际天文学联合会批准，将中国天文台发现的国际编号为 27895 号小行星永久命名为"叶笃正星"。

叶铭汉

难忘求学路

　　7月的北京，酷暑难当。我叩开了黄庄叶铭汉院士的家门，老人正在饭厅、客厅兼书房的餐桌上翻阅报纸。刚一落座，他老伴就端上一碗冰镇绿豆汤，让人感到像在自己家里一样，浑身的燥热随之而去。

　　我环顾四周，尽是20世纪五六十年代那种老掉牙的书架，看上去摇摇晃晃的，不禁脱口而出："这些书架人家早就处理掉啦。"叶老笑着说能放书就行。老伴插话："家里就剩我们老两口，哪有体力去买新的。"走访了不少院士家庭，简朴、实用、不赶时髦，恰是众院士书房的共同点。我接着说道，每次来中关村都感觉有新的变化。叶老接过话题，说："20世纪50年代，中关村只有几栋平房，很小的一片。据说，宫中太监老了，被遣散居住在这里，原叫中官村，不知什么时候改成中关村了。我是1950年调入近代物理所的，1954年这里盖起了第一栋实验办公楼，是中关村唯一的高楼，我几乎目睹了中关村每一天的变化……"

　　我插话问："您学物理是不是受叶企孙的影响？"老人告诉我，叔父叶企孙1911年从上海考入清华学堂，给家族树立了成功的榜样。"我小时候会想到北京念清华，确实是受叔父的影响。1944年考国立西南联合大学所填报的是土木系，读了一年

后，叔父叶企孙让我多跟外系的同学们交往，以后就认识了物理系的李政道和陆祖荫等，受这些朋友的影响，我的兴趣也由土木工程转向物理学。改学物理后，叔父自然很高兴。当时西南联大有1300多名学生，各门专业课都可以自由选听。学生公费供给平价粮，学校餐厅承包给外面的饭馆，八人一桌、四菜一汤，在抗战困难的条件下，伙食已算相当不错了。但校舍条件很差，一大间房挤进十几张上下床，彼此用床单隔开。窗户只有木条没玻璃，一年四季敞开着。学校没有自来水，洗涮全靠井水。生活虽艰苦，但读书气氛很浓。"

当年，联大图书馆座位少，只能泡在学校周边的小茶馆里，茶馆专为学生服务，晚上汽灯开得雪亮。一进门，泡上杯茶各自安静地读书。穷学生泡不起茶可以泡"玻璃"水，就是要杯白开水，照样可坐一晚上。同学们都铆着一股劲，盼着抗战胜利后用所学的知识建设国家。1945年1月，叶铭汉随联大的三百多名学生被编入青年远征军赴印度蓝伽抗日，在抗战胜利后不久，他便返校回到了联大。

1946年5月4日，西南联大解散，学生自由选择北大、清华、南开三所学校继续念书，叶铭汉选择了清华。1949年毕业后考上清华研究生，随导师钱三强念了一年。钱三强把他从清华调到近代物理所，跟随赵忠尧先生学加速器，参加了我国第一台带电粒子加速器——700千电子伏静电加速器的研制。从此，他和各种加速器研制飙上了。1982年至1988年，叶铭汉负责北京谱仪的设计和建造，参加并领导了北京正负电子对撞机的研制。

叶院士感慨地说："看了一辈子专业书，直到现在也不太喜欢看闲书。1991年到美国访问，发现《国家地理杂志》很耐看，回国后年年订阅，由美国《国家地理杂志》再看中国《国家地理杂志》爱不释手，看杂志倒成了我晚年最大的消遣……"

学术简历

叶铭汉　实验高能物理学家，粒子探测技术专家。1925年4月2日出生于上海。1944年考入国立西南联合大学土木系。1949年毕业于清华大学物理系，同年考入清华大学研究院，跟导师钱三强读硕士研究生，做回旋加速器有关技术调研工作。1953年后相继在中国科学院物理研究所、原子能研究所、高能物理研究所做科研。1984年后历任高能物理研究所所长，中国高等科学技术中心学术副主任，中国高等科学技术中心学术主任。曾被邀请作为访问教授出访日本高能物理学研究所、美国布鲁克海文国家实验室、德国电子同步加速器中心等做研究。已发表学术论文和研究报告100余篇。主要从事粒子物理实验、核方法在材料科学中的应用等研究。曾参加中国第一、二台带电粒子加速器研制，是北京正负电子对撞机和"北京谱仪"主要科技领导。荣获国家科学技术进步特等奖以及中国科学院科学技术进步奖特等奖。1995年当选中国工程院院士。

尹文英

学外语要下"死"功夫

　　"现在年轻人读书与我们当年不一样，读书的目的和兴趣都在变化，只是无论社会怎样变，不读书就无法跟上时代的进步。今天，掌握一门外语比任何时代都显得更为迫切。现在的孩子从中学到大学一直在学外语，结果大学、研究生毕业后工作了，可

是英语口语和英语写作仍然不过关。"可见，尹院士对外语教学的现状感到忧心忡忡。她同我谈起自己学习外语的经历：抗战胜利不久，尹文英从南京中央大学生物系毕业，还没有离校，一位在华工作的英籍女教授从上海中央研究院动物研究所来南京中央大学参观，学校临时指派尹文英陪同三天，分手时教授提出做她助手的希望。

就这样，1947 年 8 月尹文英来到上海岳阳路 300 号。老人至今仍清楚地记得自己上班的实验室在三楼 123 号。给外籍学者当助手，一边做鱼类寄生虫研究，一边照料生活。工作后不久，女教授便一下子拿出十几本英文著作，严格规定她在限定时间内读完。尹文英抗战期间读的大学，除了懂点口语外，英语的底子很薄。怎么办？只好硬着头皮啃这些原版书。那个时候学外语没有广播，更不知道什么叫电视，刚工作又买不起收音机，除了一本字典外，并没有其他学习工具，完全靠自己死记硬背，她整日埋头苦读，咬着牙把书读完了。这一年是她一生中读书最多的一年，从不近视的她，也从此戴上了眼镜。苦读付出了代价，也打下扎扎实实的英语底子。从此听、说、读、写毫无障碍，她可以非常熟练地用英文交流与写作了。

其实，学习外语不需要太长的时间，只要集中精力心无旁骛，

功夫下足了，掌握起来并不难。"语言这个东西，只要真正学会就能终身受益。20世纪70年代一个美国代表团来上海动物所访问，把我从牛棚里叫回来搞接待。我开始不愿意，因为曾被扣上'里通外国'的帽子，况且十年动乱中几乎没有任何机会接触外语。结果等真正接触了外国人，翻译交流竟一点也没问题。'文革'后期可以搞一点科研的时候，实验室里的人很多都看不懂外文资料，于是领导又调我到资料室搞翻译。这样几年下来，有机会看了许多专业文献，了解了国外昆虫学的最新研究动态，这段翻译工作对我后来从原先的鱼类寄生虫研究转到昆虫学研究领域是大有帮助的……"使尹文英日后能在六足动物（昆虫）的研究中作出了举世瞩目的成果。

2005 年，已 83 岁的尹院士依然每天能准时上下班，思维敏捷，谈话语速清晰明快，花白的头发梳得一丝不苟，谁能料到坐在眼前的尹院士已是年过八旬的高龄老专家？老人一直钟情于一种比头发丝还细的小虫子——原尾虫，已出版了厚厚的中国动物志《原尾虫纲》，现在正主编《六足动物（昆虫）系统发生的研究》。

可以毫不夸张地讲，尹老这一生，已出色地完成了一部中国版的《昆虫记》。

学术简历

尹文英　昆虫学家。1922 年 10 月 18 日生于河北平乡。2023 年 12 月 28 日逝于上海。1947 年从中央大学生物系毕业后，先后在中央研究院动物所及中国科学院水生生物研究所工作，1963 年后任中国科学院上海昆虫研究所和上海植物生理生态研究所研究员。早年从事鱼类寄生虫和鱼病防治研究。1960 年后系统进行原尾虫分类、形态、生态、胚后发育、生物地理、比较精子学和亚显微结构等研究，据此建立了原尾纲新的分类体系。1985 年后在 6 个气候带完成土壤动物组成、变动规律及其在土壤物质循环中的作用以及环境污染的影响等试验研究。截至 2018 年已出版《中国土壤动物检索图鉴》和《中国土壤动物》等专著 8 部，在国内外学术刊物上发表论文 180 余篇。1987 年获国家自然科学奖二等奖。1986 年和 1994 年分别获中国科学院自然科学奖一等奖和二等奖。1998 年获何梁何利基金"科学与技术进步奖"。2014 年获中国昆虫学会第一届终身成就奖。1991 年当选中国科学院学部委员（院士）。

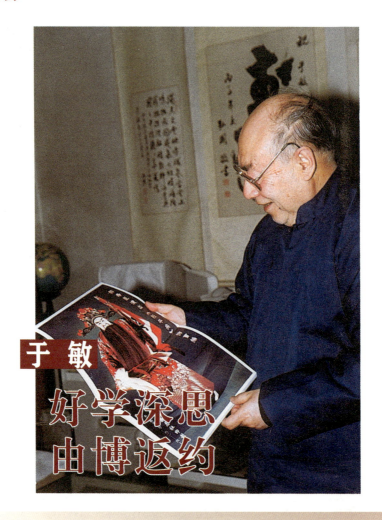

于 敏

好学深思
由博返约

于敏院士家中藏书不多，客厅兼书房异常简朴，依墙而立的两排书架盛放了不过几百本书，除了一些经典的学术著作外，无其他闲书。墙上仅悬挂一幅字"淡泊以明志，宁静以致远"，再无他物。然而，古今中外各类知识早已深深镌刻在于老睿智的头脑里。于敏说："读书如同做学问，要厚积薄发，初读的时候越读越厚，但是养成习惯，透过表面看实质，就会越读越薄。一般读书由薄到厚知道骨头熟悉肉，了解知识的广泛是必要的；把书由厚读到薄，透过字面提炼出精华，则需要下一点功夫。书越读越薄更有利于知识的应用。所以，读书不在多，而要抓住精髓，不被书所累！"

　　于敏院士给研究生讲课常常把枯涩艰深的理论讲得深入浅出，决不多费一个字，深受学生们欢迎。

　　早年有记者采访于院士："当年您是怎样完成氢弹理论设计的？靠什么突破技术难关？"于敏回答说："靠毛主席《矛盾论》《实践论》，按照内因是变化根据，外因是变化条件这个指导思想去摸索并掌握核武器研制规律的。抓住主要矛盾，难点就迎刃

好学深思
由博返约
于敏
2000.12.

而解。"

于敏称自己是土专家，中国早期研制核武器的物理学家中，他几乎是唯一一位未曾出国留过学的人，被称为中国"土一号"。于敏是在耳顺之年才被"解密"，也才第一次出国访问。没有喝过"洋墨水"，对中国历史、古典文学、古典戏剧一直有着浓厚的兴趣。他从小就会背不少古诗词，工作之余喜欢与同事吟诗抒怀。由于科研繁忙和用脑过度，于敏每天睡眠只有 6 小时左右。多年来，他是靠背古诗词来完成这几个小时的睡眠的。

他指着书桌上摆着的《资治通鉴》和《红楼梦》告诉我，平生最大嗜好是看京剧。他是一位地地道道的京剧迷。随即起身走到书柜前抽出一本《中国京剧》杂志笑着说："从 1992 年创刊起，我是期期必买必看，现在已经有厚厚一摞了。"于敏接着表述，他们这一代人受中国传统文化影响很深，从上下几千年沉淀的知识中寻求渊源和活水。今天，改革开放，横向交流比较，广泛接触现代科学信息，可以活跃思维。因此，既要有源头活水，又要活跃思维，才能养成好学深思的习惯。

现在有记者写文章宣传于敏是中国的"氢弹之父"，他却在各种场合拱手说："拜托你们了，千万不要称我'氢弹之父'了，那样我会很难受的！"他说："一个人的名字，早晚会没有的，能把微薄的力量融进祖国的强盛之中，便足以自慰了。"于院士不仅以其学术贡献令后辈们高山仰止，更以平和善良的性格赢得身边人的敬佩与爱戴。

2015 年 1 月 9 日，于敏获得国家最高科学技术奖时，没有发表任何获奖感言，因为他一直认为"这些成就是每个人的，我只是代表大家来拿奖而已"。因此，他坚持不做这个获奖致辞。

于敏 73 岁那年，以"抒怀"为题写了一首诗，总结了自己谨言慎语而又轰轰烈烈的人生。

> 忆昔峥嵘岁月稠，朋辈同心方案求。
>
> 亲历新旧两时代，愿将一生献宏谋。
>
> 身为一叶无轻重，众志成城镇贼酋。
>
> 喜看中华振兴日，百家争鸣竞风流。

其中"身为一叶无轻重""愿将一生献宏谋"两句，如今已被镌刻在他的墓碑上了。

学术简历

于敏　核物理学家。1926 年 8 月 16 日生于河北宁河，2019 年 1 月 16 日逝于北京。1949 年毕业于北京大学物理系。中国工程物理研究院研究员、副院长。长期领导核武器理论研究、设计，解决了大量理论问题。从 20 世纪 70 年代起，在倡导、推动若干高科技项目研究中发挥了重要作用，尤其在我国氢弹原理突破中解决了一系列基础问题，提出了从原理到构形基本完整的设想，起到关键作用，被称为中国"氢弹之父"。80 年代后在二代核武器研制中，突破不少关键技术，使我国核武器技术发展迈上新台阶，对我国科技自主创新能力的提升和国防实力的增强作出开创性贡献。1982 年获国家自然科学奖一等奖。1985 年、1987 年和 1989 年三次获国家科技进步奖特等奖。1994 年获求是基金"杰出科学家奖"。1999 年被国家授予"两弹一星"功勋奖章。2014 年荣获国家最高科技奖。2018 年被国家授予"改革先锋"称号，并获评"国防科技事业改革发展的重要推动者"。1980 年当选中国科学院学部委员（院士）。

余贻鑫

知识　德行　大气象

　　余贻鑫院士正忙着搬家，空荡荡的新居中没有一件家具，唯独书房里已早早搬进了书橱，书橱里码放着整整齐齐的书籍。临窗摆着两把藤椅，坐下来就可以读书。

　　余院士说："其他家具可以缓一缓，每时每刻读书却不能停顿。"书架上除了各类专业书，还有湖南作家唐明浩的文集及《曾国藩家书》。"小时候家训是忠厚传家久、诗书继世长。上小学后，知道了校训——有志者事竟成，但当时不懂得学习要用功，用功是后来的事。常常想起这个校训，但是对我教育最深刻的恐怕是上大学时读到的刘少奇的《论共产党员的修养》，当时人手一册，也许是由我的背景和性格所决定的，我很快就接受了其中的思想，不仅能背下一些句子，而且从心底里认为这是人生应有的境界，是自己努力的方向。'文革'中批判少奇同志的名著，说它是孔孟哲学、活命哲学。为了批判，为了检讨，我又去翻阅了一点孔孟之作，但愈发觉得人就应有那样的境界。我深信思想修养是基本的，要培植心灵气象，使自己的心宇更大器，人生的步子才能

更坚实，科研的群体才更和谐，事业的成功才有了保证。虽然每个人未必要成为圣贤，但可使我们的生命活得更有意义……"

余院士还深有感慨：眼下，大家尽在做中段而忽略两头的工作：一头是原创性基础性工作，另一头是应用推广和转化生产力的工作。以至于有了一点成果就忙着发论文，而不进行深入研究，也就做不出大文章。大部分人堆在中间，两头开发不够，这对时间与资源来说，都是极大的浪费。科研工作如此，其他工作也有类似情况和问题。"我平时喜欢泛读毛主席著作，特别欣赏毛主席的战略战术，诸如'伤其十指不如断其一指'。其实，搞科研必须集中力量攻关才能有所突破。没有集中优势兵力打歼灭战，在我们的科研过程中犯了不少这样的毛病！我们的科研管理人员若明白了这个道理，科研水平就会大不一样了。我这个人还喜欢毛主席的诗词，如《沁园春·雪》的气势和《十六字令三首》的

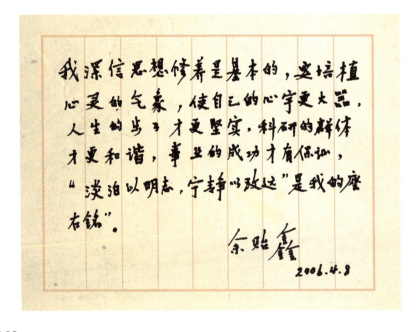

我深信思想修养是基本的，要培植心灵的气象，使自己的心宇更大些，人生的步子才更坚实，科研的群体才更和谐，事业的成功才有保证，"淡泊以明志，宁静以致远"是我的座右铭"。

余贻鑫
2006.4.8

'快马加鞭未下鞍，惊回首，离天三尺三'的英雄气概，我们搞科研就要有'快马加鞭'的紧迫，要有'离天三尺三'的决心。只有认识到学习没有尽头，才能促使我们不断攀登⋯⋯"

余贻鑫院士日常的授课很受学生欢迎，除了传授丰富的知识，还融合着讲述做人的道理，并常常把自己的人生经验也传授给学生，他的讲授极富感染力，难怪教室里总是坐得满满的。

余院士说："我还是那句老话，'一个成功的人离不开知识德行大气象'。"多么富含哲理！

学术简历

余贻鑫　电力系统分析、规划与仿真专家。1936 年 11 月 6 日生于北京密云。1963 年天津大学硕士研究生毕业后留校。后任天津大学教授。1980 年至 1982 年赴美国加州大学伯克利分校做访问学者。1990 年至 1991 年在美国华盛顿大学（西雅图）做高级访问学者。1995 年至 1997 年担任日本九州工业大学电力系统控制专题讲座首席客座教授。长期结合电力系统工程实际做电力系统稳定性理论研究，尤其在电力大系统安全监视、防御与控制中域的方法学上，取得开创性成果，并在世界上首次把该成果用于实际电力大系统。在城市电网优化规划方面，提出了一系列有效理论、模型与算法。开发出具有自主知识产权、功能完整和国内应用最为广泛的城市电网规划系统，取得较大经济效益和社会效益，推动了这一技术领域工作的科学化。曾获国家科技进步奖二等奖，省部级科技奖一等奖 3 项。出版著作 4 部，发表论文 140 余篇。2005 年当选中国工程院院士。

俞大光

读书有窍门，
编书有规律

　　"我兴趣很广，读书面也宽，什么书都看，但一直遵循一个原则，干什么看什么。读书是为了更好地补充专业知识。"俞大光院士如是说。

　　1962年，俞大光教授从哈尔滨工业大学电机系调到中国核武器研究院。初来乍到，许多东西得从头学起。他像大学生一样自学核物理学，学了几个月感到收效不大。不久，他负责核武器电子系统的科研和设计，体会到电子系统包含众多的专业和学科，绝非学好电工等几门课程就能胜任，于是，他由读书转为认真审阅科研技术报告、实验结果报告。这些报告虽然不如书本叙述得那么翔实，但能涉及学术前沿，从中可以发现课题，指导他寻找合适的参考书，缺什么补什么。很快，他就逐步掌握了攻关的重点，由外行渐渐变为内行。

"读书学习有窍门，编书写书也有规律可循。"俞大光风趣地说。早年他撰写的《电工基础》教材风靡全国，重印十几次，影响了几代学生。回忆起当年写书的情景，他感慨地说："读书也好，编书也好，不要迷信权威，不要被别人的书牵着鼻子走，博采众长后，关键是要建立起自己的体系。"中华人民共和国成立初期，俞大光在哈工大任教，他和同事花了三年的时间翻译出版了苏联的《电工原理》教材。虽然用苏联教材教书上课，但是脑子里一直想着要写一部中国高校自己的教材。一边讲课，一边

读书是信息获取的途径，是知识集聚的手段，也是科技创新的准备。

俞大光

2000.12.21

着手编写讲义，并不断充实内容。业余时间大量阅读外国参考书籍，拿德国版的《电工原理》与苏联版相比较，从中汲取精华，按照中国高等教育的国情，构建自己的体系，逐步列出了大纲。在占有大量素材后，真正动起笔时就什么书也顾不得看了，一沓稿纸一支笔，写起来得心应手。1958年《电工基础》上册出版，1959年中册出版，1961年下册出版，三册出齐了，这套本土化自编教材很快被全国高校普遍采用。1981年出版了《电工基础》的修订本，前后印了22万册，成为工科大学必备教材，还被评为国内影响最大的教材之一。

当时电机系的学生把"电工基础"看成是"老虎课"，称电工基础教研室俞大光老师为"铁将军"。但是，"严师出高徒"，大部分毕业生走上工作岗位后，都认为在校期间电工基础学得比较牢固，终生受益匪浅。也有不少院士曾对我说起："我是读俞大光编的《电工基础》走上科研道路的，我常把《电工基础》教科书放在手边，以便碰到问题可随时拿出来翻一翻。"可以说，从 20 世纪 50 年代后期到"文革"前整整一代电工技术人员中，很大一部分都学过这部教材的。当年的高教出版社总编辑说："迄今为止，在编写质量上还没有见到有哪一本电工教材所下的功夫超过了俞大光先生。"

俞大光院士书房的书柜里装满科技、文史类书籍，书桌上放着不同时期再版的《电工基础》和刚出版的《俞大光院士八十华诞文集》，桌旁的电脑打开着。"现在国际形势发展很快，我们国家的地位在提高，我们的科技面临的挑战已更严峻，年轻的科研人员责任更大了！"老人殷切地嘱咐道。

学术简历

俞大光 理论电工和电子工程专家。1921 年 1 月 22 日生于辽宁营口，籍贯浙江绍兴。2017 年 4 月 12 日逝于北京。1944 年从武汉大学工学院电机系毕业后留校任教；1953 年从哈尔滨工业大学研究班毕业留该校电机系工作；1962 年调二机部九局北京第九研究所；1963 年担任二机部九局设计部副主任，兼引爆控制室主任；1973 年被任命为电子工程研究所所长，1978 年任二机部九院副院长，1983 年被任命为某战略武器型号第二总设计师，1984 年担任九院科技委副主任。主要研究领域为中国核武器引爆系统的研制、定型。曾参与主持氢弹的突破及武器化以及某型号飞行综合科学试验等。主要著作有《电工基础》《电路及磁路》《氢弹的突破与武器化》和《515 飞行综合科学试验》等，撰有《关于"核武器系统""核弹头""核战斗部"的定义及其英文对应词的探讨》等论文。1995 年当选中国工程院院士。

曾庆存

循然善诱人
润物细无声

在曾庆存院士家中，我见到了一块熟悉的小黑板，十几年前在家里给学生讲课时要用它，他把书房变成了第二课堂。现在，小黑板已"光荣退役"，演变成家里的记事板，享受着"文物"级待遇。这几天，曾院士正在备课，准备在科学院大气物理所"研究生创新论坛"上讲讲诸葛亮，准备从"借东风和草船借箭"说起。

"这个故事实际上是借古代天气预报，讲述在军事上如何巧妙利用气象条件的著名战例。"说着，曾院士把一摞稿纸递给了我。他不再谈如何做学问和教学生，而是同我聊起当年老师对他的影响。

曾庆存的母校是广东阳江中学，四十多年后他在《忆师友》一文中写道："老师性格不同，教法也不同，不但能留心于细微，甚至还别出心裁……"回忆起学生时代，曾院士动情地说："我深深受惠于母校，受惠于多位老师的关爱。班主任叶老师要我代他阅读所有同学的考卷，指出错在哪里，对在哪里，有没有自己的发挥，将这一切告诉老师，经复核后再给分数。现在想想，并不是老师要我帮忙，而是抓住机会来诱导我、启发我。叶老师曾专门问过我，班上有七八位同学文科、理科各门功课都很好，是

科学工作的本质是
追求真理，只有把追求
真理作为奋斗目标，才
会永不懈怠。

黄庆存 一九九二年

什么道理？我回答，学习本是融会贯通的，大的方面没有不同，各门课程只有具体内容的差别，因此是可以贯通的。老师听了表示赞同。其实，他也是在启发我，让我通过自己的思考说出来。还有一位是'望之俨然，即之也温，听其言也厉'的冯老师，专授数学、物理两科，我在一次代数期中考试中四道题全做对了，不料只得了 75 分，一题判为错。冯老师讲，你做题前是猜想，然后由猜想再继续做下去得到了答案。答案虽对，但不是靠数学证明。正确答案应该是自始至终依照严密的逻辑推理方法，一步步演算出来。自此，我明白了什么是治学之道。我期末考试物理本来得满分，冯老师又判为 98 分。他对我说，数学要有严格的逻辑标准，才可以得满分；但物理是对自然物的认识，不可能全部描述，没有十全十美的，不应该有满分。这些话虽然借事而发，似不经意，却对我有非常重要的启蒙，即知数学物理都必须严密推理，两者又有区别。老师培养了我严密思维和灵活看待实际的能力。后来考大学，我报考第一志愿北京大学物理系，居然考取了。正是依靠两位恩师的不断启发与教导，我学会融会贯通、严密推理的方法，在强手如林的北京大学和后来出国留学和讲学中，我这个从小地方出来的人也并不逊色……"

曾院士的书房里摆放的依旧是几十年前购买的老式书柜。他说："也许我的生活简陋且不多彩，但内心世界倒是充实和满足的。成功与挫败，苦难与甘甜，人皆有之。我也一样，老百姓一个。"

除了专业成就，曾庆存常有诗作发表在《人民日报》《中国科学报》以及其他省市的报刊上。已出版了《华夏钟情（曾庆存诗稿）》，他的书法作品及个人传略则编入《院士书画作品集》中。

学术简历

曾庆存　大气科学家。1935 年 5 月出生于广东阳江。1956 年毕业于北京大学物理系。1961 年获苏联科学院数理科学副博士学位。中国科学院大气物理研究所研究员，兼大气科学和地球流体力学数值模拟国家重点实验室主任。首创半隐式差分法，后又深入研究非线性计算稳定性理论和完全能量守恒格式的构造。在数值天气预报和气象卫星遥感方面作出了开创性和基础性的贡献，为国际上推进大气科学和地球流体力学发展成为现代先进学科作出关键性贡献，能密切结合国家需要，为解决军用和民用相关气象业务重大关键问题作出卓著功绩。2020 年获国家最高科学技术奖。1980 年当选中国科学院学部委员（院士），1994 年当选俄罗斯科学院外籍院士，1995 年当选发展中国家科学院院士，2014 年当选美国气象学会荣誉会员（该学会最高荣誉）。

张信威

把图书资料搬进家

　　我与张信威院士是老相识了。张院士是湖南人，虽然在北京工作 40 多年，仍带有浓重的家乡口音。他从不修边幅，走起路来步履极快，一头蓬松的白发任风吹拂着。随身总习惯地背一个敞口皮包，里面鼓囊囊地塞满了书籍资料，每天重复往返于家与办公室、图书馆三点之间。

　　张院士的办公室，只要能放东西的地方都堆满了书、杂志和装订成册的实验资料以及计算机打印的数据纸。办公室还放了一张床，其零乱程度可以想见。那么，他家的书房是否也这么乱呢？

　　周末下午，我接受邀请去张院士家访问。偌大的客厅兼书房，倒也拾掇得干净整洁。除了两排书柜、一张书桌外再无任何陈设，客厅当中摆放一张大沙发和茶儿，电视也被请到其他房间，他一个人独占近 30 平方米的空间，既可以接待客人，又可以悠然自得地读书。我注意到一个细节，那占据了两面墙的书柜里，资料远远多于书籍，而且这些资料都

在科学征途上充满
艰难险阻,只有不畏
劳苦奋勇前行的
志士,才可能登上
又一个高峰
张信威
2006.11.26

被装订成册，物理学、力学、化学，分门别类地一摞摞摆在那里。

张院士告诉我，家里的图书再多也比不上图书馆，图书馆对科研工作者来说太重要了！这些年书架上书籍在减少，资料却在增加，都是图书馆查阅书籍文献后的复印本，有从原版图书中择其重点复印的；有学科进展的摘要；更多的是国内外杂志介绍的前沿课题研究成果……张院士自然也成了国家图书馆、中国科学院图书馆的常客，经常大量借阅又按时归还，享受着遨游于图书海洋中的快乐者，甚至还出了点名气！ 2002 年被国家图书馆评为当年"十大优秀读者"之一，奖励一套线装版带插图的《水浒传》。他不无自豪地说："我把图书资料搬进家，光花费在图书资料复印上的钱就近 10 万元。一本本鸿篇巨制浓缩成一沓沓薄纸，一期期国内外学术期刊的精华被摘录复印，所以书架也成了资料库。"我明白了，从图书馆浩瀚的书丛中，院士用心取之一瓢为己所用，而这小小一瓢则需要多么大量的阅读和寻觅，才能去芜存精，去伪存真，才能大海捞针般获取信息之精华。

我沉思片刻，突然冒出一句：用电脑存储资料不是更方便吗？

"年纪大了视力不好，在电脑屏幕上看久了眼睛受不了。加上常年养成的习惯，还是喜欢阅读文本。"他指着书架解释，"长年的细心积累使我对各种资料娴熟于心，能在最短的时间内找到所需的东西，查阅起来不比电脑慢。"

张信威读小学、中学、大学都是靠助学金完成学业的。他高中毕业后以第一志愿第一专业考进北京大学物理系，家里实在困难，没有路费送他上学，母亲曾想让他放弃上大学而去当小学教员。他清楚地记着当年买长沙到北京火车票的 19.5 元，来自省教育厅资助的 20 元路费。大学期间，全靠最高等级的助学金支持，五年没有回过一趟家，五年也没有从家里拿过一分钱。

学术简历

张信威　核技术应用专家。1938 年 1 月 2 日生于湖南娄底。1960 年从北京大学毕业后分配到第二机械工业部北京第九研究所从事国防科学研究。北京应用物理与计算数学研究所研究员。1983 年任研究所科学技术委员会副主任。在核物理、等离子体、凝聚态等的研究中，解决了一系列有实际应用价值的理论问题。参加国家攀登计划"计算材料科学的物理基础及应用"。从事物态方程、贮氢金属与氢及同位素氕氘的相互作用、氢的吸放动力学等方面的工作。从事氢气放电实验中异常现象的研究，提出小氢（氕）原子（团）模型，认为氢原子存在一种新的、其电子半径比玻尔半径小 100 倍的状态，推导出其能级公式，与实测出的特征 X 射线的能量大体符合。曾获国家科学技术进步奖一等奖，部级科技进步奖一、二等奖 7 项。出版专著 1 部，发表论文 70 余篇。2005 年当选中国工程院院士。

张兴钤

回忆是一种拥有

　　对张兴钤院士而言，住的房子越来越大，藏书却越来越少。我开玩笑地说："您的学问都藏进肚子里了，不用那么多书了。"年过八旬的张兴钤，头发花白，精神矍铄，给消瘦的脸颊平添几分儒雅，面带平和的微笑又多了几分亲近。现在，他已从科研一线退下来，正被中国工程物理研究院的研究生部邀请讲课。我们在花园路 6 号院办公室再次见面，恳请他谈谈读书与教书的体会。

张院士倚靠着书柜说："我离开三尺讲台已经 40 年了，主要精力用来解决金属材料和核材料的应用。读书的目的就是要解决科研问题，实在没有什么好说的。"我只好转移话题，说："听说你在美国留学期间，为了抗议美国政府阻挠中国学生回国，还上了美国的报纸？"老人没料到我会如此固执，便缓缓讲述起这段往事，

美国《波士顿环球报》登载三位中国留学生照片（右一张兴钤）

张兴钤在授课

并拿出当年美国报纸的复印件，让我翻拍。

1950 年，新中国成立不久，朝鲜战争爆发了，中美两军在战场上正面交锋。那时，美国中情局向白宫提出，若让中国留学生此时回国，将对远东战略形势产生不可估量的影响。为了全面遏制中国，白宫当即指示中情局、联邦调查局和移民局，切断留学生与中国大陆的一切联系，并严密监视在美学习前沿科学技术的中国留学生的行为。1953 年 5 月 3 日，张兴钤、李德恒等 15 名来自纽约、波士顿、巴尔的摩的中国留学生联名给周总理写信，反映了回国受阻的情况。信件委托美国进步友人 Walter 和 Gollobin 以安全方式转交。信是手写的，这应该是递交给中国政

府最早的一封签名信，此事引起了美国社会的关注。1954 年张兴钤、师昌绪、林正仙在公寓里接受美国《波士顿环球报》记者采访，并以通栏大标题刊出"海湾区五名美国培养的中国留学生要回到红色中国"，同时刊登了这 3 位科学家的照片。这张照片还被《纽约时报》《华盛顿邮报》转载。为了扩大社会影响，制造有利于学成归国的舆论环境，他们的公寓

放眼世界，踏实工作。

张兴钤
1999.12.6.

成为东部留美学生争取回国的联络点。张兴钤还买了一辆二手汽车，往来于波士顿、纽约和费城，联络各地的中国留学生，并积极参与"留美科协"的各种活动，还发起留美学生集体签名。他买了一台油印机，白天上班，晚上加印公开信，也赢得了不少美国人民的同情。1955 年，美国国务院公布批准回国的 76 个人名单，张兴钤、师昌绪、李德恒都在其中。经过一系列智慧的斗争，在祖国的帮助和美国人民的支持下，张兴钤等人在阔别 8 年之后，也终于踏上了回国的旅途。

回国后，张兴钤投身于筹建新中国第一个金属物理专业研究机构，曾担任北京钢铁工业学院（现北京科技大学）教授、金属物理教研组主任。编写了我国金属物理专业最早的通用教材《金属及合金的力学性质》。1963 年，还被紧急征调至核武器研究院，担任二机部九院实验部主任、副总工程师，先后组织了缩小尺寸、

全尺寸爆轰物理实验，为解决原子弹设计中的关键问题提供了重要的技术数据。1965 年，张兴钤亲自带队参加第一颗空投原子弹试验。直到 1980 年，张兴钤在转战青海、西南"三线"18 年后，奉调二机部九局（军工局）担任总工程师时，才回到北京。

一件事越是重要，往往越会被隐藏起来。张兴钤对早年的这段经历，从来都是三缄其口。回国后，他从未提起过，更不会夸耀自己当年的作为，只是认为自己曾做了自认为是应该做的事。

第二天，我把写好的文稿送他核实，准备发《科学时报》，张兴钤看后说："不建议在报纸上公开发表，因为照片上还有其他人，不知道他们是否同意？该尊重他们的肖像权。"因此，本文也就一直压在手里，从未见报。

回忆是一种实在的拥有，这段经历是一位科学家跌宕人生的光彩一幕，难忘且珍贵。在这里，有缘把这段聆听到的故事分享出来，与读者共享一位老科学家的爱国情怀。

学术简历

张兴钤　金属物理学家、两弹专家。1921 年 10 月 16 日生于河北武邑，2022 年 7 月 29 日逝于北京。1942 年从武汉大学矿冶系毕业后分配到四川綦江电化冶炼厂，1949 年获美国凯斯理工学院物理冶金硕士学位，1952 年获美国麻省理工学院物理冶金博士学位。1955 年回国后任北京钢铁学院教授，1963 年调第二机械工业部第九研究院工作。任中国工程物理研究院教授、科技委顾问。长期从事金属物理、核材料性质、冲击波物理等研究，为我国核武器事业、金属材料科学发展和人才培养作出了突出贡献。曾获国家自然科学奖一等奖（1982）、国家科学技术进步奖特等奖（1985）、何梁何利基金"科学与技术奖"（2002）等。1991 年当选中国科学院学部委员（院士）。

书——
人类的朋友

赵伊君
2001.1.

赵伊君

父子书缘

赵伊君院士是长沙国防科技大学应用物理系教授，每逢出差到北京总要到书店转一圈，看看有没有新书上市。他告诉我，昨天在西单图书大厦看到许多久违的科学名著，像朗道的《理论物理》、王竹溪的《特殊函数论》，这些都是消失多年，新近再版的。还有一些院士旧作也摆上了书架，虽然数量不多，价格较贵，但比起书架上长期缺货的现象，还是令人欣慰的。

赵伊君的父亲赵广增是北京大学物理系教授，父子两代同学物理，同执教鞭，也就有了一段美好的书缘。

抗日战争时期，赵伊君在重庆读中学，下了课就跑到沙坪坝一家小书店去蹭书，常常很晚才回家，父亲知道他在书店看书，从不责备。就在书店站着读书时，就梦想着自己将来一定要拥有一间书房，可以坐着安安静静地读书。那年头，父亲虽是重庆中央大学物理系教授，工资却仅够养家糊口，那时一家四口蜗居在一间以泥糊篱笆为墙的破屋里，哪有藏书的奢望。好在父亲常常能从学校图书馆给他借书看，赵伊君也就越看越上瘾了。牛顿的

天体力学是什么？笛卡儿、爱因斯坦是谁？赵伊君每次向父亲提出问题，他父亲就会从图书馆借来相关的书籍让他自己找答案，通过中央大学图书馆为媒介，父子俩不断传递书籍与信息，年轻好学的赵伊君居然阅读了大量有关物理学方面的书籍，也因此深深迷恋上了物理学。

要说真正能藏书，那是新中国成立以后的事了。1953年，赵伊君从北京大学物理系毕业，被分配到哈尔滨军事工程学院任教，手头宽裕了，他才开始买书圆梦

建书房。20 世纪 50 年代，我国曾大量引进俄文版图书，那时他与父亲同学俄语。他在哈尔滨见到俄文新书也会给父亲买一本，父亲也常从北京寄书给他，彼此丰富了各自的藏书。"文化大革命"期间，有一次探亲，赵伊君发

现东安市场二楼旧书店正在出售二手外文原版书，这可是过去想买也买不到的精品，现在可以随挑任选，岂不是大好事？于是，他天天跑东安市场，贪婪地一买就是双份，总不忘给父亲也买上一套。因此，20 世纪 50 年代购入的俄文典籍，70 年代买入英文版学术著作，父子俩的书房内积聚了不少物理学科的经典著作。后来，七十多岁的赵广增教授利用这些参考资料把早年写的《原子光谱》教材重新改写了一遍，并且在去世后将全部藏书捐给北大图书馆。

赵院士父子俩的书缘持续了四十多年，两代人藏书大体相同。所不同的是赵院士所藏专业书的面更广些，涉及的领域也更宽些。毕竟他的专业根据祖国的科研需求，相继从舰炮光学仪器设计到核爆炸光辐射测试分析，再到强激光技术应用研究，每一次都是跨学科的大转行，所以他的学科藏书覆盖面更广，各门学科的专业书籍都有所藏。

　　赵院士认为藏书是一件十分令人高兴的事。他对目前的出版界也产生了一些忧虑：现在出书难、买书难的问题仍未解决。再说，20世纪80年代他出版《角动量与原子能量》时，出版社还给了一点稿酬。到90年代《原子结构计算》出版时，还要自己赞助出版社费用，且要自己包销。书出版后，市场上不见踪影，读者只能从作者手里买书，每年他总能接到不少读者的求购信，真感到无奈……

　　赵院士最后很平静地说："读书做学问要耐得住寂寞。默默无闻对一个真正潜心做点学问的人来说是一种保护，既避免了许多繁杂俗事的打扰，又获得了一个静下心来学习与工作的环境。真正做学问要耐得住寂寞，要甘于寂寞，要能享受寂寞，把寂寞当作人生的一种境界。"

学术简历

　　赵伊君　激光技术专家。1930年11月26日生于北京，2022年12月21日逝于北京。1953年从北京大学毕业后，相继任哈尔滨军事工程学院海军工程系原子工程系讲师、长沙理工大学教研室主任、国防科技大学应用物理系教授及光子对抗研究中心主任、北京中国国防科技信息中心研究员等。长期从事原子分子物理学和物理力学以及激光技术的教学和研究。20世纪60年代初参加中国核爆炸光辐测试分析，研制出最小照度到来时间测试仪等三种测试设备，并参加核试验。70年代起在激光与物质相互作用研究中，开展原子分子物理和物理力学的研究，提出从原子微观结构出发求出辐射流体计算中所需材料或介质物性参数的具体物理力学方法。80年代后主要从事强激光与物质相互作用及强激光技术研究。首次提出激光脉冲引起固体热激波、产生层裂；连续激光使材料产生力学—热学联合破坏；激光烧蚀玻璃钢复合材料产生碳化，改变电磁性能等多种模型；主持并参研的强激光课题取得了系列成果。1997年当选中国工程院院士。

郑哲敏

为钱学森编书

　　门铃响过后，开门的正是郑哲敏院士。老人身着浅色厚毛衣，下穿洗得发白的牛仔裤，步履轻盈，精神矍铄。对客人慈祥一笑，两眼眯成一条缝。

　　回忆起早年的读书岁月，郑哲敏坦言自己很幸运，在求知道路上遇到钱学森、钱伟长两位恩师。他说："许多年来，我能在先生引导的路径上走下去，做些研究，感到无穷的乐趣。尤其是钱学森先生十分强调：研究工作必须建立在对客观现象做认真观察和前人工作的基础上，必要的话还需要自己做实验。这话对我影响至深。从钱先生早年的手稿，就能反映出一位科学家严谨的学风，无论草稿、初稿、修改稿，还是算图、草图，一律是清秀工整的字体，那一串串排列整齐的演算数据后面，包含了多少辛勤繁杂、严密细致的劳动！"

郑哲敏还告诉我，去年12月份刚刚编辑完出版的《钱学森部分手稿选编》，在钱老生日那天把样书送到他手中。说着，他

把我带进堆满资料的书房里，书桌上放着一本印刷精美的大部头著作，老人抚摸着封面又道出一段往事。

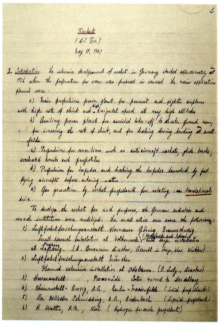

钱学森 1945 年撰写的《第二次世界大战末期对德国航空和火箭研究调研报告》英文手稿

1993 年，郑哲敏赴美国访问时，见到钱学森在加州理工学院任教的同事和挚友——弗朗克·马勃教授。当年，钱先生是在非常情况下匆匆回国的，他的论文手稿、图表、笔记及信件散落在办公室和实验室的各个角落里，幸亏好友马勃将它们一一收集保管起来，并分类整理，共计 15000 多页。此时，马勃教授请郑哲敏把手稿带回中国。能如此完整地收集到一位杰出科学家长达 20 年连续不断进行科研工作的手稿是难能可贵的。1996 年 12 月 6 日，中国科学院力学所举行隆重的手稿交接仪式，对美国友人马勃教授这一友好举动给予高度赞扬。

我坐在灯下轻轻打开书的扉页，细细品读郑哲敏执笔撰写的前言："综观手稿的全部内容，读者可以从中看出钱学森早年在美国从事航空航天领域及其相关学科的理论研究和风洞等课题的工程设计，为他回到祖国在技术上领导我国火箭和航空事业奠定了广泛而坚定的基础，而且为开辟更广阔的技术科学领域做好了充分准备。"

让我印象深刻的第二个细节是，郑哲敏曾先后师从钱伟长和钱学森两位恩师，钱伟长院士曾称郑哲敏"是我最好的学生之一"。郑哲敏也不负期望，继承了两位恩师对祖国的热爱、对科学的追求、对事业的执著，一生倡导并身体力行"做第一流的工作"。他曾说："我从过去走到现在，并没有什么清晰的路线，但有一点是确定的，那就是富国强民的愿望。" 晚年，他是一个活泼甚至有点淘气的老顽童，并非一天到晚死读书，而是兴趣广泛，爱好音乐，喜欢吹口琴、唱京剧。闲暇时刻研究一下科学史或看看野生动物的纪录片。有时，甚至会去超市、去买菜。

学术简历

郑哲敏　物理学家、力学家、爆炸力学专家。1924 年 10 月 2 日生于山东济南，籍贯浙江宁波。2021 年 8 月 25 日逝于北京。1947 年毕业于清华大学机械系，1949 年获美国加利福尼亚理工学院硕士学位，1952 年获博士学位。1955 年后相继任中国科学院力学研究所所长、非线性连续介质力学实验室主任等。早期从事热弹性力学和水弹性力学的研究，回国后根据国家的需要从事地震响应、水轮机叶型等方面的研究工作。后因国家科研布局调整，选择高速高压塑性动力学研究方向，并于很短时间内在爆炸成形方面取得完整、深入的研究成果，从而拉开爆炸力学研究的序幕，是中国爆炸力学的奠基人和开拓者之一，中国力学学科建设与发展的组织者和领导者之一。曾兼任《力学学报》主编、中国力学学会理事长、中国科学院海洋工程中心主任、国际理论与应用力学联盟 (IUTAM) 理事等。1980 年当选中国科学院学部委员（院士），1994 年当选中国工程院首批院士。1993 年当选美国国家工程院外籍院士。荣获 2012 年度国家最高科学技术奖。2016 年国际永久编号的 12935 号小行星命名被命名为"郑哲敏星"。

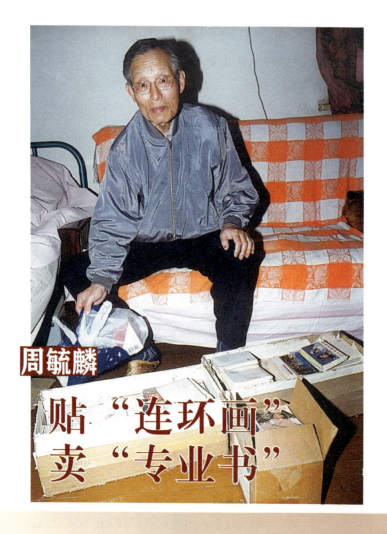

周毓麟

贴"连环画"
卖"专业书"

　　五一劳动节这天，风和日丽，在塔院家中与熟悉的周毓麟院士聊天。周院士是数学家，在苏联莫斯科大学数学力学系获副博士学位，却和我聊起曾经有过贴书、卖书的经历，引起我极大的兴趣，且听他娓娓道来。

　　"'文化大革命'期间，破四旧、焚图书，白天大批判，晚上无书可读，对知识分子来讲，思想上的饥渴很难熬。我把当时出版的《金光大道》《艳阳天》《桐柏英雄》等书都买回来看。虽然成年人离不开阅读，但孩子们更需要知识。怎么办？我发现报纸上常把一些英雄人物事迹绘成连环画，我就留意把它们剪下来，自己贴成小人书，提供女儿阅读。以后，一边读报，一边剪贴，装订了许多本小人书。时间长了，我也慢慢喜欢起这样的小人书。'文化大革命'结束后，传统的连环画书重新再版了，我就开始成套地购买各类连环画，与孩子一起阅读，日积月累，竟积攒了上百套连环画。"说完，周先生随手从床底下抽出几箱码

读书应
勤于深思

周毓麟

2000年12月

放得整整齐齐的"小人书"收藏箱，得意地向我展示，我便不失时机地按下快门，把大院士与小人书摄入相机的画面。

我们的话题又由连环画聊到"卖书"。仍是"文化大革命"期间，作为"臭老九"，周院士从原住的房子中被赶了出来，全家挤进一间逼仄的小房子中，望着堆得满地的书籍，眉头皱紧了，怎么办？只好痛下决心卖书！一般杂书好处理，伴随几十年的数学专业书真是舍不得被拉走，但舍不得也要卖掉，他在专业书堆里画了一条线，从古典数学到拓扑学专著忍痛处理，被拉走的书足足装了一平板车。那时，旧书价格8分钱一斤，卖了一百多块钱，你想想得有多少书？周毓麟停顿了一下，瞪着眼对我说："事情并未完结。书刚处理完不久，扬振宁先生第一次回祖国探亲讲学，谈到拓扑学对近代物理的影响。听了以后我十分后悔，赶紧跑到中国书店自己掏钱买回不少拓扑学的著作。但是，许多重要的论文集、影印本再也买不到了。"

"文化大革命"结束后，周毓麟利用这些书重新编写讲义，给学生上课。"卖书"成了他这辈子一件十分懊悔莫及的蠢事。

"专业著作不要随便处理，送到图书馆是一个好办法，可以给他人阅读参考。"从此以后，他多次把自己收藏的专业书和自己撰写出版的著作都送到单位图书馆，让它们继续发挥余热。

1960年，国家在全国各大学和研究机构选调专家参加中国原子弹研制。5月的一天，结束上午教学任务的周毓麟，刚走出北大教室，就接到调动通知。他干脆利落地回答："没问题，党叫干啥就干啥。"随后，周毓麟和邓稼先、周光召、于敏、黄祖洽、秦元勋、江泽培、何桂莲成为九院理论部八大主任，共同参与第一颗原子弹理论突破时的"九次计算"。作为数学工作的指导者和组织者之一，周毓麟首先着力解决原子弹爆轰过程的一维精确计算问题，1983年获得国家自然科学奖一等奖。

学术简历

周毓麟　应用数学家。1923年2月12日生于上海，籍贯浙江镇海。2021年3月2日逝于北京。1945年毕业于上海大同大学数学系。1957年获苏联莫斯科大学数学力学系物理数学科学副博士学位。回国后在北京大学数学力学系工作。1960年奉调参加中国核武器理论研究。主要从事核武器理论中数值模拟和流体力学方面的研究，在组合拓扑、非线性微分方程理论、计算数学、计算力学及计算机应用等方面进行了系统研究，取得一系列成果。有关二阶拟线性抛物型方程第二边值问题、渗流方程的开创性工作、二阶拟线性退化椭圆形方程、数值模拟和流体力学、广义 Sine-Gordon 型非线性高阶双曲方程组、KdV型方程组、水型方程、动力方程、非线性发展方程有限差分法理论诸领域，先后发表130余篇论文，尤其是关于建立离散泛函分析的方法和理论等科研成果相继获得国家自然科学奖一等奖、三等奖及国家科技进步奖特等奖。1991年当选中国科学院学部委员（院士）。

朱起鹤

读书 收藏 助学

　　朱起鹤院士在"文化大革命"中曾遭受了常人无法经历的痛苦，他在哈尔滨军事工程学院的家被抄后，所有的藏书佚失。不仅身体与精神受到非人的折磨，甚至失去了唯一的儿子。然而，改革开放后，年过半百又充满活力地投入科研和教学中，先后在

国防科技大学、中国科学院高能物理研究所、中国科学院化学所等单位参加教学工作。我慕名前往中关村化学所的办公室采访。

朱院士的书房是敞开的，高大的书橱齐整地排列于两壁，里边装满古今中外各种书籍。地上则堆满了从各地收集的奇形怪状的石头。

与朱先生谈话比我预想的要轻松。这位身体略显单薄的老人，待人和蔼亲切，却又幽默风趣。他性格开朗，爱好广泛。80岁了，精神和年轻人无异。一见面，就让人全无拘束感，我们坐下来就像老朋友一样聊天。

作为科研带头人，朱院士学以致用，擅长动手，先后研制出7台较高水平的大型分子束实验装置。每一个装置研究成功，朱院士和他的团队一起分享"只有研究人员能体会到的幸福"。一旦攻关遇到困难，他又会耐心地找出症结、解决问题、总结经验、吸取教训。

作为老师，朱院士强调教学相长，注重读书和实践，他要求学生既会动脑又会动手，不但要求学生熟练地使用实验仪器，而且能拆装和改进实验仪器；不但能独立做实验，而且整理分析实验数据要有新思路和新见解。对学生撰写的论文，朱院士不仅严格把关，严审文字，当面与学生讨论核对每一个疑点，保证实验结果的真实性，杜绝一切不实之词。

　　朱院士还喜欢收藏，尤其喜爱收藏古生物化石。他的办公室与家中的书架、书柜里除了书籍就是石头，桌上、地下也摆了各式各样的顽石，用他自己的话讲"好玩"。朱院士起先收藏古生物化石，像三叶虫、鱼化石、硅化木等，后来品种增加至各类奇石，这些石头全靠闲暇时一点点搜集。十多年前，他从潘家园买的第一块石头至今仍摆在书架上。有一次，朱院士骑自行车到香山植物园参观盆景展，看中了一块浪涛石，此石长1米、重几十斤，自行车驮不动，只好叫辆出租车把石头拉回家，自己再坐公交车回去取自行车，虽如此周折却甘之如饴。朱院士说，他所收藏的石头会说话，这些石头可触摸，情感可寄托，更有历史可凝望。我想，这恰恰是院士与普通收藏家不同的迷人之处。

　　朱院士另一个特点是扶贫助学。虽然他自己生活一向简朴，但在助学济困上却十分热心，每次大型募捐活动的名单上总能找到他的名字。他曾自掏腰包资助母校——天津耀华中学品学兼优的贫困学生，已经有20名贫困生受益。前不久，朱院士又致函北京圆明园学院，捐钱资助10位贫困学生，并寄语同学们："学好本领，建设祖国，建设家乡！"他把大爱慷慨地分享给这些不认识的孩子们，让他们的学业得以继续。他给宁波市解放南路小学六年级学生缪家栋的回信中说："希望你在今后的学习中，把数理化这些重要课程学扎实，深钻研，为以后的发展创新打好基础……"

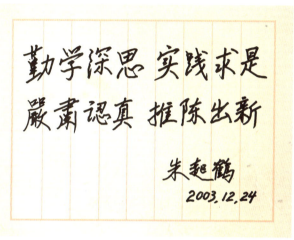

勤学深思 实践求是
严肃认真 推陈出新

朱起鹤
2003.12.24

学术简历

朱起鹤 物理化学家。1924 年 7 月 12 日生于北京。2024 年 2 月 20 日逝于北京。1947 年毕业于中央大学化工系，1951 年获美国加州大学伯克利分校化学博士学位，1952 年冬调哈尔滨军事工程学院，1978 年调高能物理研究所，1981 年任中国科学院化学研究所教授，负责创建分子反应动力学实验室。20 世纪 50 年代回国后，长期从事教学工作与核反应堆设计、激光应用等研究。曾在高能物理研究所负责研制超导磁体、超导微波腔和研究激光加速带电粒子，在化学研究所负责创建分子反应动力学实验室，先后研制出 7 台较高水平的大型分子束实验装置。在团簇研究中，发现一类新的含氢碳团簇，并提出筒状结构，还发现一系列金属与硫的二元团簇，得到其组分规律、稳定性和光解规律等。曾获中国科学院科学技术进步奖一等奖和二等奖各一项。1995 年当选中国科学院院士。

庄逢辰

兴趣是最好的老师

没有任何客套和寒暄，庄逢辰院士直入正题。

"读书是平静而淡然的生活。对我而言，真正有用的东西，还是在工作中慢慢摸索着学到的。大学的学习主要是熟读教科书，作为知识储备。真正对自己有用的知识、自己感兴趣的知识，是

后来在工作中带着任务、带着课题学到的。读书有两种境界：一种是功利性的读书，另一种是兴趣读书。后者是一种个人选择，属于天马行空。人们最终获得的知识不是靠功利性读书，而是靠兴趣读书积累而成的。我的专业改变了几次，一面服从国家建设需要，另一面凭兴趣。我 1950 年考入浙江大学，原先学机械专业，后来受到报纸上文章的鼓舞，发展工业首先要采矿，转而想学采矿专业。恰巧哈尔滨工业大学到浙江大学招收一批高年级学生当老师，我和同寝室的高年级学生一起报了名。浙大不开转学证书，我就重新报考哈工大采矿专业进入哈工大，先学两年俄文，后来院系调整，学校不办这个专业了，又改成学机械专业。第一个五年计划时，哈尔滨兴建锅炉厂，要求学校尽早输送学生，于是哈工大新成立了锅炉专业，从机械制造专业四年级中抽调一批还未毕业的学生充当教员，当时称'拔青苗'。又从苏联请来三个教授，分别教锅炉、汽轮机和热工。教授用俄文给新教员上课，既没教材也没讲义，课后让学生整理讲稿。教员们把自己的整理笔记汇总在一起，交给老师，便成了讲义，还正式出版。为了写好讲义，我们翻阅不同的书籍和杂志，并加进自己的理解。我们上学期刚听了专家的课，写出讲义，下学期就登上讲台给学生开课，这个锻炼进步非常大，从此养成了消化、吸收、自学，带着任务学习的习惯。我从机械制造转成锅炉制造，没有教材，

完全靠整理苏联专家的讲义，靠自学。我这个人对制造业的各个领域都感兴趣，从锅炉的设计、制造到安装各个环节都自学了一遍。后来到苏联留学，专攻燃烧科学专业。燃烧领域最尖端就是搞火箭，但苏联人并不让你接触军事工业。回国后，我在哈工大导弹发动机系，开始搞火箭发动机，又自学了火箭发动机原理和发动机设计。在科研试验中，越来越感到理论的重要。"

　　庄逢辰经过 40 年的艰苦努力，终于解决了液体火箭发动机燃烧领域的理论突破，成为国防领域的火箭发动机和工程热物理专家。"在课本上学的知识是死的知识，如果仅仅依靠功利性读书来获得知识无法适应复杂的社会需要。我们都有这样的体会，凡是通过功利性读书获得的知识，忘记速度也是最快的。而通过兴趣学习，有时会终生难忘。"

庄逢辰兄弟三人驰名中国航天科学界，大哥庄逢甘院士是空气动力学专家；庄逢辰搞发动机燃烧理论；弟弟庄逢源从事航天生物学，又刚刚当选为国际宇航科学院通信院士。一家人都与航天科学有着不解之缘。

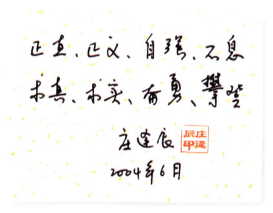

学术简历

　　庄逢辰　液体火箭发动机和工程热物理专家。1932 年 1 月 28 日生于江苏常州，1956 年毕业于哈尔滨工业大学动力机械系。1960 年至 1962 年在苏联莫斯科动力学院进修燃烧理论。回国后先后在哈尔滨工业大学、国防科技大学担任过教学负责人、燃烧及热学教研室主任、火箭推进技术教研室主任等，装备指挥技术学院推进技术研究中心学术委员会主任。长期从事工程热物理和液体火箭推进的应用基础研究，创立了液体推进剂高压蒸发模型，研究了高压相平衡和流体热力学性质的非理想性、汽液界面运动和过程的非定常性以及推进剂的分解和离解反应。提出多项液体火箭发动机燃烧模型和数值仿真方法，所著的《液体火箭发动机喷雾燃烧理论、模型及应用》是我国也是当今国际推进界第一部详细论述液体火箭发动机燃烧性能计算的专著。获国家科技进步奖二、三等奖各 1 项，军队和部委级一等奖 4 项、二等奖 5 项和中国人民解放军专业技术重大贡献奖，中国工程热物理学会杰出贡献奖。2001 年当选中国科学院院士。

图书在版编目（CIP）数据

院士书房与书情 / 侯艺兵著. — 上海：上海教育出版社，
2024.4
（院士风采录丛书）
ISBN 978-7-5720-2294-4

Ⅰ.①院… Ⅱ.①侯… Ⅲ.①中国科学院－院士－事迹
－现代②中国工程院－院士－事迹－现代 Ⅳ.①K826.1

中国国家版本馆CIP数据核字(2024)第079709号

责任编辑　方鸿辉
美术编辑　金一哲

院士书房与书情
侯艺兵　著

出版发行　上海教育出版社有限公司
官　　网　www.seph.com.cn
地　　址　上海市闵行区号景路159弄C座
邮　　编　201101
印　　刷　苏州工业园区美柯乐制版印务有限责任公司
开　　本　890×1240　1/32　印张 13　插页 4
字　　数　291 千字
版　　次　2024年9月第1版
印　　次　2024年9月第1次印刷
印　　数　1—3,000 册
书　　号　ISBN 978-7-5720-2294-4/G·2033
定　　价　86.00 元

如发现质量问题，读者可向本社调换　电话：021-64373213